侯会 著

史书典籍

SHI SHU DIAN JI

讲给孩子的国学经典

（二）

生活·讀書·新知 三联书店

图书在版编目（CIP）数据

讲给孩子的国学经典 . 第二册，史书典籍 / 侯会著 . —北京：生活 · 读书 · 新知三联书店，2020. 8 （2023.6 重印）
ISBN 978－7－108－06830－9

Ⅰ. ①讲… Ⅱ. ①侯… Ⅲ. ①国学－青少年读物②史籍－中国－青少年读物 Ⅳ. ① Z126-49 ② K204-49

中国版本图书馆 CIP 数据核字（2020）第 060922 号

责任编辑 王海燕
装帧设计 蔡立国
责任校对 张国荣
责任印制 董 欢
出版发行 生活 · 讀書 · 新知 三联书店
（北京市东城区美术馆东街 22 号 100010）
网 址 www.sdxjpc.com
经 销 新华书店
印 刷 北京隆昌伟业印刷有限公司
版 次 2020 年 8 月北京第 1 版
2023 年 6 月北京第 2 次印刷
开 本 635 毫米 × 965 毫米 1/16 印张 19
字 数 203 千字 图 46 幅
印 数 10,001－13,000 册
定 价 48.00 元
（印装查询：01064002715；邮购查询：01084010542）

目录

辑三 《后汉书》：光武继汉统，党锢削元气

辑五　南北齐梁书，新旧唐五代

辑六 《通鉴》编年体，“本末”纪事篇

辑七 《国策》多谏语，《史通》重三才

总序
该不该学点国学

一

孩子们要不要学一点国学？常有朋友提出这个问题。就让我们看看什么是“国学”吧。

“国学”一词有二义。最早是指设在京城的太学（又叫“国子监”），等同于帝制时期的“中央大学”。到了近代，“国学”又成为中国传统学术文化的统称。这后一义的产生和使用，是与清末“西学东渐”的大趋势分不开的。

那时国门半开，许多人对外来文化不无抵触情绪，于是便有了“临潼斗宝”式的反应：你有西医，我就祭起“国医”（中医）；你展示西画，我就挑出“国画”；你唱西洋歌剧，我就敲起“国剧”（京剧）的锣鼓；你有拳击，我就报以“国术”（中华武术）……西来学术统称“西学”，中国传统学术就称作“国学”。然而“不打不成交”，两种文化经过比拼较量，在众多领域形成中西合璧、互生互补的良性文化生态，这又是人们始料未及的。

时至今日，“国学”已定格为传统学术的同义语。宽泛地讲，这个“大筐”里无所不装：“四书五经”、诸子百家、“二十四史”、医方兵书、诗文小说……几乎所有的传统典籍，都成为国学研究的对象。

二

也常听到不同的意见：都什么时代了，还搬出这些“陈谷子烂芝麻”来“难为”孩子？持此论者，不妨听听钱穆先生的一席话。

钱穆是当代著名的历史学家，他在《国史大纲》一书开篇说：“任何一国之国民，尤其是自称知识在水平线以上之国民，对其本国已往历史，应该略有所知。”在“略有所知”的同时，尤其要“附随一种对其本国已往历史之温情与敬意”。

这种“温情与敬意”，表现为“至少不会对其本国已往历史抱一种偏激的虚无主义（即视本国已往历史为无一点有价值，亦无一处足以使彼满意），亦至少不会感到现在我们是站在已往历史最高之顶点（此乃一种浅薄狂妄的进化观）；而将我们当身种种罪恶与弱点，一切诿卸于古人（此乃一种似是而非之文化自谴）”。钱穆认为，只有明白这一点的人越来越多，这个国家才有向前发展之希望。

类似的话，大学者陈寅恪先生也说过。他认为，我们对祖先及本民族的历史，应秉持一种“了解之同情”。

三

朱自清先生是现代散文大家，他也主张学国学吗？——不但积极提倡，还身体力行，写过一本《经典常谈》，为年轻读者引路。谈到写书的缘起，他说：传统教育专注于“读经”，固然失之偏颇；不过终止“读经教育”，并不等于取消“经典训练”——那应是“中等以上的教育”中“一个必要的项目”。而“做一个有相当教育的国民”，至少应对本国经典“有接触的义务”。

《经典常谈》以作品为纲，依次介绍了《说文解字》、《周易》、《尚书》、《诗经》、“三礼”、“《春秋》三传”、“四书”、《战国策》、《史记》、《汉书》等；另有“诸子”“辞赋”“诗”“文”等篇，因涉及作品太多，只能笼统言之。——朱先生在书中没提“国学”这个字眼儿，但这本小册子所划定的，正是国学经典的范畴。

书以“常谈”为名，我理解，便是以聊天的口吻、通俗的语言，把艰深的学术内容传达给读者；是“切实而浅明的白话文导言”，“能启发他们（指读者）的兴趣，引他们到经典的大路上去”（朱自清《经典常谈·自序》）。

大教育家叶圣陶先生称赞朱先生这种“嚼饭哺人的孜孜不倦的精神”，并打比方说，读者如同参观岩洞的游客，朱先生便是向导，“自己在里边摸熟了，知道岩洞的成因和演变”，在洞外先向游客讲说一番，使游客心中有数，“不至于进了洞去感到迷糊”（《重印〈经典常谈〉序》，三联书店 1980 年）。

四

我年轻时每读《经典常谈》，常生感慨：一是省悟大师的白话散文如此优美，应与他蓄积深厚的国学功底密切关联；二来又感到遗憾——书的篇幅不长，正读到繁花似锦处，却已经结束了。

我日后动手撰写《中华文学五千年》（后更名为《讲给孩子的中国文学经典》），便是受朱先生《经典常谈》的感召与启发。书稿中除了对历代文学家做概括介绍，也挑选一些诗文辞赋、小说戏曲的代表作，予以讲解。——明眼的朋友还能从行文中看出对《经典常谈》的学习与模仿。

我的这套小书（包括不久后续撰的《世界文学五千年》，即《讲给孩子的世界文学经典》）问世二十七年，先后在大陆和台湾多家出版社再版，总数达二十多万套（四十余万册），可见即便不是大师之作，青少年学子对此类书仍是有需求的。

只是这套书的内容局限于文学，对经史、诸子着墨不多。几年前，有位出版界的朋友笑着问我：有没有新设想，把“文学经典”扩展到经学、史学、哲学、伦理等方面，写一套《讲给孩子的国学经典》？——我听了不禁心动：那正是《经典常谈》所“谈”的范畴。

然而国学典籍浩如烟海，又该从何谈起呢？我想到了《四库全书》。那是清代乾隆年间按“经、史、子、集”四部分类法编纂的一套大型丛书，尽管存在着这样那样的问题，但该丛书收入了有较高文化价值的传统典籍三千五百余种（连同存目部分，超过万种），在保护、传承传统文化典籍方面，功不可没。

受此启发，我把《讲给孩子的国学经典》分为“儒家经典”（经）、“史书典籍”（史）、“诸子百家”（子）和“文集诗薮”（集）四个分册；从《四库全书》的四部中分别选取十几部乃至几十部经典之作，对各书的作者、内容、主题、艺术做概括介绍，并精选其中有代表性的篇目或片段，做出详注简析；另又采用“文摘”形式，力图把尽量多的精彩内容呈献给孩子们。

有大师开创的“常谈”模式，加上此前编写“文学经典”的点滴体验，本书秉承的仍是一如既往的形式和风格：不端“架子”，不“转（zhuǎi）文”，力求让严肃的经典露出亲切的笑容，使佶屈聱牙的文字变得通俗入耳，在古老经典与年轻读者之间搭起一座畅行无碍的桥梁……

撇开“训练”“教育”这些略显沉重的字眼儿，年轻的朋友（还包括各年龄段的读者）完全可以抱着轻松好奇的态度来翻阅——好在不是侦探小说，不必一行不漏地从头读起；对哪册感兴趣，有需求，便可读哪册。也不妨翻到哪里，就从哪里读起。我深信，经典是有“磁性”的，以其自身的丰富、优美、睿智、理性、深邃，总能吸引到你。你也很容易发现，当个“有相当教育的国民”，承担对本国经典“接触的义务”，其实一点也不难，眼下的阅读，便是“现在进行时”。

顺带说到，本书所引古代诗文，以目前通行的版本为依据。注释及译文凡有歧义处，也尽量采用较权威的说法，恕不一一列出，特此说明。

前言　未读史书，先做功课

老祖宗有“历史癖”

这是《讲给孩子的国学经典》的“史书典籍”分册。

翻翻《四库全书总目提要》（以下简称《四库总目》）可知，其中“史部”收录清乾隆年间尚存的史籍五百六十二种，存目一千五百四十种。

中国自有历史纪年以来（那是公元前 841 年，即西周共和元年），几乎每一年发生的大事，史籍都有记载：或铸刻于金石甲骨，或书写于竹木纸张，上下几千年，几乎没有空白和断裂。有人因此断言：我们的老祖宗有“历史癖”！

中国人为啥迷恋历史？这还要从文化上找原因。华夏文化以儒家文明为核心，其理念之一便是“敬天法祖”——心怀对天道的敬畏，把祖先的功业当成效法的样板。“敬天”体现在虔诚的祭祀仪典中；“法祖”则要求把祖先的一言一行记录下来，史书也便由此诞生。

孔子看重历史，说：“我非生而知之者，好古，敏以求之者也。”（《论语·述而》）——“好古”便是喜好历史；“敏以求之”求的是前代的伦理秩序、政治制度，也就是“礼”。孔子言必称“三代（夏商周）”，倡言“克己复礼”，不熟悉历史又如何能做到？

有人说，你看，这就是儒家的局限性：思想保守，总要“回头看”。——您领会错了。子张问孔子：未来十世的礼制变化可以预测吗？孔子回答：殷礼因袭夏礼，增减哪些，是可以察知的；周礼因袭殷礼，增减哪些，也是可以察知的。由此可见，未来礼制的变化，就是百世也能预料个大概。（《论语·为政》）

原来，孔夫子“好古”的目的不是“顾后”，而是“瞻前”。把握过去是为了更好地指导今天、规划未来。——中国人重视历史的原因，恐怕正在这里。

假如你有机会书写历史

国有国史，地有地志，族有族谱，家有家传，史书的体裁是多种多样的。假如你有机会为你的学校编写一部历史，那么有多少体裁可以选择呢？

你可以按时间顺序来记述，详录学校从筹备开办以来每一年（又可细化到每月每日）所发生的大事。如此写成的校史，采用的是“编年体”。

编年体是依照时间顺序编排历史事件的一种史书体裁。中国最早的编年体史书是五经之一的《春秋》。作为解经之作，《左传》等自然也都是编年体。北宋司马光的《资治通鉴》用的也是编年体。

当然，学校的开办和运转离不开人，你也可以通过为人物立传，来记录学校的发展历史。历届校长、主任、教师、职员，乃至出类拔萃的优等生，甚至格外调皮的学生，都可以成为传主。

传记可以一人一传，也可数人合传……为了强调史书的时间性，还可辅之以大事记（称“表”）。此外，课程的设置、校规的制定、经费的运用、食宿的安排等，由专章加以说明，可称“志”或“书”。而这种以传记为主，表、志为辅的史书，我们称之为“纪传体”。——首创纪传体的是司马迁，他撰写的《史记》是纪传体的开山之作。

编年体以时间为线索，纪传体以人物为中心。此外，史书还可以围绕事件来写。例如一部校史可以由以下篇目构成：“学校的筹备与兴办”“聘请教师的前前后后”“开学盛典”“一年级在全市统考中拔得头筹”“请著名学者做报告”“食堂风波”……一个个事件首尾相接，构成完整的校史，这种体裁，称作“纪事本末体”——“本末”在这里有始终之意，是指完整记录一件事。

首创纪事本末体的是南宋学者袁枢，他把《资治通鉴》改编为《通鉴纪事本末》，是纪事本末体的最早尝试。

正史二十四，全是纪传体

《四库全书·史部》之下又分十五类，前三类为正史（纪传

专为二十四史打制的书箱（可拆开）

体）类、编年类和纪事本末类，这是史书的三种主要体裁。以下类别，或依体裁，或依内容，顺次为别史类、杂史类、诏令奏议类、传记类、史钞类、载记类、时令类、地理类、职官类、政书类、目录类及史评类。——史书分类还有不同的标准和名目，如记言、记事、国别、通史、断代史等。

对于正史类，这里还要多唠叨几句。所谓正史，是指经朝廷认可的钦定史书，多半为官修国史。收在正史类中的史书共二十四部，全部采用纪传体模式，俗称“二十四史”。

司马迁的《史记》是二十四史的“领头羊”，因是首创，受到后人的一致推崇，成为正史的样板。其实效仿《史记》的纪传体史书不止二十三部，单是记述两汉三国史事的，便有八九种之多；除了班固的《汉书》、范晔的《后汉书》、陈寿的《三国志》，还有《东观汉记》（班固等）、《汉后书》（华峤）、《续汉书》（司马彪）、《续后汉书》（有宋代萧常及元代郝经的同名之作）等。不过经朝廷认定的正史只有《汉书》《后汉书》和《三国志》；这三部又与《史记》一起，合称“前四史”。

“前四史”之后，依次是《晋书》《宋书》《南齐书》《梁书》

《陈书》《魏书》《北齐书》《周书》《隋书》《南史》《北史》《旧唐书》《新唐书》《旧五代史》《新五代史》《宋史》《辽史》《金史》《元史》《明史》，总共二十四部。

留取丹心照汗青

本书共分七辑，前五辑重点介绍正史——“二十四史”。其中“前四史”各有专辑介绍；余下二十史总为一辑（第五辑），在泛读中又有所侧重（如对《新五代史》就有所“偏爱”）。第六辑重点介绍编年体及纪事本末体，第七辑择要介绍《四库全书·史部》中其他类别史书。

本书继承前书的体例，力图用通俗浅显的文字，向读者介绍史学经典的作者、背景，择要介绍书中的精彩内容。不少史学家同时又是文学史上的“大腕儿”，如左丘明（已在“儒家经典”分册做过介绍）、司马迁、欧阳修、司马光等，他们笔下的史著片段，常常被选入古文选本及教科书，本书也利用引文及文摘，让朋友们管中窥豹，有所接触。

宋末民族英雄文天祥有诗云：“人生自古谁无死，留取丹心照汗青！”——青史留名是古今无数仁人志士建功立业、奋不顾身的动力源泉；这种历史情怀，是超脱于世俗功利追求之外的，让我们通过读史来感受吧。

辑一 《史记》：纪传楷模，无韵《离骚》

司马迁发愤著《史记》

司马迁（约前145或前135—？）字子长，是左冯翊夏阳（今陕西韩城）人。他的父亲司马谈官居太史令，那是掌管天文历算的差事，兼职整理史料、管理皇家图籍，官位并不高。司马迁自幼在家乡龙门耕田放牛，后来随父亲到京城读书。十岁起开始学习古文，老师孔安国、董仲舒，都是名重一时的大学者。

二十岁以后，司马迁开始到各地游历，考察了大禹治水的遗迹，又到汨罗（Mì luó）江边凭吊过屈原，还在孔子的家乡瞻仰了孔子的居室和礼器。在淮阴，他搜集韩信的传说；在丰沛，他寻访萧何、樊哙等人的坟墓。

司马迁

他收集了大量鲜活的历史资料，眼界胸襟也为之开阔。这一切，为他日后撰写《史记》打下了坚实的基础。

司马迁的父亲司马谈早就想写一部史书，把《春秋》以后的纷纭历史记录下来。他花了大量精力准备材料，可书只开了个头，病魔就找上门来。在病榻上，司马谈把书稿和资料交给儿子，千叮咛万嘱咐，要他完成自己的未竟之业。司马迁含泪答应了，那一年他三十六岁。

司马迁子承父业，当上太史令。他对撰写史书兴趣浓厚，早就跃跃欲试。如今又接触了丰富的皇家藏书及各国史料，劲头更足了。书稿一旦动笔，自然是文思泉涌、笔底生风。然而一场飞来横祸，正等着他呢！

原来，当时汉朝正跟匈奴作战。汉将李陵提兵五千深入沙漠追击匈奴，遭到敌方八万大军的围困。李陵率队左冲右突，杀敌过万，部下也死伤过半。坚持了八天，箭尽粮绝，援兵不到，只好投降。

武帝闻讯大怒，朝臣也纷纷落井下石。司马迁却另有见解，他说：李陵平日待人诚恳，又擅长带兵打仗。这回以寡敌众，杀敌不少；眼下投降出于不得已，说不定将来还会寻机报效呢。

不料此话说出来，如同火上泼油！——原来，李陵的失利，责任全在他的上司、贰师将军李广利身上。李广利是个草包，根本不懂军事，只凭着皇亲国戚的身份（他是汉武帝的大舅哥），当上了大将军。司马迁替李陵说话，不就等于指责李广利吗？武帝暴跳如雷，下令将司马迁处以宫刑，并把他关进监狱。

宫刑是一种极端污辱人格的残酷刑罚。司马迁受了宫刑，简直不想活了！可是他转念一想，自己一死倒容易，可是父亲交代的著史重任，可就没法子完成啦。为了这个伟大目标，就是屈辱再大，也要咬紧牙关活下去！

三年后，司马迁遇赦出狱，从此他发愤著书，夜以继日；前后十几年，终于完成了这部史书巨著！

司马迁创作《史记》，还有着更宏伟的目标，就是通过记述历史，探究自然与人事的关联，弄通古今变化的深层原因，形成自己的一套学说（“究天人之际，通古今之变，成一家之言。”《报任安书》）。

当司马迁奋笔疾书时，想必心中明白：这书不会给他带来现世的利益和荣耀，弄不好还会给他招灾惹祸。他早就打定主意，书写好后要“藏之名山，传之其人，通邑大都”。他坚信，人们迟早会认识到这书的价值！

这一天来得不算太晚。司马迁去世后，《史记》的手稿被他的女儿带往女婿家。若干年后，由他的外孙杨恽（？—前54）公之于世。——从那一刻起，《史记》的光芒映照史坛，两千多年光焰不减！

首开“纪传”，表、书相辅

这部史书开头不叫《史记》，只题为《太史公书》《太史公记》，或干脆就称《太史公》。司马迁身为太史令，在书中发评论时，总说“太史公曰”如何如何，书稿也因此得名。到了汉末三国，才渐渐定名为《史记》——那本是古代史书的通称。

《史记》是一部通史——“通史”是指贯通数代的史书。全书从传说中的黄帝讲起，涵括三皇五帝、夏商周秦的传闻和史事，一直讲到汉武帝元狩元年（前 122 年）。这跟后来的纪传体正史不同，那些差不多全是断代体，也就是以一朝一代为断限的史书。

《史记》的体例，包括十二本纪、三十世家、七十列传以及十表、八书，总共一百三十篇，足有五十多万字。

不过这一百三十篇中，有十篇有目无文（《孝景本纪》《孝武本纪》《礼书》《乐书》《律书》《汉兴以来将相名臣年表》《日者列传》《三王世家》《龟策列传》《傅靳蒯成列传》）。是司马迁未能完稿呢，还是成稿有所遗失，不得而知。——今天人们看到的这十篇，是由褚少孙补写的，他是汉成帝时的博士。

《史记》中的人物传记，又分为本纪、世家和列传三级。本纪是帝王的传记：帝王的言行影响着一国的政治，因而一篇本纪，往往便是一朝的大事记。世家是诸侯及勋臣的传记和家传；列传则是各界代表人物的传记，包括文官、武将、学者和平民。

传记有一人一篇的，也有多人一篇的。如《高祖本纪》《孔子世家》《淮阴侯列传》等，都是一篇一人。而《周本纪》《秦本纪》《吴太伯世家》《老子韩非列传》《魏其武安侯列传》等，便都是两人或多人的合传。此外又有“类传”，便是把同类人合为一传，像《外戚世家》《酷吏列传》《游侠列传》等就是。

司马迁为啥不沿用相对简单的编年体，偏要自创纪传体呢？这不是自讨苦吃吗？为人物立传，显然要比“记流水账”困难得多。——司马迁自有道理：历史是由人的活动构成的，可是编年体偏偏“稀释”了人的作用。你要了解一位举足轻重的历史人物，他的事迹往往散落在长达几十年的历史“账本”里。这中间作者还要照顾到其他许多人、许多事，结果英雄的身影在历史长河中时隐时现，其丰功伟绩也变得支离破碎。

纪传体的写法是把镜头对准一个个历史人物，集中介绍他们的生平事迹和言行功业，凸显个人的价值和贡献。在这里，人不再是时代的匆匆过客，而是历史的主宰者。纪传体的创立不仅是史书体裁的改变，更是人文观念的革命！

不过司马迁并没有完全摒弃编年体手法，他在《史记》中设计了“表”。表分两类，一类采用编年的形式，把重大历史事件按年月顺序编为表格，以弥补纪传体的不足。其中《三代世表》记载五帝、三代的世系。那时还没有明确的纪年，因而只是把五帝、三代的王者依次排列。到了西周共和元年，中国历史开始有了明确纪年，接下来的《十二诸侯年表》《六国年表》《秦楚之际月表》，便都是依时序记录历史大事件，从春秋战国直至秦代。

另一类是人物年表，许多没有单独立传的历史人物，便都包括其中。如《汉兴以来诸侯王年表》《高祖功臣侯者年表》《汉兴以来将相名臣年表》等。

书的体例也是司马迁首创的，共八篇，分别是《礼书》《乐书》《律书》《历书》《天官书》《封禅书》《河渠书》《平准书》，属于专题文章，有的记录朝章国典，有的讨论律吕历法，也有探究水利经济的。这种以专论形式记述各领域典章沿革的做法，同样被后世的纪传体史书继承，只是将书改称“志”，类别上也有所增减调整。

《五帝本纪》：向传说求真相

就来看看《史记》中的人物传记吧。

本纪头一篇是《五帝本纪》。五帝即上古时代五位华夏之族的部族领袖，分别是黄帝、颛顼（Zhuānxū）、帝喾（Kù）、尧和舜。

据文中记述，黄帝姓公孙，名轩辕，生活在神农氏衰微的时代。他看到诸侯相互攻伐，百姓苦难无边，于是“修德振兵”，打了两场硬仗。一场是在阪泉之野，与神农氏首领炎帝大战，经过三番较量，终于取胜。另一场是在涿鹿之野，跟炎帝的部下蚩尤作战。蚩尤桀骜不驯，凶猛异常。经过这场恶战，黄帝擒杀蚩尤，诸侯于是尊轩辕氏为天子。

神农氏崇尚“火德”，因称炎帝；轩辕氏崇尚“土德”，故称“黄帝”。中国人说自己是“炎黄子孙”，便与这两个族群的斗争融合有关。

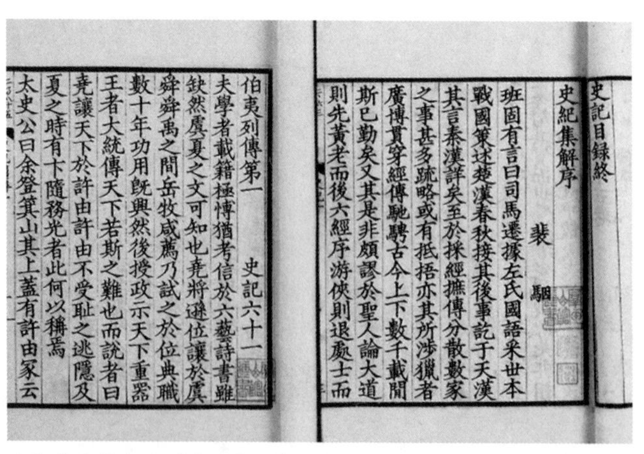
史記目録終

史記集解序　裴駰

班固有言曰司馬遷據左氏國語采世本戰國策述楚漢春秋接其後事訖于天漢其言秦漢詳矣至於採經摭傳分散數家之事甚多疏略或有抵捂亦其所涉獵者廣博貫穿經傳馳騁古今上下數千載間斯已勤矣又其是非頗謬於聖人論大道則先黄老而後六經序游俠則退處士而

伯夷列傳第一　史記六十一

夫學者載籍極博猶考信於六藝詩書雖缺然虞夏之文可知也堯將遜位讓於虞舜舜禹之間岳牧咸薦乃試之於位典職數十年功用既興然後授政示天下重器王者大統傳天下若斯之難也而說者曰堯讓天下於許由許由不受恥之逃隱及夏之時有卞隨務光者此何以稱焉

太史公曰余登箕山其上蓋有許由冢云

南朝北宋裴骃注《史记集解》书影

黄帝娶了西陵国的女子嫘祖（Léizǔ）为妻，生下两个儿子玄嚣和昌意。黄帝死后，由昌意之子高阳继位，是为颛顼。颛顼死后，帝位又轮到另一支来继承，继位者是玄嚣之孙高辛，是为帝喾。

帝喾死，权位传给他的儿子挚。然而挚不是当领袖的材料，不久就把位子让给了兄弟放勋，也就是尧。尧是儒家推崇的仁君："其仁如天，其知（智）如神，就（接近）之如日，望之如云。富而不骄，贵而不舒（傲慢）。"在他的治理下，百业俱兴，万民安乐。

尧要挑选一位接班人，有人举荐尧的儿子丹朱。尧不同意，说："吁，顽凶，不用！"最终他看中了舜，并把两个女儿嫁给他。以后尧把帝位让给舜，这叫"禅让"。舜广开言路，善于用人，有了众贤士的辅佐，使天下达到大治——"天下明德皆自虞帝始"。

尧、舜的事迹，《尚书》的《尧典》《舜典》都有记载。而黄帝、颛顼、帝喾等人，则是传说中的人物，《尚书》中没有记录。——儒家经典中没有记录的人和事，能不能写进史书呢？对此司马迁自有主见。

司马迁在《五帝本纪》末尾的"太史公曰"中说：学者言必称五帝，那可是很遥远的事了！《尚书》中只记载了尧以后的事，至于百家传说的黄帝事迹，因语言鄙俗，士大夫们都不肯引用。孔子曾撰有《宰予问五帝德》及《帝系姓》等文，后世儒家将信将疑，因而不曾流传下来。我曾西至崆峒，北访涿鹿，东近大海，南渡江淮；所到之处，听父老们谈起黄帝尧舜的事迹，虽然不尽相同，但有那跟古文献记录一致的，应当更接近历史真相。我又读《春秋》《国语》等书，其间也有可以跟《五帝德》《帝系姓》相印证的内容。《尚书》缺少的内容，在其他书中多能见到。这些事，只有好学深思的人才能心领神会，却很难跟那些见识浅薄、孤陋寡闻的人一同讨论。（文摘一）

这段话十分重要，宣示了司马迁的撰史原则：不迷信经典，不苟同士大夫的意见，把文献记载和田野调查结合起来，对野老传闻也不排斥，强调只有“好学深思”，方能“心知其意”，求得真相。《五帝本纪》便是实践这一原则的好样本。

【文摘一】

五帝本纪赞（《史记》）

太史公曰：学者多称五帝，尚矣。然《尚书》独载尧以来，而百家言黄帝，其文不雅驯，荐绅先生难言之。孔子所传《宰予问五帝德》及《帝系姓》，儒者或不传。余尝西至空桐，北过涿鹿，东渐于海，南浮江淮矣，至长老皆各往往称黄帝、尧、舜之处，风教固殊焉。总之不离古文者近是。予观《春秋》《国语》，其发明《五帝德》《帝系姓》章矣，顾弟弗深考，其所表见皆不虚。《书》缺有间矣，其轶乃时时见于他说。非好学深思，心知其意，固难为浅见寡闻道也。余并论次，择其言尤雅者，故著为本纪书首。（节自《五帝本纪》）

◎尚矣：太久远了。尚，通“上”，远。◎百家：先秦诸子。雅驯：文雅有据，合乎规范。荐绅：搢绅，也作缙绅，即士大夫。◎宰予：孔子弟子宰我。《五帝德》《帝系姓》：古代论著名称，见《大戴礼》及《孔子家语》。◎空桐：崆峒山，在今甘肃平凉一带；相传黄帝曾在此问道。涿鹿：山名，在今河北涿鹿县附近；相传黄帝曾与蚩尤在此大战。渐：流入，到达。风教固殊：指所到之处风俗教化有很大区别。◎古文：这里指《尚书》等古书记载。近是：接近于真相。◎发明：阐发。章：彰显，明白。顾：但。弟：同"第"，只。表见（xiàn）：表达。◎有间（jiàn）：指时间很长。轶：指缺失的内容。◎论次：依次叙述。

项羽：不学书剑，藐视秦皇

《五帝本纪》之下，依次是《夏本纪》《殷本纪》《周本纪》《秦本纪》《秦始皇本纪》，都是记载帝王世系的篇章。

例如《秦始皇本纪》，就包括始皇嬴政及二世胡亥的传记，还顺带交代了子婴的下落——他是胡亥兄长扶苏的儿子，在胡亥死后被立为秦王。

以下从《高祖本纪》开始，包括随后的《吕太后本纪》《孝文本纪》《孝景本纪》《孝武本纪》，才开始一帝一纪的模式。总的说来，"本纪"是传记的最高规格，只有帝王才有资格享用。不过也有例外。如"西楚霸王"项羽跟刘邦争夺天下，后来兵败自刎，始终未登上皇帝宝座。司马迁硬是把他的传记提升为本纪，显然有褒扬之意。

项羽

据《项羽本纪》记述，项羽名籍，字羽，下相（在今江苏省宿迁市宿城区）人。他从小是个“问题少年”：先是读书不成，转而学剑；结果学剑又不成，惹得叔叔项梁十分恼火。项羽辩解说：读书能记个姓名就够了；剑术学得再好，也只能对付一个人；我要学应对万人的本领！项梁于是教他兵法，项羽开头挺感兴趣，可是略知皮毛，又不肯深钻。

秦始皇南巡会稽，项羽跟着叔叔挤在路边看热闹，脱口而出道：“彼可取而代也！”（这家伙我能取代他！）吓得项梁连忙捂他的嘴，说：别瞎说，这可是灭门的罪过！话是这么说，项梁由此对侄子另眼相看。项羽成人后，身高八尺，“力能扛鼎”（力气能举起铜鼎），吴中子弟都怕他三分。

秦末天下大乱，项梁、项羽也乘势而起，杀掉太守，聚拢精兵八千，渡江西向。这一年项羽才二十四岁。叔侄搭档，所向披靡。

刘邦此刻也在沛县起兵，两军会合，共同抗秦。以后义军共同拥立已故楚怀王之孙为王，仍用楚怀王的称号，项梁则自号武信君。可紧接着楚军遭遇兵败，项梁被秦将章邯所杀。

项梁死后，怀王派上将军宋义及项羽等人领兵救赵。宋义身为主帅，却按兵不动，整天置酒高会，还扬言说，秦人破赵后，兵力必然疲弱，那时再攻不迟。项羽反驳说：秦军破赵后，兵力肯定会更强，哪里会疲弱？怀王把所有兵马都交给你指挥，如今国势危急，士兵忍饥挨冻，你却徇私畏敌，这哪里是社稷之臣的作为呢！

一天早上，项羽闯进宋义的军帐，砍下他的脑袋，夺了兵权！接着派兵渡河，直逼巨鹿。他自己率军跟进，渡河后凿沉船只，打烂炊具，烧毁营盘，士兵每人只带三天的干粮，以示有去无还的决心。这叫“破釜沉舟”。

经过一场恶战，秦军大败。作战时，不少诸侯将军不肯出兵，在自家营垒土墙上看热闹，作“壁上观”。如今见项羽取胜，一个个都来拜见，“膝行而前，莫敢仰视”（跪在地上往前挪，不敢抬头看）。项羽成了抗秦武装的天然统帅。

以后项羽率众诸侯打败秦军主力，逼降秦军统帅章邯。不过项羽的残暴又是令人发指的：为防止降卒造反，竟一夜间“击坑秦卒二十余万”（击坑：杀死、活埋）！

这当口，刘邦也率军攻破秦京咸阳，并派人扼住函谷关，禁止其他部队出入。项羽闻讯大怒，挥师入关，眼看两支抗秦武装就要发生火拼。关键时刻，刘邦“好汉不吃眼前亏”，低头示弱，这才有了“鸿门宴”一出大戏。

这以后，项羽引兵“西屠咸阳”，杀死已经投降的秦王子婴，又放火烧毁了秦朝宫殿，据说大火三月不熄。唐人杜牧作《阿房宫赋》，有“楚人一炬，可怜焦土”的描写，说的便是这事。

有人劝项羽定都关中，项羽说是：“富贵不归故乡，如衣绣夜行，谁知之者？”（得了富贵不回家乡，就像穿着锦绣华服走夜路，有谁能看得见？）——不肯读书的项羽，到底暴露出眼界的短板。

当时就有人讲风凉话，说：“人言楚人沐猴而冠耳，果然！”（人家说楚人是猴子戴帽子，果然如此。沐猴：猕猴。）不过说这话的人很快被下了油锅。

四面楚歌，英雄末路

此刻的项羽，成了天下的主宰。他分封诸侯，把六国故土分给抗秦有功的将军。潜在对手刘邦也被他封为汉王，封地远在巴蜀、汉中，那本是秦朝放逐犯人的地方。

至于楚怀王，项羽先尊他为“义帝”，但转眼就指使人把他杀害了。项羽本人自封为“西楚霸王”，独占九郡，建都彭城。天下似乎又恢复了春秋战国的旧格局。从这个封号看，项羽是把自己定位为霸主，如同齐桓、晋文一样吧。

然而天下并未太平。六国的贵族不甘心王国易主，纷纷举兵反叛。汉王刘邦则迅速扩展地盘，很快吞并了三秦之地，并联合五家诸侯，起兵五十六万，东向伐楚。楚汉之间展开了一场世纪大战。

西楚霸王也不是“吃素的”！有一阵子，刘邦吃了败仗，狼狈逃命，连妻儿父母都顾不上了。可是突然之间，形势发生了逆转：楚军远离故土，疲惫乏食，不得不跟汉军议和，双方议定以鸿沟为界，中分天下。——鸿沟是位于今天河南荥阳的古运河。

项羽言而有信，归还了此前俘获的刘邦亲人，然后撤军东归。刘邦却转脸撕毁了和约，跟韩信、彭越合兵追击，最终将项羽围在垓下：

> 项王军壁垓下，兵少食尽，汉军及诸侯兵围之数重。夜闻汉军四面皆楚歌，项王乃大惊曰："汉皆已得楚乎？是何楚人之多也！"项王则夜起，饮帐中。有美人名虞，常幸从；骏马名骓，常骑之。于是项王乃悲歌慷慨，自为诗曰："力拔山兮气盖世，时不利兮骓不逝。骓不逝兮可奈何，虞兮虞兮奈若何！"歌数阕，美人和之。项王泣数行下，左右皆泣，莫能仰视。（《项羽本纪》）
>
> ◎壁：扎营。垓下：地名，在今安徽省灵璧县东。◎骓（zhuī）：青白杂色的马。这里是马名。◎慷慨：悲愤感叹貌。逝：奔驰，快跑。◎数阕（què）：好几遍。阕，歌词一段叫一阕。

汉军采用心理战，故意让士兵高唱楚歌，以动摇楚人军心，连项羽也怀疑：是不是楚地全被汉军占领了？他夜不能寐，在帐中饮酒，面对心爱的侍妾虞姬，慷慨悲歌，感叹自己空有拔山之力，却碰上坏运道，连骏马也跑不动了！——主帅的感伤情绪影响了军心，楚军的末日到了！

在讲述中，司马迁丝毫不掩饰对项羽的同情，把这位末路英雄慷慨悲歌的结局，刻画得如此感人。后人据此编为戏曲

《霸王别姬》，在舞台上久演不衰。

司马迁同时也看到了项羽的弱点，如写项羽突围时，身边只剩二十八名骑兵，但他仍不知反省，反而再三强调："此天之亡我，非战之罪也！"（这是老天让我败亡，不是我作战不力的缘故！）并几次发起冲锋，斩将搴旗，向部下展示勇武。——就不免有些可笑！

项羽败走乌江，本来还有重回江东再整旗鼓的机会。可是他对驾船来接应的亭长说：当年我带着江东八千子弟渡江而西，如今不剩一个，即便江东父兄同情我，仍推我当王，我又哪有脸见他们啊！人家不说，难道我心里就不惭愧吗？——最终他把战马赠给亭长，自己持短兵冲入敌阵，杀敌数百，自己受伤十余处，终究寡不敌众，自刎而死。他死后，汉将为了争尸抢功，又相互残杀，死了几十人！

司马迁正是通过这些细节描写，表达了自己的爱憎：他同情失败者，赞美有尊严的人，在歌颂英雄时，也隐含着对惯耍阴谋、侥幸取胜者的鄙夷与轻蔑！

给高祖刘邦"揭短儿"

紧随《项羽本纪》之后的，是刘邦的传记。司马迁身为汉臣，总该对本朝开国皇帝多一点尊敬吧？可他竟不给刘邦留面子，一上来就说刘邦年轻时"不事家人生产作业"（不务正业），当个小小亭长，却对官府中的吏役"无所不狎侮"（没有他不戏侮的），又"好酒及色"、爱说大话，简直一无是处。

就说那一回，沛县县令的朋友吕公为躲避仇人，迁居到沛县来。县里有头有脸的人物听说县令有贵客，都来道贺接风。日后当了汉朝宰相的萧何，当时还只是个小小功曹，在宴会上主管收“红包”，对众客宣布：贺礼在千钱以下的，就请堂下坐吧。

刘邦一向看不起这些官府小吏，于是大笔一挥，在礼帖上写上“贺钱万”！——其实他一个钱儿也没带。

那位吕公见他如此豪爽，忙出门相迎，引入上座。萧何对吕公说：这个刘季就爱说大话，啥事也干不成！——吕公倒觉得刘邦像是能成大事的人，不但当时奉为上宾，事后还把闺女许给了他；闹得老伴儿对他很有意见，说：你常说咱们闺女将来要嫁贵人，连县令求亲你都没答应，怎么就许给了刘季？吕公说：这样的事，你们女人家哪里懂得！

吕公没看错，日后刘邦一统天下，吕公的闺女吕雉当上了皇后，便是吕后。她为刘邦生了一儿一女，就是孝惠帝和鲁元公主。

刘邦兄弟四人，分别叫伯、仲、季、交。刘邦发迹了，他的兄弟自然也跟着“鸡犬飞升”——老二刘仲受封代王，老四刘交受封楚王，全都是世袭的王爵；只有大哥刘伯死得早，他这一支也备受冷落。老爹刘太公问起来，刘邦说：不是我忘了封，是因为我大嫂为人不厚道。

原来大哥刘伯死后，大嫂拉扯着孩子艰苦度日。那时刘邦还年轻，不务正业，常带着一班酒肉朋友到大嫂家中白吃白喝。大嫂心里烦，又不好说啥。有一回见刘邦又带人来到门外，大嫂急中生智，抄起勺子刮锅，假作羹饭吃光了。刘邦一伙朋友听见了，都一哄而散。等刘邦进门揭锅，见还有半锅呢，心中恼恨自不用说，从此跟大嫂结下“梁子”。如今刘太公求情，刘邦也便卖个人情，封大哥之子为“羹颉（jié）侯”——“羹颉”便有“羹竭饭光”的意思。

人们看刘邦身为帝王，一统天下，高唱“大风起兮云飞扬，安得猛士兮守四方”，何等豪迈！其实这类人往往心胸狭窄、小肚鸡肠，连亲人都容不下，又何谈宽容他人？

刘邦的无情无义，还体现在对待父亲和子女上。彭城之役，汉军大败，刘邦跑得慌张，连家人都抛下了。车行半路，刚好遇上一对儿女，赶紧抱上车。可人多车重，马拉不动，眼看要被楚兵追上了。刘邦一狠心，把儿女推下车去！部将夏侯婴不忍，停车把孩子抱上来。不久楚骑逼近，刘邦又一次把儿女抛下。反复几次，夏侯婴说：虽说情势危急，可马也不能跑得再快，干吗非把孩子丢下？——未来的孝惠皇帝、鲁元公主这才脱了险！

后来楚、汉大军在广武对峙，项羽久攻难下，命人架起高高的砧板，把刘邦的老爹绑在上面，向刘邦喊话：城再攻不下来，我就把你爹烹了！刘邦怎么回答呢？他说：我跟你共同拥戴楚怀王，发誓结为兄弟，我爹就是你爹。你今天一定要烹咱爹，别忘了分我一杯肉羹尝尝！

项羽大怒，就要动手，项伯在旁劝道：天下归谁还没一定呢，常言说得好：“为天下者不顾家！”杀了刘老爹，能有啥益处？只是徒增仇恨罢了。刘太公这才捡回一条命！——这些事不好写在《高祖本纪》中，却这里一段、那里一段，记录在别人的传记里。

连爹娘、子女都不顾的人，能真心对待部下吗？所有人都是刘邦用来实现一己私利的工具。刘邦得天下后对功臣大开杀戒，也便不足为怪。

吕雉差点儿当上女皇

对于刘邦之妻吕后，司马迁就更不客气。《吕太后本纪》开篇即说：“吕后为人刚毅，佐高祖定天下，所诛大臣多吕后力。”——挑明吕后协助刘邦诛杀功臣的罪恶。

以下写到吕后与刘邦妃子争风吃醋的所作所为，更令人毛骨悚然！原来，刘邦有位宠姬戚夫人，生子如意，被封为赵王。刘邦几次要立如意为太子，以取代吕后之子刘盈。吕后对戚氏母子又妒又恨。待刘邦一死，刘盈即位为惠帝，吕后不肯放过这母子俩，先囚禁了戚夫人，又召赵王如意进京，赐他喝了毒酒。

吕后仍不解恨，让人砍断戚夫人的手脚，又挖眼、灼耳，灌药致哑，把她养在厕所里，称“人彘（zhì，猪）”。吕后还让儿子惠帝到厕所去“参观”。惠帝是个仁弱的年轻人，见到后受了刺激，当即大哭一场，一病就是一年多。又派人谴责母亲说：“此非人所为（这不是人能干出的事）！臣（我）为太后子，终不能治天下。”惠帝从此不理朝政，终日饮酒作乐。作为一代皇帝，《史记》未给他单独立传，只将他的事迹附在《吕太后本纪》中。

本来嘛，刘邦死后，权归吕后，惠帝刘盈只是个傀儡罢了。

惠帝死后，吕后独掌大权八年，虽未上帝号，却是名副其实的女皇，司马迁因此给了她本纪的待遇。

惠帝发丧时，吕后哀号着，却“干打雷不下雨”。侍中张辟疆是张良的儿子，只有十五岁，他对丞相说：吕后就这么一个儿子，可儿子死了，她哭声不悲，你知道什么缘故吗？丞相问：啥缘故？张辟疆说：惠帝没有成年的儿子，太后忌惮你们这帮老臣。你们如果请求拜吕台、吕产、吕禄为将，掌控南北军，让他们入宫掌权，太后就能心安，你们也能免于灾祸。——吕台、吕产、吕禄都是吕后的亲侄子，又称“诸吕”。丞相于是按张辟疆的话去做，吕后果然放下心，涕泪横流地痛哭起来。

吕后大权在握，又想封几个侄子为王，向右丞相王陵透露口风。王陵说：高帝（刘邦）曾杀白马盟誓说：“非刘氏而王，天下共击之！”（刘氏以外的人称王，天下人要共同讨伐！）如今吕姓封王，有违誓约。

吕后不死心，又问左丞相陈平和绛侯周勃，周勃说：高帝定天下，封刘姓子弟为王；如今太后君临天下，封诸吕为王，没啥不可以的。

下朝后，王陵责备陈平、周勃背信弃义；两人答道：像今天这样在朝堂上当面谏诤，我们不如你；可是保全社稷、安定刘氏后代，你可就不如我们了。

果然，吕后死后，周勃、灌婴等老臣联合刘姓王侯铲除了“诸吕”，拥立刘邦的另一个儿子代王刘恒为帝，实践了“安刘”诺言。——刘恒即汉文帝，史上著名的“文景之治”就是从他这里开始的。

世家讲些啥：以吴太伯为例

《史记》的世家是为诸侯及勋臣立传。——“世家”一词本指世代相沿的大家族，世家体裁所记录的，是西周至汉初诸侯及功臣的家族兴衰史。

世家头一篇为《吴太伯世家》，起首便说吴太伯、弟弟仲雍和季历都是周太王的儿子——周太王即古公亶父，《诗经·大雅·绵》说他“率西水浒，至于岐下”，带领族人由豳地迁徙到西岐，奠定了周族兴盛的根基。

太王的三个儿子中，季历最有出息，太伯作为老大，不愿白占着位子，于是带着老二仲雍跑到“荆蛮”之地，自号“句（gōu）吴”。当地人拥戴他做了头领，由此开创了吴国。这边呢，太王死后，季历做了周族领袖。后来季历的儿子昌继位，便是周文王。

太伯没有儿子，他死后，由弟弟仲雍继位，此后代代相传。后来周文王的儿子武王伐纣，建立周朝，封仲雍后人周章为吴君，又封周章的弟弟虞仲为虞君——虞国与吴国，一在中原，一在“夷蛮”，实为兄弟之邦。以后虞国为晋所灭，留下“唇亡齿寒”的典故；而南方的吴国却日益强大，至寿梦在位，称吴王。

在《吴太伯世家》中，司马迁还不吝笔墨，记述了寿梦之子季札的事迹。季札是位优秀的外交家，对各国政治了如指掌，睿智而有判断力。

他还是位音乐“发烧友”，到鲁国观乐，听了有虞氏的《大韶》之乐，发出“观止矣”的感叹。出访徐国时，徐君喜欢他的宝剑，他心知而未言。徐君死后，他前往凭吊，把剑挂在坟树上。——“季子挂剑”也成为有名的典故。

季札还有谦逊的美德，将王位让给兄长之子王僚。日后楚臣伍子胥逃亡至吴，私募勇士，帮另一位吴公子（名光）刺杀了王僚。公子光登上王位，即吴王阖闾（又作“阖庐”）。

这以后，吴国常年与楚、越交战，阖闾死于吴越之战。其子夫差举兵伐越，大败越人，替父报仇。然而夫差不听伍子胥劝谏，没能乘势灭掉越国，给越王勾践以喘息之机。越国经历二十年休养生息，积极备战，起兵伐吴，终于灭掉了吴国。

当年越王勾践被打败后，“苦身焦思，置胆于坐，坐卧即仰（抬头看）胆，饮食亦尝（品尝）胆”，激励自己不忘兵败国危之耻，这就是所谓“卧薪尝胆”。这些情节，在后面的《越王勾践世家》中有着详尽的叙述。而纪传体就是通过一篇篇人物（家族）传记，相互交错地拼织出生动的历史画卷。

《吴太伯世家》之后，依次是齐太公、鲁周公、燕召公、管蔡、陈杞、卫康叔、宋微子等世家传记，那是周初分封的诸侯，包括姜姓勋臣（齐太公即周朝开国功臣吕尚，俗称姜太公）和姬姓王公（周、召、管、蔡、曹、成、康等）。此外，《陈杞世家》的传主胡公满是舜帝之后，封在陈地；《宋微子世家》的传主微子是殷商遗族，封在宋。

以下的晋、楚、越、郑、赵、魏、韩等世家，或为姬姓支脉，或为五帝三代之后，也都各有渊源，流脉悠远。

世家中还有不少汉代后妃、诸王及功臣的传记，如“外戚”

（刘邦的后妃及家族）、楚元王（刘邦同母弟刘交，另附赵王刘遂）、荆燕（刘氏同宗刘贾）、齐悼惠王（刘邦庶长子刘肥）、萧相国（萧何）、曹相国（曹参）、留侯（张良）、陈丞相（陈平）、绛侯周勃、梁孝王（文帝子刘武）、“五宗”（景帝诸子，分别为五位母亲所生）、“三王”（汉武帝三子）等。

学者、役卒称世家

在世家传记中，有三篇与众不同。一是《田敬仲完世家》，传主田完（“敬仲”是他的谥号）本姓陈，是陈国的王子。因陈国内乱而逃到齐国，改姓田。他的后人田乞、田常（本名田恒）在齐为官，曾先后杀掉两位齐君，另立新君。——《庄子》及《韩非子》中多次提到的田成子，便是田常。

至田和执政时，索性将齐康公放逐到海岛上，自立为齐君；周天子也不得不承认他的齐侯地位。由姜太公开创的姜姓齐国，从此改了姓。——田氏是典型的“窃国大盗”，不过司马迁对田家仍给予世家的待遇，体现了对历史的尊重。

另一篇不同寻常的传记是《孔子世家》。司马迁笔下的孔子形象，有血有肉，亲切而生动。孔子自幼丧父，家境贫寒。长大后当过小吏，看过仓库，管过牲口。五十多岁才做官，可没过几年又辞了官。他一生大半时间以教书为业，带领学生周游列国，最终叶落归根，回到鲁国。

据司马迁描述，“孔子长九尺有六寸”。春秋时一尺的长度相当于今天的二十二厘米，如此算来，孔子的个头儿足有两米开外！难怪“人皆谓之长人而异之”——“长人”就是大个子。

《孔子世家》讲述孔子一生，几乎面面俱到。例如，还说到孔子的爱好，说他在齐国听到《韶》乐，专心学习，竟然“三月不知肉味”！后来他又向师襄子学习弹琴，一个曲子弹了十天仍不肯停手。老师要教他新曲子，他说：我还没掌握技法呢。再要教他，他说：我还没领悟曲子的内涵哩。再催，他又说：我还没触摸到曲中的人物呢。又练了一阵子，孔子的神情渐渐恭敬起来，并陷入沉思；一会儿又欣然抬眼，眉宇间有高瞻远瞩的神情，说：这个人我知道了，他肤色黝黑，个子高高，目光高远，有统治四方之志；不是周文王，又会是谁呢？——师襄子听了，离席叩拜说：我听老师说，这曲子正是《文王操》啊！

孔子《论语》中有些话显得“没头没脑”，《孔子世家》则往往能补出背景来。如孔子曾说：“吾未见好德如好色者也！”这话又是从何说起？原来那是在卫国，一次卫灵公跟夫人南子坐在第一辆车子上，由宦者陪着，让孔子坐第二辆车，就那么招摇过市。孔子认为受到侮辱，于是说了这话，并很快离开了卫国。

孔子既非诸侯，又非勋戚，司马迁凭啥把他的传记提到世家等级？在文章结尾，司马迁给出了答案。他说：《诗经》中有“高山仰止，景行行止”的诗句，孔子就如地上的高山、天上的太阳！我虽不能达到他的高度，心中却始终向往着。……天下的君王、贤者大有人在，都只获得一时的荣名，人一死，也就一了百了。只有孔子，虽是布衣平民，他的学说却能十几代流传不衰，至今被学者们宗奉。从天子到王侯，中国研习“六艺”

的人，全都以孔子学说为准则。这真可称得上“至圣”了！（文摘二）——话外之音是：把孔子列为世家，不但不过分，还委屈了他老人家哩！

另一位列为世家的是陈涉，他是农民起义的领袖，虽然出身卑微，只是个役卒，却敢于向强大无比的秦王朝发难，头一个站出来反抗暴秦。司马迁敬重他，把他的传记列在世家中，让他跟诸侯、圣人平起平坐。

【文摘二】

孔子世家赞（《史记》）

太史公曰：《诗》有之：“高山仰止，景行行止。”虽不能至，然心乡往之。余读孔氏书，想见其为人。适鲁，观仲尼庙堂车服礼器，诸生以时习礼其家，余祗回留之不能去云。天下君王至于贤人众矣，当时则荣，没则已焉。孔子布衣，传十余世，学者宗之。自天子王侯，中国言“六艺”者，折中于夫子，可谓至圣矣！（节自《孔子世家》）

◎“高山”二句：出《诗经·小雅·车舝（xiá）》。仰，仰慕、敬仰。景行，大道，喻高尚的品德。止，语助词。◎乡往：向往。◎适：往。祗回：低回，流连。◎没（mò）：死去。已焉：完结，影响消失。◎宗：宗奉。◎六艺：六经。折中：取正，当作准则。

【译文】

太史公说：《诗》中有这样的话："像高山一般令人瞻仰，像大道一般让人遵从。"虽然我不能达到这种境地，但是心里却向往着。我读孔子的著作，可以想见他的为人。到了鲁地，参观了孔子的庙堂、车辆、衣服、礼器，目睹了书生们按时到孔子旧宅中演习礼仪的情景。我怀着崇敬的心情徘徊留恋不愿离去。自古以来，天下的君王乃至贤人也真不少，活着时显贵尊荣，然而一死也就完了。孔子是一介平民，他的学说传了十几世，读书的人仍然尊崇。从天子王侯，到全国所有学习"六经"的人，都把孔子的学说当作判断衡量的最高准则，孔子真可谓至高无上的圣人了！

小人物登上历史殿堂

讲罢世家，再来看看列传。列传的传主，包括各个领域的代表人物，有贵公子、名将相、学者骚人、策士医圣……此外，刺客游侠、奸王酷吏、边鄙族群的事迹情状，也都归在列传中。

对于伯夷、老子、蔺相如、屈原那样的杰出人物，司马迁不吝赞美之辞；对那些地位低微的小人物，他照样给予很高的评价。在《魏公子列传》里，司马迁对两位平民义士格外赞赏。

魏公子即信陵君无忌，是著名的战国四公子之一。他身为贵族，门下养着三千食客。大梁有个看城门的老卒叫侯嬴，七十多岁了，家贫如洗。信陵君听说他是贤者，便带了厚礼去拜访他，侯嬴不肯接受，说：我几十年来修身养性，保守节操，总不能以看城门太穷为理由接受你的钱财吧！

信陵君不死心。他在府中大摆酒席，等客人都到齐了，他便驾了车子，特意到城门去接侯嬴。侯嬴也不客气，穿着那身破衣服，大大咧咧坐在车子上，听任信陵君为他驾车。车行半道，侯嬴又借口下车看朋友，跟一位杀猪卖肉的聊个没完，信陵君则始终恭恭敬敬在旁等待，一点没有不耐烦的神情。侯嬴受了感动，后来在关键时刻替信陵君出谋划策，干出惊天动地的大事来。

侯嬴还向信陵君推荐了那位杀猪的朋友朱亥，可信陵君几次去拜访他，他连一点感激的表示也没有。不久，秦国进犯赵国，包围了赵国都城邯郸。魏国派了大将晋鄙率领十万大军前去救援。晋鄙畏惧秦军，屯扎观望。赵国公子平原君见事情紧急，派人向信陵君求救。侯嬴给信陵君出主意，要他窃取魏国兵符，带上朱亥去前线接管魏军。信陵君来请朱亥，朱亥笑着说：我不过是个市井屠户，您三番两次屈尊来看我，我为什么没有表示呢？因为我知道琐细的礼数没啥意义。如今您有急难，我为您拼命的时候到了！说罢带上四十斤重的大铁锤跟着信陵君去往前线。

晋鄙见到兵符，心存疑虑，不肯交出兵权，朱亥抡起铁锤将他打死。信陵君指挥魏军攻击秦军，解了邯郸之围。侯嬴呢，信陵君走后便拔剑自刎，以一死报答信陵君的知遇之恩。

一个看城门的小吏，一个杀猪的屠户，司马迁写这两个人物，本意是映衬信陵君能礼贤下士。可从另一个侧面，也写出市井小民的尊严、智慧和力量，使平民百姓的形象，也进入堂皇的史书。

几位军事家的故事

春秋战国是军事家辈出的年代，《司马穰苴（Rángjū）列传》和《孙子吴起列传》，便是两篇军事家的传记。

司马穰苴姓田，是齐国田完的后裔。齐景公时，齐国受晋国和燕国的欺凌，连打败仗，国土被占，情势危急。宰相晏婴把穰苴推荐给齐景公，说此人虽是田氏的庶出旁支，但“文能附众，武能威敌”，您不妨试他一试。

齐景公把穰苴召来，跟他谈论军事，见他说得头头是道，非常高兴，立即拍板，任命他做将军，要他率军抗击燕晋之师。

穰苴说：我出身卑微，蒙您把我从平民中提拔起来，位在士大夫之上，但士兵不服，百姓不信，人微权轻。若有一位君王宠信的大臣来做监军才好。齐景公点头称是，于是派宠臣庄贾一道出征。穰苴辞别景公，跟庄贾约定：明天中午到军门会合。

第二天，穰苴早早乘车来到军门，立下计时的木表和水漏，专等庄贾到来。庄贾自恃官高，又身为监军，并不着急。亲戚同僚为他饯行，酒喝了一巡又一巡。眼看午时已到，军中还不见他的人影。穰苴吩咐砍倒木表，放光漏壶，自己先进入兵营，整顿部队，宣布军纪。

太阳已经偏西，庄贾才姗姗而至。穰苴问他为何迟到，他道歉说：因同僚亲戚送行，所以耽搁了。穰苴说：将军受命之日，就该忘掉家族；到军中接受约束，就该忘掉亲人；擂鼓冲锋时，就该忘掉自身！如今敌军入寇，举国骚动，士兵在外风餐露宿，君主在内寝食难安，百姓的性命都握在你手心里，这会儿还送哪门子行！立即把军法官召来，问：按军法，对迟到者该如何处置？回答说：当斩！庄贾慌了，让人飞车向景公求救。去的人还没回来，庄贾的人头已被砍下，传示三军！全军上下人人战栗。

又过了片刻，景公的使者驾车闯入中军，传令赦免庄贾。穰苴说："将在军，君令有所不受！"又问军法官：擅闯三军，该当何罪？军法官说：当斩！使者吓坏了。穰苴说：既然是国君派来的使者，且免一死。于是命人杀掉使者的仆人，砍断车子的左辕，杀掉左边的骖马，放使者回去，然后整军开拔。

一路上，士兵们宿营、打井、立灶、饮食乃至患病吃药，穰苴都要亲自过问；还把将军的物资粮食拿来跟将士们分享。他跟士兵平分口粮，自己拿最低的份儿。

军队途中休整三天。再度集结时，人人振奋，个个争先，连病弱的士兵都要求归队。晋师、燕师听到消息，不战自退。齐军乘势追击，收复失地，奏凯而还。还没到国都，穰苴传令放下武器，解除禁令，然后盟誓入城。景公和大夫们到郊外迎接慰劳，尊穰苴为大司马。——田氏在齐国的地位，也越发尊贵了。

后来齐威王让人整理古代的《司马兵法》，把穰苴的兵法也编在其中，号称《司马穰苴兵法》——其实两者并不是一回事。

《孙子吴起列传》则是孙武、孙膑和吴起三位军事家的合传。孙膑是孙武的子孙，因受同窗庞涓的嫉害，被砍去双脚。后来他偷渡到齐国，为齐将田忌所倚重。著名的"田忌赛马""围魏救赵"等典故，都跟孙膑有关。日后孙膑指挥齐军与魏军作战，施“减灶计”迷惑庞涓，最终在马陵道将庞涓射杀。（文摘三）《齐孙子》即记录了这一战例。

吴起是卫国人，曾给曾子当学生。为了求官，他不惜杀妻灭友，母亲死了也不回家送丧。曾子一怒，将他逐出师门。不过吴起确有军事才能，先为鲁国破齐，又为魏国击秦；他镇守西河时，秦人不敢进犯。后来他又跑到楚国为相，使楚国迅速强大。

楚悼王死，贵族作乱，吴起跑到宫中，伏在悼王尸体上。向他射箭的人同时也射中了悼王。后来太子继位，诛杀射王尸者，灭族的多达七十家。——吴起临死还能拉上“垫背的”，你不能不佩服他的机智！

吴起为将时，特别能体恤士兵。跟最底层的士兵同衣共食，睡觉不设席子，行军不乘战车，还自己背着干粮。士兵患了痈疮，他竟亲自替士兵吸脓。士兵的老娘听了，痛哭起来。有人问：你儿子是个兵丁，人家将军替他吮疮，你还哭个啥？当娘的说：你们不知道，当年吴公曾给孩子他爹吮疮，结果他爹奋勇杀敌，死在战场上。如今吴公又给我儿子吮疮，我儿子怕也活不成了！——对于这样的将军，我们又该如何评价呢？

【文摘三】

田忌赛马与马陵之战（《史记》）

（田）忌数与齐诸公子驰逐重射。孙子见其马足不甚相远，马有上、中、下辈。于是孙子谓田忌曰："君弟重射，臣能令君胜。"田忌信然之，与王及诸公子逐射千金。及临质，孙子曰："今以君之下驷与彼上驷，取君上驷与彼中驷，取君中驷与彼下驷。"既驰三辈毕，而田忌一不胜而再胜，卒得王千金。于是忌进孙子于威王。威王问兵法，遂以为师。……

◎忌：田忌，齐国将军，是他收留了孙膑。驰逐：赛马。重射：下大赌注。射，打赌。◎孙子：这里指孙膑。马足：这里指脚力。◎弟：只管，但。◎临质：临比赛。下驷、中驷、上驷：指下等、中等、上等的车马组合。◎再胜：两胜。卒：最终。◎进：举荐，推荐。

后十三岁，魏与赵攻韩，韩告急于齐。齐使田忌将而往，直走大梁。魏将庞涓闻之，去韩而归，齐军既已过而西矣。孙子谓田忌曰："彼三晋之兵素悍勇而轻齐，齐号为怯，善战者因其势而利导之。兵法，百里而趣利者蹶上将，五十里而趣利者军半至。使齐军入魏地为十万灶，明日为五万灶，又明日为三万灶。"庞涓行三日，大喜，曰："我固知齐军怯，入吾地三日，士卒亡者过半矣。"乃弃其步军，与其轻锐倍日并行逐之。

◎将而往：率军前往。将，率领。大梁：魏都，今河南开封。◎过而西：越过大梁（开封）西进。◎三晋之兵：指魏兵。◎趣利：逐利。蹶：使受挫。◎轻锐：轻装精锐之兵。倍日并行：日夜兼程。

孙子度其行，暮当至马陵。马陵道陕，而旁多阻隘，可伏兵，乃斫大树白而书之曰："庞涓死于此树之下。"于是令齐军善射者万弩，夹道而伏，期曰："暮见火举而俱发。"庞涓果夜至斫木下，见白书，乃钻火烛之。读其书未毕，齐军万弩俱发，魏军大乱相失。庞涓自知智穷兵败，乃自刭，曰："遂成竖子之名！"齐因乘胜尽破其军，虏魏太子申以归。孙膑以此名显天下，世传其兵法。（节自《孙子吴起列传》）

◎道陕（xiá）：道窄。阻隘：险阻。斫：砍。白：露出白色树干。◎万弩：万名弓弩手。期：事前约定。◎烛：照。◎相失：不能彼此相顾。

【译文】

田忌几次跟齐国的公子们赛马打赌。孙膑见各方马匹的脚力相差不多，而马又分为上、中、下三级（分别赌赛）。于是孙膑对田忌说："您只管下大赌注，我能让您取胜。"田忌相信他的话，跟齐王及诸公子以千金赌赛。临到赛前，孙膑对田忌说："今天拿您的下等马跟对方的上等马赛，再拿您的上等马跟对方的中等马赛，最后拿您的中等马跟对方的下等马赛。"待三赛毕，田忌一输两胜，最终赢得千金。于是田忌把孙膑推荐给齐威王。威王向他请教兵法，并尊他为师。……

十三年后，魏国跟赵国一同攻打韩国，韩国向齐国告急。齐国派田忌率军前往，直奔魏都大梁。魏将庞涓得到消息，舍弃韩国往回赶，这时齐国军队已经越过大梁西进。孙膑对田忌说："他们三晋的兵马向来强悍勇猛，轻视齐人。齐人的胆怯是出了名的，善用兵的要因势利导。兵书上说，奔走百里去逐利的，前锋主将难保；奔走五十里而逐利的，有一半能到就不错。请您命令齐军进入魏国后第一天修十万人的煮饭灶，第二天减为五万人的，第三天减为三万人的。"庞涓在后面跟了三天，大喜，说："我就知道齐军胆怯，进入我国三天，士兵已经逃亡大半了！”于是庞涓丢下步兵，率轻骑精锐日夜兼程追赶齐军。

孙膑估量庞涓的行程，当晚能到达马陵。而马陵道路狭窄，路旁山多险阻，可以埋伏兵马，于是砍削一棵大树，露出白木，写上：“庞涓死于此树之下。”又命一万名善射的齐军弓弩手沿道埋伏，相约说：夜间见有火光亮起，就一同射箭。庞涓果然夜间来到大树下，见树白上有字，就钻木取火来照。还没读完，齐军已是万箭齐发，魏军大乱，彼此不能相顾。庞涓自知无法挽回败局，只好自刎，临死说：“竟然成就了这小子的大名！”齐军乘胜大破魏军，俘虏了魏太子申，带回齐国。孙膑由此名扬天下，他的兵法为后世传习。

李广、韩信的悲剧人生

司马迁自己受过奇耻大辱，因而对历史上遭遇不幸的人格外同情；在为他们立传时，寄寓了自己深深的人生感慨。这使《史记》带上浓厚的感情色彩，跟一般冷静枯燥的历史记录大不相同。鲁迅评价《史记》，称它是“史家之绝唱，无韵之《离骚》”。《离骚》是屈原自叙遭遇之作，满含悲愤，情感炽烈；在这一点上，《史记》与《离骚》相近，只是用散文写作，不带韵脚罢了。

在遭受不公平待遇的历史人物中，韩信和李广这两位汉代将军，给人留下深刻印象。

韩信年轻时家里很穷，个人名声也不大好，没本事谋生，常常是东家吃一顿，西家要一口。他到城壕边钓鱼，有个漂洗丝絮的大娘见他可怜，分他一口饭吃。人家漂洗了几十天，他也跟着

“蹭”了几十天饭。临了他对大娘说：我将来发达了，一定要重重报答您！大娘发了火：大丈夫不能养活自己，够难看了！我瞧你可怜，才给你一口饭吃，我难道是希图你报答吗？

市上有个霸道青年看不起韩信，扬言说：别看韩信个头大，还带刀挎剑的，其实是个脓包！他当众羞辱韩信说：你不怕死就来杀了我！不然，你就从我裤裆底下爬过去！韩信想了一会儿，竟真的从那人裆下爬了过去。

多年以后，韩信功成名就，又回到故地，找到漂絮大娘，赠给她千金。又找到羞辱他的人，让他当了小军官，并对诸将说：这人是个壮士！当年他羞辱我时，我难道不能杀掉他吗？但杀之无名，我忍下这口气，才有了今天！

韩信有着非凡的军事才能，能活用兵法，在诸将中威信很高。汉家的大半个天下基本都是他打下来的！当韩信兵权在握时，有人劝他拉大旗单干；可韩信重情义，说汉王（刘邦）对我这么好，我不能见利忘义，背叛人家。

刘邦可不这么想。他见天下大局已定，生怕韩信兵权在握威胁自己的统治，便寻机把韩信抓起来，夺了他的兵权。韩信这时才醒悟，叹气说：人家都说，兔子一死，猎狗就该下汤锅了；鸟打光了，弓还有什么用？敌国消灭，功臣也该掉脑袋了（“狡兔死，良狗烹；高鸟尽，良弓藏；敌国破，谋臣亡”）。如今天下太平了，我的死期也到了！

韩信因功封为齐王，后被降为淮阴侯。然而刘邦到底不信任他，借吕后之手把他杀了，连家人亲戚也没能逃脱厄运！他的传记称《淮阴侯列传》

李广也是有名的将军，骁（xiāo）勇善战，特别会带兵。他的箭射得又准又狠。有一回他见远处草丛中趴着一只老虎，一箭射去。奇怪，老虎动都没动！靠近了才发现，原来是一块大石头，这一箭，整个箭头都射进去啦！

飞将军李广

李广在北方边境跟匈奴作战，以少胜多、出奇制胜的事例多着呢！他一生作战七十余次，匈奴怕他，称他“飞将军”。因为他在，匈奴好多年不敢侵犯边境。

在一次大战役中，无能的上级调度失当，放跑了匈奴单于，却把过错推在李广身上。李广这时六十多岁了，他不愿让自己的部下受牵累，便把过错揽在自己身上，拔剑自刎了。

李广常叹自己命不好，汉军跟匈奴作战，他从未缺阵。然而他的许多部下都因战功而封侯，他却始终没能封侯。文帝曾对他说：可惜啊，你生不逢时，如果赶上高祖时代，“万户侯岂足道哉”！话说回来，韩信倒是赶上了高祖时代，结局还不同样悲惨吗？

坏运道仿佛跟定李氏家族，若干年后，李广的孙子李陵也遭遇不幸，司马迁为他说了几句公道话，也蒙受了巨大屈辱。——司马迁撰写《李将军列传》时，自应“别是一番滋味在心头”吧。

酷吏：有恶魔也有清官

《酷吏列传》是为那些执法严苛的官员立传，传主郅都、宁成、周阳由、赵禹、张汤、王温舒等，大多冷酷无情，甚至嗜杀成性。就说那个王温舒吧，他年轻时是个杀人作恶的歹人，后来混进官府当上小吏，因为特别能干，又会巴结上司，居然爬上御史的高位，又被派到广平做都尉——那是掌管一郡军事的官。

王温舒一到任，就挑选了十几个凶悍能干的小吏做爪牙——都是些坏事干尽、有把柄攥在王温舒手里的家伙。王温舒命令他们带队抓强盗，只要听话、肯卖力，哪怕有一百条罪恶，王温舒也只当看不见；可谁若畏缩避敌，不肯向前，王温舒就拿出早已掌握的罪状，问他个灭门之罪！

如此一来，齐、赵等地的盗贼都四散逃命，广平一带道不拾遗，成了模范区，王温舒也因此升了河内（黄河以北地区）太守。

王温舒没到任，先把河内豪强大户的情况摸了个底儿掉。九月一到任，便沿用“广平经验”，大肆逮捕郡中豪强，牵三挂四，连坐的有一千多家！然后上奏朝廷，罪大的灭族，罪小的处死，家财自然全部没收。有时杀人太多，竟至血流十几里！

王温舒每有奏报，两三天便能得到朝廷的批复，人们都很奇怪：这位新太守莫非能通神？原来，王温舒刚一到任，先让人预备下五十匹快马，从河内到长安沿途设置驿站，建立“信息快速通道”。——为了杀人，他可是下了大功夫！

到了十二月，郡中竟没人敢私下交谈或夜间出行；乡间因为没有小偷，连狗都不叫了！一些逃到旁郡的“坏人”被抓回来时，已是转年春天。汉朝的规矩，春天一到就不准杀人了。王温舒不禁跺着脚叹气：“嗟乎，令冬月益展一月，足吾事矣！”咳，让冬天再延长一个月，我的事就办妥了！——他要办啥事？就是杀人啊！也正是这类杀人不眨眼的恶魔，受到帝王的信任和重用。

酷吏并非都是恶魔，像景帝时官至中尉的郅都，就是执法严肃、不肯徇私的清官。他从不拆看私人来信，也从不接受私人馈赠和请托。他常说：我一旦离开爹娘当官，就只有尽职尽责、奉公守节、不惜一死，哪里还管得了妻儿！

郅都执法不避权贵，公侯贵戚都对他侧目而视，称他为“苍鹰”。临江王刘荣犯了法，被他抓到中尉府受审。刘荣借口向皇上谢罪，请求发给刀笔，其实是想写求救信。郅都禁止官吏给他刀笔，刘荣自知罪孽深重，就在狱中自杀了。

这事惹恼了刘荣的祖母窦太后，逼郅都辞官。景帝爱惜人才，派他去做雁门太守。匈奴听说他的大名，都远远离去，不敢犯境。窦太后还不依不饶，景帝说：郅都是忠臣啊。窦太后说：临江王难道不是忠臣吗？——到底寻个罪名，把郅都杀了。忠臣良将没有好下场，哪个皇帝在位都一样。

“郭大侠”打动太史公

《史记》里还有不少精彩篇章，像《廉颇蔺相如列传》，歌颂了蔺相如的机智勇敢和宽容大度，同时也肯定了廉颇的老当益壮，知错能改。——“完璧归赵”和“负荆请罪”的典故便是打这儿来的。

《魏其武安侯列传》则揭露了贵族内部的相互排挤和倾轧。《游侠列传》写了一群活跃在民间、专门为人排难解纷的侠义之士，包括朱家、田仲、剧孟、郭解等。朱家是鲁国人，生活在西汉初年。鲁人崇尚儒教，朱家偏偏以侠义闻名。他经常救助那些落难的“豪杰”之士，有名望的就有上百人，无名之辈更是多不胜数。

不过他从不沾沾自喜、四处显摆。将军季布落难时，曾得到朱家的救助。以后季布发达了，朱家却再也不肯跟他见面。朱家周济穷人，也总是从最贫贱的开始，不遗余力。到头来弄得他自己家无余财，每每穿着单色的粗布衣，吃饭时桌上往往只有一个菜，出门乘着一辆不起眼的牛犊车。

在众游侠中，司马迁最看重郭解，对他的介绍也最详细。郭解生得短小精悍，貌不惊人。侠客哪有不喝酒的呢？可他偏偏不喜欢喝酒。不过他性格阴狠，年轻时每有不快，动不动就要杀人。为了朋友，他可以豁出命去。平日的违法勾当也干过不少，什么窝藏逃犯、抢劫、盗墓、私铸铜钱等。

年纪渐长，郭解的为人行事也起了变化。他开始砥砺节操、检点言行，对人则“以德报怨，厚施而薄望”（以恩德回报仇怨，多多施与，不求回报）。唯有仗义行侠的作风没变，救了人家性命，也不自夸。不过有时脾气上来，也仍要杀人。——他的所作所为，为他赢得了不少“粉丝”。有人知道他有仇人，就暗中替他杀掉，还不让他知道。

郭解的外甥被人杀了，姐姐来找他，说凭着你的义气和名望，有人杀了你外甥，竟会找不到凶手吗？——还故意把儿子的尸体丢在路边，给郭解难看。郭解找到凶手后，了解到是外甥有错在先，便宽恕了对方，自己埋葬了外甥。人们看到这些，更加钦佩他的为人。

洛阳有两家子结仇，请郭解去调解。人家看在郭解面子上，答应和解。郭解却说：我听说洛阳许多有头有脸的人来调解，都没成功。今天你们给我面子，但我又怎能让本地的“贤大夫”没面子呢！他趁夜离开，嘱咐两家人：你们先别声张，等再有洛阳贤者来调停，你们再顺从吧！——郭解“做好事不留名”，他的名字反而更加响亮！

朝廷曾下令把全国的豪富之家迁到茂陵去，大概是为了便于监管吧。郭解虽然家贫，却也被列在迁徙名单里。卫将军替他说话：郭解家贫，不够格。皇上说：一个布衣百姓，却有将军替他说话，我看他不穷！——郭解迁徙时，地方士绅凑了一千多万，送给他当盘缠。

把郭解列入迁徙名单的，是一个姓杨的县吏，可不久此人就丢了性命，杀他的人是郭解的侄子。从此郭、杨两家结仇。不久，杨县吏的爹爹也被人杀掉了。杨家人到京城告御状，也被不知什么人杀死在皇宫外。皇上下令抓捕郭解，几经周折，终于捕获。可查来查去，郭解所犯罪行都在赦免令发出之前，按说可以免罪。

就在这时，有个儒生说了郭解几句坏话，也被人杀掉了，还割了舌头。官吏找不到郭解杀人的证据，上报说郭解无罪。御史大夫公孙弘说：郭解是个平头百姓，却行侠弄权，随便杀人！这回的事虽说他不知情，却比他自己杀了还严重，应按大逆不道论罪！——就这么把郭解杀了，连家人也没放过。

司马迁评价说，郭解的相貌赶不上中常人，说的话也没啥值得记录的，然而天下无论贤与不贤、识与不识，全都仰慕他的大名，行侠的人也都引以为荣。俗话说："人貌荣名，岂有既乎！"（人的相貌和荣名之间，哪有一定联系呢！）唉，可惜啊！

司马迁为何力挺郭解？他大概联系到自己的遭遇吧。他在《游侠列传》开篇说道：如今的游侠，虽然所作所为不一定符合义理，可他们言必信、行必果，答应了就一定守信，乃至不惜自身去救助士人的困厄，保全人家性命，还不自夸才干，羞于自吹自擂，这都是值得称颂的呢！

司马迁又说：危难的事是人们常常遇到的，包括虞舜、伊尹、傅说、吕尚、管仲、百里奚、孔子等许多"有道仁人"，全都遭受过苦难，何况才具平平、身逢乱世的普通人呢，遭受的苦难就更多！

司马迁此刻一定想到了自己的悲惨经历。他在给朋友的信中回忆当年蒙冤时的处境，说我家里穷，没钱赎身，朋友也没人来救助关怀，皇上左右的人更不会替我说话，我就那么孤独无助地被交给凶狠的狱卒……

那时候，司马迁多希望有郭解、朱家这样的侠士出现，“不爱其躯，赴士之困厄”，前来相助呢！——这也是司马迁推重“游侠”的重要原因吧。

豫让：士为知己者死

《刺客列传》则歌颂了五位重义守信、慷慨轻生的“杀手”。他们是曹沫、专诸、豫让、聂政和荆轲。

曹沫是鲁国将军，与齐国作战，三战三败。待到齐、鲁会盟时，曹沫冲上盟坛，手持匕首劫持齐桓公，逼着他返还侵占的鲁地。桓公被迫答应，曹沫这才扔掉匕首，下坛归队，面色不改，语气不变。——司马迁在《史记》中几次提到此事。

专诸刺王僚的事迹，又见于《吴太伯世家》。专诸是位勇士，被伍子胥收买去刺杀王僚。他把匕首藏在烤鱼肚子里，借献鱼之机拔刀行刺，自己也被王僚的手下杀死，得益的却是公子光和伍子胥——公子光取代王僚当上吴王（即阖闾），伍子胥则借兵伐楚，报了父兄之仇。而专诸只是被利用的工具，尽管他的儿子因此做了上卿。

与专诸相似的还有聂政，也是被人收买，功成自杀的。不过文中特别强调他的孝悌，当母亲在世、姐姐未嫁时，他不肯轻身冒险。从这里，还能看出司马迁对儒家伦理的肯定。

跟专诸、聂政不同，豫让做刺客，完全出于个人意志。豫让是晋国人，曾先后侍奉范氏、中行氏，默默无闻。后来转而侍奉晋国执政智伯，智伯对他十分器重。

晋卿赵襄子联合韩、魏灭掉智伯，还拿智伯的头骨做成酒盏。豫让逃到山里，感慨地说：士为知己者死，女为悦己者容（容：妆扮）！智伯尊重我，我一定要报答他，虽死无怨！

于是豫让改名换姓，冒充罪人，入宫打扫厕所，伺机刺杀襄子。襄子如厕时忽然心动，让人把扫厕所的抓起来审问，发现竟是豫让，还怀揣着凶器！不过赵襄子挺感动，说智伯没有后代，豫让身为臣子替他报仇，是义人、贤人！竟然饶了他。

豫让并未就此罢手。他以漆涂身，让皮肤生疮长癞，又吞火炭使嗓音变哑，在市上行乞时，连妻子都认不出他来。有个朋友认出他来，哭着劝他：以你的才干去侍奉赵襄子，一定能得到重用；那时要杀他还不容易吗，何必这么糟蹋自己？豫让却说：去侍奉人家，又要杀人家，这是“怀贰心以事其君”啊。我之所以这么干，正是要让那些怀贰心的人羞愧呢！

豫让得知赵襄子准备出行，预先埋伏在桥底下，结果再次被发现。襄子这回发了火，责备他说：你先前也曾侍奉过范氏、中行氏，智伯灭掉他们，你不张罗为他们报仇，反而跟随智伯为臣，那又是为什么？如今智伯已死，你何必这么没完没了！

豫让回答：我侍奉范氏、中行氏，他们都拿我当一般人对待，因此我也以一般人的态度回报他们。智伯则以“国士”待我，所以我要以“国士”来回报他！——所谓“国士”，是指国家级的人才。

襄子听了，感叹再三，竟至流下泪来。不过他说：我已饶过你一回，这回不能再饶你了。豫让自知不免，说：明主不掩人之美，忠臣有死名之义。我死不足惜，不过希望得到你一件衣服，让我击刺几下，以表报仇之意，我也就死而无憾了！赵襄子受了感动，真的让人拿了自己的衣服给他。豫让拔剑跳了三跳，连刺衣服说：我可以到地下去见智伯了！说罢自刎而死。

中国文化讲情义、感恩遇，认定“滴水之恩，当涌泉相报”；孝悌等伦理观念也是由此产生的。“士为知己者死，女为悦己者容”这句话，两千年来一直影响着士人的价值取向。

不过过分强调感恩，又容易让人陷入个人恩怨的旋涡，一叶障目不见泰山。豫让的言行令人感慨，也发人深思。

风萧萧兮易水寒

荆轲的情况又与豫让不同，他虽然也是受人之托，刺杀的对象却是暴虐的秦王，这需要极大的勇气。而荆轲奋力一击，差点儿改变了历史。因而司马迁对他的记述不厌其详，字里行间渗透着钦敬之意。

荆轲是卫国人，喜欢读书、击剑。他客居燕国时，整天跟两位平民朋友饮酒高歌。然而有见识的人都知道，荆轲绝非等闲之辈。

当时的秦国如日中天，四处用兵，眼看就要打到燕国来。燕太子丹心急如焚，忙着寻访贤士，共谋抗秦。有位高人田光把荆轲推荐给太子丹，太子丹向荆轲跪拜叩头，说出自己的计划：请荆轲带刀入秦，寻找机会劫持秦王，逼他息兵罢战，不行就把他杀掉！荆轲被太子丹的诚挚感动，慨然应允。

荆轲提出条件，要樊於期的人头，以取信于秦王——樊於期本是秦将，逃亡到燕国来。太子丹答应下来，并为荆轲准备了锋利的匕首，还派勇士秦舞阳给他当助手。

一切准备停当，荆轲却迟迟不肯动身。眼看秦军逼近，太子丹心急如焚，对荆轲说：日子不多了，要不我派秦舞阳先去如何？荆轲大怒说：你这是什么意思？我岂是那种只管去不管回的无用之辈？何况手提匕首深入虎狼之秦，不是闹着玩的，我是在等一个朋友，有他的参与，把握更大些。既然太子催促，我现在出发就是了！

太子带着众宾客来为荆轲送行，大家全都素衣素帽，一片雪白！在易水岸边举行饯行礼，荆轲的好友高渐离弹着琴，荆轲唱起离别之曲，曲调悲哀，人们听着，都流下了眼泪。荆轲走上前唱道："风萧萧兮易水寒，壮士一去兮不复还！"歌声愈发慷慨悲壮，受了感动的人们都圆睁双眼，头发几乎顶起帽子！荆轲就这么登上车子，头也不回地去了！（文摘四）

荆轲以奉献燕国地图和叛将头颅为由，进见秦王。秦王接过图轴，展到尾端时，"图穷而匕首见"（图展到尾端，藏着的

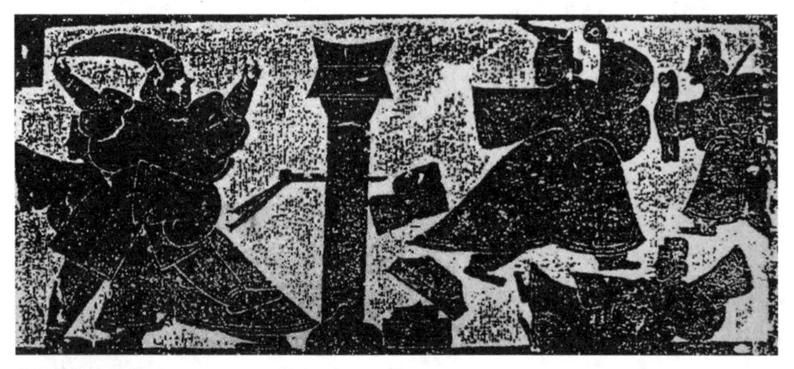

荆轲刺秦画像砖

匕首露出来)。荆轲夺过匕首，拉起秦王的衣袖便刺，可惜被秦王挣脱了。几经搏击，荆轲反被秦王拔剑砍断了左腿。荆轲飞起匕首投掷，结果只击中殿上铜柱。荆轲受伤八处，倚柱而坐，笑骂秦王，就那么死于乱刀之下！

以前荆轲曾跟一位剑客论剑，一言不合，剑客怒目而视，荆轲一声不响地走掉了。荆轲刺秦之后，剑客才明白：荆轲并非懦弱之辈，只是不愿在无谓小事上跟人纠缠罢了。他叹息说：可惜荆轲还是败在剑术不精上！

跟随荆轲出使的助手秦舞阳，十三岁就杀过人，没人敢跟他对视。可一登秦庭，他就抖个不停；多亏荆轲笑着替他掩饰过去。——太史公透过这些细节告诉读者，真正的勇士应是什么样子。

【文摘四】

风萧萧兮易水寒(《史记》)

太子及宾客知其事者，皆白衣冠以送之。至易水之上，既祖，取道。高渐离击筑，荆轲和而歌，为变徵之声，士皆垂泪涕泣。又前而为歌曰：“风萧萧兮易水寒，壮士一去兮不复还！”复为羽声忼慨。士皆瞋目，发尽上指冠。于是荆轲就车而去，终已不顾。(节自《刺客列传》)

◎祖：饯行之礼。取道：上路。◎高渐离：荆轲的好朋友。击筑：击，击打，演奏。筑，一种乐器。变徵(zhǐ)之声：凄怆悲凉的音调。“变徵”是音乐七声音阶之一。下文中的“羽声”也是音阶之一，音调慷慨激昂。◎瞋目：瞪圆眼睛。发尽上指冠：因怒气勃发而头发竖起，顶起帽子。◎就车：登车。不顾：不回头看。

《货殖列传》：市场有只“无影手”

古代学者对金钱利益大都抱着警惕的态度。孟子见梁惠王，头一句话就是：“王何必曰利？”《老子》也口口声声要“绝巧弃利”；墨子则倡导“兼相爱，交相利”，反对“亏人自利”。司马迁却另有看法。

《史记》中的《货殖列传》和《平准书》，专谈银钱财利，并为追逐财利的行为大声辩护，认为这是天经地义、无可厚非的。

就来看看《货殖列传》吧——“货殖”即孳生物质财利以致富的意思，一切生产贸易活动全都包含在内。

在《货殖列传》中，司马迁引《逸周书》中的话说：“农不出则乏其食，工不出则乏其事，商不出则三宝绝，虞不出则财匮少。”意思是说，农民不打粮食，大家就没饭吃；工匠不干活，则百业凋敝、民生不便；商人不贸易，人们就会缺粮少物没有钱财（“三宝”指粮食、器物、钱财）；虞人（管山林的人）不开发山泽，资源就会匮乏短缺。总之，农工商虞的活动都属于“货殖”范畴，少了他们，人们便无法生存。

《货殖列传》既是人物传记，也是经济专论，传中介绍了多位杰出的经济活动家，阐述经济对民风的影响，探讨经济学的规律。

文章以“批判”老子开篇，说老子的理想是“小国寡民”，让百姓安于现状，鸡犬之声相闻，老死不相往来。其实这很难做到，哪怕堵上百姓的耳朵，捂住他们的眼睛，也还是不行。

司马迁说：从古到今，谁不喜欢听歌看舞、品尝美味、身心安逸、夸耀荣华？世风如此，任凭你拿高妙的理论去挨家挨户地劝说，也感化不了人们。最好的办法是顺应百姓的欲求，其次是因势利导，再次是耳提面命，然后是法令约束——与民争利则是最下一招！

文章罗列了九州的物产，说农工商虞的活动，根本不需要官府发号施令，人们自会依照商品流通的规律各展其能、各竭其力。物价低了，人们便会把货物往物价高处运；物价高了，又会从物价低处进货来填补。这就如同水往低处流的道理一样，一切自有“道”管着呢。——司马迁说的“道”，就是“市场经济规律”这只“无影手”啊！

《货殖列传》最推崇姜太公。他被封在齐国的营丘，那里环境恶劣，百姓稀少，净是盐碱地。太公因势利导，鼓励妇女搞“女红”，也就是纺织、缝纫、刺绣等，极尽其工巧。又借着濒海之利，发展捕鱼晒盐等行业。结果齐国的衣带鞋帽成了畅销天下的名牌货，东海、泰山之间的人也纷纷到齐都来朝拜。

齐国另一位经济学巨子是管子，他在齐国国势衰落的当口重新制定政策，设置“九府”，专管经济。经过一番整顿，齐国迅速富强，齐桓公也因而称霸。

司马迁引用管子的两句名言：“仓廪实而知礼节，衣食足而知荣辱。”还进一步发挥说：社会富足才会产生礼仪，贫困只会令礼仪荒废；君子富有才能施行仁德，小人富足也能发挥能力。——看来在经济问题上，司马迁既不尊儒也不崇道，他赞成管子的主张，又比管子更进一步。

《货殖列传》中有两句十分有名的话，概括了财利的巨大诱惑力量：“天下熙熙，皆为利来；天下壤壤，皆为利往。”意思是说，你看天下人拥来挤去一派忙碌，还不是为了追逐财利吗？——熙熙、壤壤（攘攘），都是形容人来人往十分拥挤的样子。

司马迁并不贬低人们的求利之举，说是君王、列侯、君子拥有千辆战车、万户食邑、百家封地，犹自嫌钱少；平头百姓争一点蝇头小利，不是很正常吗？

《货殖列传》是一篇石破天惊的经济学论文。儒、道、墨、法诸家学说，无不把道义放在头一位；法家虽然倡导富国强兵，却只论证国家、君主占有财富的正当性。司马迁却捅破了这层“窗户纸”，指出世人追求财利乃是天性使然，无可厚非！这让君王、士夫以及学者们很不舒服。

《汉书》作者班固就批评司马迁，说“(《史记》) 是非颇缪于圣人，论大道则先黄老而后六经，序游侠则退处士而进奸雄，述货殖则崇势利而羞贱贫，此其所蔽也”（大意是：《史记》在是非问题上违背圣人观点，讲论大道则崇尚道家而轻视儒家，列举游侠则贬低处士而赞扬奸雄，叙说经济又崇尚富贵而羞于贫贱，这都是《史记》的毛病。《汉书·司马迁传》）。汉末有个大臣王允，甚至说汉武帝没杀司马迁是个错误，留着他写出“谤书”，贻害后世。

近代学者却不这么看。梁启超高度评价《货殖列传》，说是“西人”（指欧美等国）因讲求“富国学”而富庶强大；其实我们早就有《管子·轻重篇》《史记·货殖列传》这样的经济学论著，所讲道理跟“西士所论”没啥两样。如能发挥并实践，中国“商务”转衰为盛，应不成问题。梁启超感慨道：“前哲精意，千年淹没，至可悼也！”（《〈史记·货殖列传〉今义》）

《平准书》：汉武帝的“败家”记录

《平准书》是《史记》八书之一，主要介绍从西汉开国到武帝时的国家经济状况。据书中记述，秦末战乱，壮年男子全都从军打仗，老弱也要转输军粮，搞得物资匮乏、民生凋敝。以至于西汉开国之初，天子驾车，竟然找不出四匹毛色相同的马来；将相们只好凑合着坐牛车。老百姓的日子如何，更不用提。市场上物价腾贵，一石米要卖到一万钱，一匹马开价一百金——汉代的“一金”，常指一斤黄铜。

社会要复苏，首先得恢复农业，让人吃饱肚子。高祖刘邦采取了重农抑商的政策，例如不准商人穿绸衣、乘车子，对他们课以重税，恣意羞辱他们。目的是驱赶人们去开荒务农。刘邦死后，对商人的限制有所松动，但仍不许他们的子弟当官做吏。

为了发展生产，官府采取轻徭薄赋的政策。所收赋税能给官吏开工资，维持一般行政开支，也就够了。至于天子和诸侯的吃喝消费，因为各有封邑税收，国家不再给他们拨款。因而那时从山东运往京城的粮食，每年不过几十万石。

经历高、惠、文、景前后七十年休养生息，到武帝即位时，全国的经济形势已大为好转，只要不是坏年景，百姓都家给人足。地方郡县也都仓满囤流、府库充裕。京师的情况更不用说：国库里铜钱堆积如山，穿钱的绳子都朽烂了，没法子清点；粮仓的粟米“陈陈相因”（陈粮压着陈粮），流到仓外的，白白烂掉。里巷百姓家家养马，赶上聚会，人人骑着儿马（公马），骑母马的常常受人排挤。——想当年皇帝出行连四匹同色马都找不齐，相比之下，真是一个天上，一个地下！

此刻，连里巷看门的都能吃上小米肥肉；做官的一干多年，在任上就把儿孙养大了；有人还把官职当成自家的姓氏称号。那时人人自爱，很少有人犯法。大家都急公好义，鄙视犯法行为。

然而盛极必衰。由于法律宽松，便有人倚财仗势，骄纵横行起来。尤其是宗室及公卿大夫，相互比阔，住宅、车马、服饰也都超越等级，没了限度。

统治者野心膨胀，开始四处生事：对两越用兵，开凿西南千里通道，为灭朝鲜而设置沧海郡，因伏击匈奴人而引发边境战争……从此兵连祸结，天下百姓再没一天安生。

打仗需要耗费钱粮、搅扰百姓，应征入伍的要自备衣食，在家从业的要捐输物资。统治者穷兵黩武，搞得国库空虚，便想出种种招数来增加财政收入：如号召人们运粮到边境，由朝廷赏给爵位；地方上闹灾，也靠出卖官爵筹集救济款。朝廷还宣布，凡能献纳奴婢的，可以终生免除劳役；献羊的则能授职为郎（一种侍从官职）。

原本汉朝有一套提拔官员的“选举”制度，而今有钱便是

“爷”，才能和道德全都掉了价。官府还规定，犯罪受罚，可以拿钱赎免；结果酷吏吃香，刑罚越来越严苛——不用种田，不用做工，靠罗织罪名便可发财致富、财源滚滚，这也是汉朝酷吏多的重要原因！

打仗的耗费是惊人的。千里运粮，消费十几钟粮食才能运送一石（一钟为六石四斗）！打了胜仗，将士们的赏赐也是一笔大数目。卫青出击匈奴，杀敌一万九千人，颁给将士的赏赐高达二十万金！匈奴浑邪王率数万人来降，朝廷派了两万辆车子去迎接，赏赐的钱财“百余巨万”（“巨万”即“万万”）。

至于战争死伤的人马、消耗的粮物，更是无法统计。汉朝几十年的积蓄全被用光，新征的赋税也入不敷出，朝廷只好加重对百姓的盘剥。商人只要拥有两千钱的本钱，就要纳税“一算”；家中有一辆轻便马车的，普通人要纳税“一算”，商人则要纳税“两算”；船只则五丈以上交纳“一算”……隐匿不报或没有全报的，不但要没收财产，还要罚去守边！

读罢《平准书》，有一个念头挥之不去：汉武帝是个十足的“败家子”，西汉文景之治所积累的财富，被他败了个精光！难怪王允给《史记》扣上“谤书”的帽子，在封建臣子看来，不能“为尊者讳”（替尊长遮掩）就是诽谤！

场面如戏剧，对话也传神

《史记》虽是历史著作，却有着极高的文学价值。在司马迁笔下，历史人物个个栩栩如生，场面也富于戏剧性。《项羽本纪》记述鸿门宴那段，就是例证。

刘邦与项羽本是破秦的同盟军；但秦朝一亡，两人顿时成了争夺天下的敌手。鸿门宴就是在秦朝已亡，刘、项将要翻脸时发生的故事。那时刘邦只有十万军队，项羽却有四十万大军。项羽请刘邦到楚军驻地鸿门来赴宴。刘邦明知这杯酒不好喝，可还是来了。

席间，刘邦竭力做出温顺的姿态，表示自己并不想跟项羽争天下。头脑简单的项羽相信了他的话。但项羽的谋士范增却没上当。他怕项羽“放虎归山”，就派楚将项庄到席前表演舞剑，嘱咐他寻机刺杀刘邦。

项羽的叔叔项伯跟刘邦有点交情，他见事情紧急，便“胳膊肘朝外拐”，拔出宝剑跟项庄对舞，暗中拿身子护住刘邦，让项庄难以下手。

刘邦的谋士张良见势头不好，急忙溜出帐外，找到刘邦的卫士樊哙，叫他赶紧进去保护主人。樊哙一来，震住了楚军上下，缓和了气氛。过了一会儿，刘邦借口登厕，偷偷抄小道跑回汉军营垒。——项羽错过这次机会，后来到底死在刘邦手中。

阅读鸿门宴的故事，读者的心始终被紧张的情节牢牢抓住。各方人物的性格，也在瞬息万变的事态中显露无遗。刘邦的狡猾与怯懦、项羽的坦率无谋、范增的忠诚、张良的机智、樊哙的勇猛无畏，都让人忘不了！

《史记》还擅长写人物对话，话语间还夹着俗语、谣谚，带有浓郁的生活气息。如陈涉起兵抗秦，自封陈王，住在巍峨的宫殿里。从前跟他一起当长工的伙伴去找他，见殿堂高大，帷幕重重，惊叹道：“夥颐！涉之为王沉沉者！”原来楚人称“多”为“夥”，这话犹如说：真大啊！陈涉做了王，宫殿太深沉气派了！——如此鲜活的语言，仿佛就在我们耳边回响。

从人物言谈中，还能听出人物的志向与性格来。项羽见秦始皇出行，曾说过“彼可取而代也”的话，出语豪迈，志向不俗。刘邦也见过秦始皇的仪仗排场，却说：“嗟乎！大丈夫当如此也！”——不免流露出艳羡之情、贪婪之意。

司马迁还擅长引述长篇人物对话，有些篇章，甚至可以视为记言体。——“记言体”指记录诏告、训令及人物对话的文献体裁，如儒家经典《尚书》，便是典型的记言体作品集。

《史记》中的《滑稽列传》收入淳于髡（kūn）、优孟、孙叔敖等几位弄臣的传记。“弄臣”是指宫廷中擅长插科打诨、替君王解闷的一类人。他们身份卑微，但头脑敏捷、能言善辩。常能在谈笑间劝谏君王，收到意想不到的效果。——“滑（gǔ）稽”一词，即语言流利、能言善辩之意。

陕西韩城司马迁祠

淳于髡是个身不满七尺的小个子，他“滑稽多辩”，口才极佳。秦派出使诸侯，总能胜任愉快。有一回齐威王问他酒量如何，他回答：我饮一斗也醉，饮一石也醉。威王感到奇怪，问他缘故，他滔滔不绝讲了一大篇，说得威王连连点头，当即停止了长夜之饮。（文摘五）——原来淳于髡这是故作惊人语，借机劝谏君王呢。

司马迁的史传文字平易通俗，即便今天读来也不觉费力。倒推两千年，大约跟当时的口语十分接近。因其朴实无华、流畅生动，深受后世文人推崇。唐代古文大家韩愈便把《史记》视为文章典范。宋代大散文家欧阳修的文章也深受《史记》影响。明代的归有光、清代的桐城派，对司马迁更是推崇备至。连后世的小说，也奉《史记》为样板。《史记》里的不少人物和故事，也都广为流传、家喻户晓，成为常用不衰的典故。

【文摘五】

“一鸣惊人”与“一斗亦醉”（《史记》）

淳于髡者，齐之赘婿也。长不满七尺，滑稽多辩，数使诸侯，未尝屈辱。齐威王之时喜隐，好为淫乐长夜之饮，沉湎不治，委政卿大夫。百官荒乱，诸侯并侵，国且危亡，在于旦暮，左右莫敢谏。淳于髡说之以隐曰：“国中有大鸟，止王之庭，三年不蜚又不鸣，王知此鸟何也？”王曰：“此鸟不飞则已，一飞冲天；不鸣则已，一鸣惊人。”于是乃朝诸县令长七十二人，赏一人，诛一人，奋兵而出。诸侯振惊，皆还齐侵地。威行三十六年。……

◎赘婿：上门女婿。◎隐：隐语，类似于谜语，即采取暗喻等方式委婉表达本意。沉湎：沉溺于酒色。委政：把政事推给（臣下）。◎蜚：通“飞”。◎朝诸县令长：这里指召各县长官来朝见。令长，万户以上的县，长官称“令”，万户以下的称“长”。

（威王）置酒后宫，召髡赐之酒。问曰：“先生能饮几何而醉？”对曰：“臣饮一斗亦醉，一石亦醉。”威王曰：“先生饮一斗而醉，恶能饮一石哉！其说可得闻乎？”髡曰：“赐酒大王之前，执法在傍，御史在后，髡恐惧俯伏而饮，不过一斗径醉矣。若亲有严客，髡帣韝鞠跽，侍酒于前，时赐余沥，奉觞上寿，数起，饮不过二斗径醉矣。若朋友交游，久不相见，卒然相睹，欢然道故，私情相语，饮可五六斗径醉矣。若乃州闾之会，男女杂坐，行酒稽留，六博投壶，相引为曹，握手无罚，目眙不禁，前有堕珥，后有遗簪，髡窃乐此，饮可八斗而醉二参。日暮酒阑，合尊促坐，男女同席，履舄交错，杯盘狼藉，堂上烛灭，主人留髡而送客。罗襦襟解，微闻芗泽，当此之时，髡心最欢，能饮一石。故曰酒极则乱，乐极则悲，万事尽然。”言不可极，极之而衰，以讽谏焉。齐王曰：“善。”乃罢长夜之饮，以髡为诸侯主客。宗室置酒，髡尝在侧。（节自《滑稽列传》）

◎恶（wū）能：怎能。◎说：说法，道理。◎严客：贵客。帣韝（juǎngōu）：卷起衣袖。帣，通“絭”，束衣袖。韝，臂套。鞠跽（jì）：曲身跪坐。跽，长跪。余沥：剩酒。◎卒

（cù）然：突然。◎州闾之会：乡里的聚会。稽留：流连。六博投壶：六博和投壶都是古代的游戏。前者如下棋，后者是将箭投入壶中。曹：指游戏的分组。眙（chì）：直视。珥、簪：都是饰物。二参：二三。◎阑：残，尽。促坐：靠近坐。舄（xì）：鞋。◎罗襦：绸短衣。芗泽：香气。芗，五谷香气。◎主客：负责接待的人。

【译文】

淳于髡是齐国一个上门女婿。身高不足七尺，但滑稽善辩，多次出使诸侯国，不曾有辱使命。齐威王在位，喜好隐语，又好淫乐，彻夜欢饮，沉湎于酒色，不肯治理国家，把政务都推给卿大夫。百官的职责也荒疏混乱，诸侯都来侵凌，国家危在旦夕。左右官员没人敢劝谏。淳于髡于是用隐语来劝说，对威王说："国都中飞来一只大鸟，停在王宫庭院里，三年不飞不叫，大王知道这鸟是咋回事吗？"威王回答："这鸟不飞则已，一飞就直冲天空；不叫则已，一叫就惊动天下！"于是威王召见各县长官七十二位，当场奖赏一个，杀掉一个，又整顿军队出击。诸侯各国为之震惊，纷纷把侵占的土地归还齐国。威王的声威持续三十六年。……

（齐威王因淳于髡出国办外交有功，很高兴。）在后宫摆酒召见淳于髡，赐他饮酒，问他："先生能喝多少才醉？"淳于髡回答："我喝一斗也醉，喝一石也醉。"威王问："先生喝一斗就醉了，又怎能喝一石呢？能把道理说来听听吗？"淳于髡说："在大王面前接受赐酒，执法官在旁边，御史官在身后，我心怀恐惧，趴在那里喝，喝不了一斗就醉了。如果双亲招待贵客，我卷起袖子弯腰跪着伺候，不时被客人赏些残酒，又捧着酒杯给人敬酒，起起坐坐好几回，这样一来，喝不到两斗也就醉了。如果是朋友交游，好久不见，突然遇上，兴奋地追忆往事，谈些体己话，喝上五六斗就醉了。至于乡里聚会，男男女女穿插而坐，相互劝饮，流连忘返，玩起六博、投壶等游戏，呼朋引伴，乃至男女拉手也不受罚，四目相视也不禁止，前前后后遗落着耳环、发簪。我心里欢喜这情境，喝个八斗，才有两三分醉意。天晚席残，大家把剩余的酒菜归拢起来坐在一起，男女同席，鞋子都混在一块儿，吃了个杯盘狼藉。堂上烛火熄灭了，主人送走客人，单独留下我。解开绸衫的衣襟，微微闻到香气，这时我心里最高兴，能喝上一石也不醉！所以说：酒喝到极点便乱了规矩，快乐到了头就要有悲剧发生了！一切事都如此。”——淳于髡这里说的是干啥事都要留有余地，不能做到极点；做到极点便要走向反面了，拿这个来劝谏齐王。齐王说：“好！”于是停止夜宴。又任命淳于髡当上接待诸侯宾客的官员。宗室举行宴会，淳于髡在旁监督。

辑二 《汉书》：断代成书，艺文传世

班固著史：从私撰到诏修

“二十四史”中紧随《史记》之后的是《汉书》，作者班固（32—92）字孟坚，东汉扶风安陵（今陕西咸阳一带）人。

跟司马迁修《史记》相似，班固修《汉书》也是子承父志。原来，班氏家族世代为官，父祖都崇尚儒学。班固的爹爹班彪是西汉末东汉初的著名学者，曾先后在隗（Wěi）嚣、窦融等军阀幕府中供事。因文章写得漂亮，又受到光武帝刘秀的赏识，被举为司隶茂才，还当上县令。后因病辞官，专心修史。

班彪考察了前代史书，撰写《前史略论》一篇，重点评述《史记》，对司马迁多有不满。不过谈到史学才能，班彪又不能不佩服司马迁，说他擅长叙事，文笔流畅而不华丽，质朴而不粗野，文字跟内容刚好相称，不愧是“良史之才”。

不错，自从《史记》面世，学者们没有不叹服的。美中不足的是，西汉一代的历史只写到汉武帝前期。为了弥补这一缺憾，班彪苦心搜集西汉史料，广采传说异闻，亲自撰著“史记后传”六十篇。这些文稿，日后成了班固撰写《汉书》的参考和依据。

有其父必有其子。班固自幼聪明，九岁已能赋诗属文。十六岁入太学，不但熟读儒家经典，百家九流的书籍也无不遍览。他没有固定的老师，谁的学问好他就虚心向谁求教。读书也不死抠字眼儿，明白大义就是了。有了家族的熏陶影响、师友的切磋教诲，班固年纪轻轻，已是学养深厚，眼界脱俗。加上他性情宽厚，待人友善，因而受到学者们的尊重。

班固

班彪过世时，班固只有二十三岁。失去了爹爹的俸禄，一家人只好离开物价腾贵的洛阳，回老家去。班固一面寻找谋生的机会，一面整理爹爹的史稿，盘算着继承父志，写出一部完整的西汉断代史来。

好事多磨，正当班固埋头著述时，有人上书告发班固“私改作国史”，这在当时可是大罪名！汉明帝下诏逮捕班固，押往洛阳。班家的书稿、图书也全被抄走!

班固有个弟弟班超，见识不凡。他知道哥哥此去凶多吉少，于是骑上快马直闯京城，跑到宫门上书，替哥哥鸣冤。

汉明帝亲自召见班超，听他陈说父兄著史的本意，乃是宣扬“汉德”。刚好这时，被查抄的史稿也送到明帝面前。明帝读了，大为惊讶，认为班固是史学奇才，当即下诏，任命他为兰台令史。——兰台即御史台，令史是文书一类的官员。班固逢凶化吉，不但没被治罪，还意外获得官职，真是因祸得福啊。

在兰台令史的职位上，班固跟同僚合作撰写了东汉开国皇帝刘秀的本纪，又独立撰写东汉功臣列传二十八篇。明帝看了十分满意，命他继续《汉书》的写作。——从“私修国史”到“奉诏著书”，这个变化是班固做梦也想不到的。

这期间，班固还被提升为校书郎，负责皇家图书的整理校订。他有机会阅读大量秘阁典籍，这对他撰写《汉书》帮助极大。

始创断代，兄妹接力

自从班固受诏修史，一晃二十年过去了。到了东汉建初七年(82年)，这部史书才大致脱稿。

我们今天见到的《汉书》，起自汉高祖刘邦，终于王莽被诛。包含西汉十一位帝王，跨二百三十年的历史。体例上基本承袭《史记》，有十二本纪、八表、十志、七十列传，共计一百篇，八十万字。

本纪十二篇，皇帝却只有十一位，即高、惠、文、景、武、昭、宣、元、成、哀、平。那么多出的一篇是谁的？原来是吕后的——这仍是沿袭《史记》单立《吕太后本纪》的做法。不过《史记》中没为惠帝立传，《汉书》则补上《惠帝纪》，放在《高帝纪》之后《高后纪》之前。

此外，《汉书》中取消了世家这一名目体裁，帝王以下的人物传记，一律为列传。此外《史记》中的书，在《汉书》中改称志。志的种类有增有合有改，如《艺文志》《刑法志》《五行志》《地理志》。又将《礼书》《乐书》合为《礼乐志》，《律书》《历书》合为《律历志》。还有几篇改名的，像《天官书》《封禅书》《河渠书》《平准书》，分别改称《天文志》《郊祀志》《沟洫志》《食货志》等。表的内容，也都局限于西汉一朝，与《史记》多有不同。

《史记》是通史，记录了尧舜夏商周秦汉三千年的史事；《汉书》只记述西汉一朝历史，采用断代体模式。——《汉书》所做的诸多改变，大多被后世的正史继承。

以上所说，是《汉书》的最终面貌。其实直至班固辞世，《汉书》并未完稿。除了修史，班固还有许多职责内外的工作要做。他还一度从军，打过匈奴呢。

原来，班固虽然受到皇帝的赏识，但官阶并不高。他很想换个活法，那年头，到军中报效是求取功名的一条捷径。于是五十八岁那年，他主动请求加入大将军窦宪的幕府，随军北征。这次出征，汉军大获全胜，一直打到匈奴老窝燕然山（今蒙古国杭爱山），并在山上立碑刻铭，记述胜利。那铭文便是班固拟写的。——日后人们谈到与北方民族作战，常用“勒铭燕然”的典故，便是由此而来。而这一处刻写着燕然山铭的摩崖石刻，2017年竟真的被考古学者发现，并引起轰动。

班固在窦宪幕府中很受器重，也因此埋下祸根。——窦宪在消灭北匈奴后野心膨胀，密谋叛乱，最终事败自杀。班固也因仇家陷害而下了大狱，最终死在狱里，那年他六十一岁。

汉和帝了解到班固的冤情，替他恢复了名誉。又因《汉书》尚未完成，特召班固的妹妹班昭入东观藏书阁续写《汉书》——东观藏书阁是东汉皇家的图书馆、档案库。

班昭（约45—约120）字惠班，虽是女孩儿家，但出生在书香门第，自幼受家族的熏陶、父兄的教诲，同样饱览群籍，下笔有神。她十四岁嫁给同郡人曹世叔，丈夫死后，她因持家有方而名声在外。

受召入阁后，摆在她面前的《汉书》手稿还缺《天文志》及八篇表。她整理父兄留下的资料，又努力搜寻新的史料，焚膏继晷，昼夜挥毫，终于完成了这部大作。——要知道，一部书的收尾，有时比开头还难。

这期间，和帝还多次召班昭入宫，让她教后妃宫人学习礼仪。后妃都尊她为师，称她为“大家（gū）”，班昭因此又有了“曹大姑（家）”的称呼。她还撰有《女诫》七篇，在帝制时代，《女诫》成为妇女版的“礼记”。

班氏父子兄妹前赴后继，在史坛上留下家族修史的佳话。班固的弟弟班超虽未直接参与写作，却在关键时刻挺身而出，替兄鸣冤，《汉书》的完成，当然也有他一份功劳。——这个年轻人后来投笔从戎，经营西域，荣名超过父兄；我们讲《后汉书》时，还要细说。

取缔“世家”，阉割“游侠”

如前所说，《汉书》在体例上的一大改动是取消了世家，诸侯、贵戚、功臣的传记，统统归入列传。《史记》中位列本纪的项羽、位居世家的陈涉，都降格入列传，只是排名靠前而已。

《汉书》有列传七十篇，原则上凡《史记》中有传的，基本保留原貌，个别也有调整。如有个叫张汤的官吏，他的传记原在《史记·酷吏列传》中；班固则替他摘掉“酷吏”的帽子，另立《张汤传》。——大概班固认为张汤“酷”得不够吧。

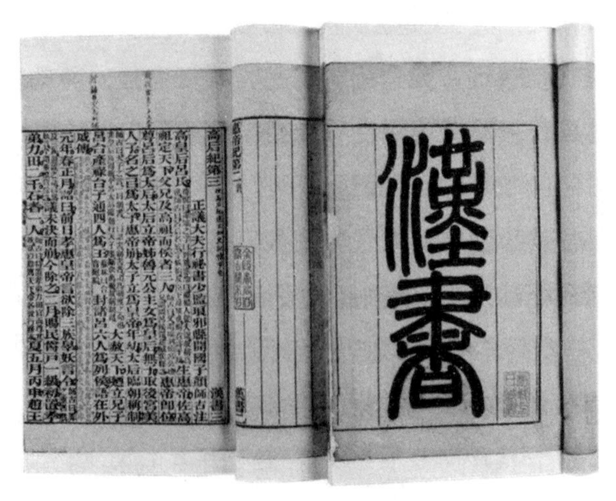

《汉书》书影

至于《游侠传》，在保留了朱家、剧孟、郭解的传记外，班固又新添了万章、楼护、陈遵、原涉等人。不过最大的区别，则是《汉书》偷换了“游侠”的概念。

《史记》中的游侠全是“布衣之徒”，司马迁还特意拿战国四公子做对照，说孟尝、春申、平原、信陵四公子本身是王者的亲戚，仗着财富和权势招揽天下贤才，虽然获取名声，但算不得真本领。那些“闾巷之侠”靠着个人的修行砥砺，最终获取天下之名，才是难能可贵的。

班固的观念则大为不相同，他把战国四公子也视作“游侠”，说是：“魏有信陵，赵有平原，齐有孟尝，楚有春申，皆借王公之势，竞为游侠，鸡鸣狗盗，无不宾礼。……于是背公死党之议成，守职奉上之义废矣。”这后两句是说，四公子的“游侠”行为影响恶劣，鼓励了背叛朝廷、结党营私的阴谋，尽职尽责、尊奉君主的义理全被荒废！——你看，在对游侠的认识上，两人的意见“满拧”！很明显，班固是站在统治者的立场看问题，不容忍任何法外之徒、法外之举，不管是布衣还是权贵。

定义变了，《汉书·游侠传》中的新增人物也不再限于闾巷之徒，如楼护、陈遵、原涉等都当过官。拿陈遵来说，官职最高时俸禄两千石，算得上哪门子“游侠”？他只是性格豪放，性好饮酒而已。每次大宴宾客，等客人到齐了，他就命人锁上大门，把客人车上的键辖拔下来扔到井里，让你想走也走不成，定要喝个一醉方休！

一次有位刺史因公拜访他，恰逢陈家开宴，也被锁在堂中。没办法，刺史只好闯入后堂，向陈遵的老母磕头求情，说自己跟尚书约好了谈公事，这才得以从后门脱身。

陈遵朋友多，交游广。王莽任命他做了河南太守，一到任，他就召来十名擅长书写的书吏，让他们帮他写信，感谢京师的亲朋故友。陈遵靠在几案上，口授内容，由书吏记录，自己还一面处理公文。时间不长就写好了几百封，远近亲疏，内容各得其宜。河南人听说后，都惊诧他的才能。——不过到任不久，他就遭人弹劾被罢了官。

原来，陈遵的弟弟到荆州做州牧，为了给弟弟送行，陈遵带他乘车到一个女人阿左君家里摆酒宴饮。那女人是已故长安富豪的外室，陈遵兄弟边饮边唱，还起身舞蹈，醉醺醺地跌倒在座席上，丑态百出。当天又留宿女人家中。——此事遭人弹劾，说陈遵到寡妇家饮酒乱性，“轻辱爵位，羞污印韨”[印韨（fú）：印绶]，结果座席还没焐热，陈遵就丢了官。

然而，他并不在意，回长安后依旧“昼夜呼号，车骑满门，酒肉相属”。西汉末年，绿林军打进长安，陈遵在义军拥立的“更始帝”手下当上大司马护军。之后又代表更始政权出使匈奴，赶上更始帝失败，他只好留在北方；一次酒醉后为人所杀。——你看，班固认定的“游侠”，只是些性格“各色”、特立独行的人；“游侠”的精神，在《汉书》中遭到阉割！

为司马迁立传

《汉书》是在《史记》的基础上续补完成的。班固不肯埋没司马迁的功绩，在书中特为司马迁立传。这篇传记的底稿，其实就是《史记·太史公自序》，只是稍加删削，又把司马迁写给朋友的《报任安书》抄在传中。

任安是司马迁的好朋友，官至北军使者护军。武帝时，太子造反，命任安打开北军南门；任安接受了符节，却闭门不出。太子兵败后，武帝认为任安“坐观成败”，怀有贰心，下令把他处死。

此前，任安曾写信给司马迁，希望他多向皇帝举荐人才，司马迁一直没有回应。如今他听说任安身陷牢狱，来日无多，于是写了这封长信，向任安一吐胸中的积郁。

此时的司马迁，因受宫刑而身体残缺，形同宦者，人格尊严受到极大伤害。在信中，司马迁自称“行莫丑于辱先，而诟莫大于宫刑”（最丑的行为莫过于辱及祖先，最大的耻辱莫过于遭受宫刑）。说是当年卫灵公与宦官同车，孔子感到耻辱并离开卫国；商鞅受阉人推荐，朋友赵良认为这是污点；宦官赵谈为汉文帝参乘（陪同乘车），大臣袁盎发怒谏诤。——可见人人视宦官为可耻。如今朝廷就是再缺人才，又怎么会让我这样的“刀锯之余”去举荐天下英豪呢？这是轻视朝廷、羞辱当世的士人啊！说到这儿，司马迁感慨万分，连呼：“嗟乎！嗟乎！如仆，尚何言哉！尚何言哉！”（唉，唉！像我这样，还有啥可说的，还有啥可说的！）

下面，司马迁又把李陵事件细述一遍，说自己跟李陵同在宫中任职，接触不多，志趣不同，连杯酒都没喝过。只是从旁观察，觉得此人有“国士之风”。李陵出征匈奴，作战勇敢，虽然投降，实因迫不得已。恰逢武帝召问，司马迁便把自己的想法说了，本意是让武帝息怒宽心，不料武帝认为他在替李陵游说开脱，意在诋毁贰师将军李广利，于是把他交给大理寺治罪。

司马迁说：我始终没有表白的机会，又因没钱赎罪，所谓的“朋友”都躲得远远的，没人替我说话。人非木石，独自跟法官打交道，被关在深深的牢狱中，又能向谁诉说呢？

至此，司马迁讲了那段名言：“人固有一死，死有重于泰山，或轻于鸿毛。”他解释说，这是因为人们对死的看法有所不同，才会这样说。司马迁自己又怎么看呢？他认为，真正的勇者，不一定非得为名节而死；弱者如果心怀大义，用哪种方式不能体现自己的价值呢（“勇者不必死节，怯夫慕义，何处不勉焉”）？司马迁所以没有以死抗争，而是选择了“隐忍苟活，函（陷）粪土之中而不辞”，就是担心自己默默死去，“文采不表于后也”（文章著述不为后世所知）。他把自己的人生意义和价值，完全寄托在这部《史记》的写作上！

在司马迁面前，无数圣贤为他树立了榜样。他在《报任安书》中说：“古者富贵而名摩灭，不可胜记，唯倜傥非常之人称焉。”（古代有太多的人，活着享尽富贵，死后身名俱朽；只有超然物外、特立独行的人，才真正被人称颂并牢记。）这样的人，司马迁一口气列举了七八位：

盖西伯（文王）拘而演《周易》；仲尼厄而作《春秋》；屈原放逐，乃赋《离骚》；左丘失明，厥有《国语》；孙子膑脚，《兵法》修列；不韦迁蜀，世传《吕览》；韩非囚秦，《说难》《孤愤》；《诗》三百篇，大氐贤圣发愤之所为作也。此人皆意有所郁结，不得通其道，故述往事，思来者。及如左丘无目，孙子断足，终不可

用，退论书策以舒其愤，思垂空文以自见。（节自《司马迁传》所引《报任安书》）

◎“盖西伯”句：周文王被囚于羑里（Yǒulǐ），推演出六十四卦，终成《周易》。拘：囚禁。◎厄：穷困。◎“左丘”二句：相传左丘明失明后创作《国语》。◎“孙子”二句：孙膑被削去膝盖骨，后来撰写《孙膑兵法》。修列，编著。◎大氐：大抵。发愤：抒发愤懑。◎思来者：使来者（将来的人）思。◎“思垂”句：想着用文章流传后世，以表达自己的见解。垂，流传。空文，指文章；与建立功业相对，故称空文。自见，表达自己的思想。见，通“现”。

司马迁所举的人物里，有遭受囚禁而推演《周易》的周文王，有一生困窘而撰写《春秋》的孔夫子；还有遭到放逐创作《离骚》的屈原，双目失明编撰《国语》的左丘明，惨遭刖刑总结出《兵法》的孙膑，被贬蜀地却挡不住《吕览》流传的吕不韦，身陷牢狱而写出《说难》《孤愤》的韩非，包括《诗三百》的作者，也大都是心怀愤懑的贤人……司马迁所举的事例，或许跟事实小有出入，但所讲的道理，却是颠扑不破的：世上伟大的作品，往往出自受轻视、遭迫害的不得志者。他们空怀“倜傥非常”之才，却得不到当世的认可，搞得心思郁结，只好追述往事，以启迪后人。

司马迁特别举左丘明和孙膑的例子，大概因为这两人与自己同病相怜，都因肢体残缺而见弃于世，只剩下闭门著述这条路，借以抒泄积愤，让历史来证明自己的价值！

因此，司马迁呕心沥血，忍辱负重，甚至“就极刑而无愠色”（遭受酷刑而面无难色）。因为在他看来，跟那个大目标相比，个人的苦难乃至性命，都算不了什么！“仆诚已著此书，藏之名山，传之其人通邑大都，则仆偿前辱之责，虽万被戮，岂有悔哉！”——这话是说，当我终于写成此书，把它藏于名山，有朝一日由“识货者”在通都大邑广为传播，我此前遭受的耻辱，也就全都洗刷了！而且即使为此再被杀死一万回，我也绝不后悔呢！

《报任安书》是研究司马迁思想的重要文献，因《汉书》的引录而流传至今，使两千年后的读者还能听到这位伟大史学家的声音，感受到他的呼吸。就这一点而言，班固功不可没。

苏武留胡节不辱

《史记》中有关李陵的记述，附于《李（广）将军列传》后，只是寥寥数语。——一来李陵投降匈奴，名声不佳；二来司马迁因李陵而获罪，也不宜多说；三来则因李陵投降后远在朔漠，音问断绝，境遇如何，司马迁并不知情。

班固著《汉书》时，事情已过去百多年，其间汉朝与匈奴往来不断，班固案头的李陵资料，也渐渐多起来。《汉书》于是特辟《李广（李陵）苏建（苏武）传》，不但完整记录了李陵事件始末，还详述了汉使苏武不辱使命的感人事迹。

据《汉书》记述，李陵当年投降，实出无奈。汉武帝也曾期盼李陵反正归来，还派人去接他。结果派去的人误听传言，说李陵正在替匈奴操练兵马。武帝一怒之下，杀了李陵全家。其实替匈奴练兵的另有其人，那人后来被李陵刺死。

武帝死后，昭帝继位，派使者任立政到匈奴招降李陵。单于设宴招待汉使，李陵也在座。任立政当众不好明言，只是一个劲儿给李陵递眼色，并多次抚摸刀环，还摸摸李陵的脚，暗示他拔脚“还（环）”家。又在推杯换盏时大声说：朝廷已经大赦，中原安乐，主上年轻有为，霍子孟、上官少叔当政——这说的是霍光与上官桀，两人都是李陵的好朋友。

李陵回答说：“归易耳，恐再辱，奈何？”（回去容易，只怕再次受辱，怎么办？）“丈夫不能再辱！”（大丈夫不能两次受辱！）——朝廷的刻薄寡恩，已让李陵彻底寒心。他最终老死匈奴，再未回到中原。

李陵投降匈奴的前一年，有位汉朝使节被匈奴扣留。此人便是苏武（前140—前60）。苏武字子卿，父亲苏建曾随大将军卫青攻打匈奴，因功封侯，并出任代郡太守。苏武是苏建次子，凭借父亲的功绩，做了皇帝的侍从。

匈奴与汉朝修好，将以前扣留的汉使送回汉朝。汉朝也投桃报李，命苏武做使节，护送被汉朝扣留的匈奴使者北还，还送了许多礼物给单于。同行副使有中郎将张胜及属吏常惠等。

交接工作本来很顺利，不料副使张胜卷入一场匈奴人的反叛活动，苏武并不知情。事情败露后，单于大怒，要杀掉汉使，转而又逼他们投降。前来审问的是此前投降匈奴的汉将卫律。

苏武说：若使命受辱，节操有亏，即使不死，又有什么脸面回国去？当场拔刀自刎。卫律大惊，一面派人飞马去请大夫，一面抱起苏武，在地上凿了坑，点起火，让他伏卧在火坑上，用手叩击他的背，控出瘀血。苏武半晌才苏醒过来。——单于钦佩苏武的为人，早晚派人来问候，只逮捕了张胜。

单于再度派卫律来审讯。卫律先把参与叛乱的匈奴人杀掉，张胜因恐惧而投降，唯有苏武不肯就范，反而怒斥卫律。卫律闹了个灰头土脸，只好把情况报告给单于。单于下令把苏武关进大地窖，断绝了他的吃喝。

适逢天降大雪，苏武躺在地窖里，就着雪水吞吃毡毛，得以不死。匈奴以为苏武是神人，把他迁徙到荒无人烟的北海，并拨给他一群公羊，说何时公羊生羊崽，才放他回来！——北海便是今天俄罗斯境内的贝加尔湖。

苏武牧羊图

苏武无粮无米，只好四处挖掘田鼠洞中的草籽，拿来充饥。不过放羊时，他始终拄着那根汉节，坐卧不离身，乃至节上的旄饰都掉光了。——“节”即使节出使时所持的节杖，用竹制成，上面用牦牛毛装饰，标志着使者的身份、国家的尊严。

这样过了五六年，中间有个匈奴贵族来北海打猎，常常接济苏武。可贵族死后，苏武的羊又被人盗走，他再度陷入绝境。

这中间，苏武不是没有脱身的机会。李陵跟苏武同朝为官，两人早就认识。苏武被拘的第二年，李陵投降匈奴，一直不敢来见苏武。又过了很久，李陵才来探视，摆酒设乐，跟苏武谈心，并把苏武亲人的情况通报给他，说是兄死妻离，儿女存亡未卜。又说："人生如朝露，何久自苦如此？"并把自己的遭遇及内心的痛苦向苏武倾诉。

可苏武偏偏"一根筋"，说是我家世受皇恩，常思为国捐躯。大臣侍奉君主，如同儿子侍奉父亲。儿子为父亲而死，没什么可抱怨的。您不要再说了！

隔天李陵再劝，苏武说：我早有一死的念头，您一定要逼我，今天欢宴已毕，我就死在您面前！李陵听了，长叹一声说：唉，真乃义士！我和卫律的罪过上通于天啊！说着泪下如雨，跟苏武告别而去。

过些时候，苏武得到消息，说汉武帝死了。苏武听罢，面朝南方痛哭失声，直至吐出血来！此后每天早晚凭吊。（文摘六）

昭帝即位，朝廷派人到匈奴寻找汉使。匈奴诈称苏武已死。不久汉使得到苏武活着的消息，便"编故事"骗单于，说汉朝皇帝在上林苑射下一只大雁，雁脚上拴着一封帛书，得知苏武还在大泽中。单于听了暗自吃惊，只得承认苏武尚在。

昭帝始元六年（前 81 年）春天，在阔别十九年后，苏武终于又回到长安。出使时的百多人，只回来十人！苏武去时年富力强，归时须发尽白！

为了表彰苏武的忠贞，昭帝授予他典属国之职，俸禄超过二千石，赏钱二百万，赐公田二顷，宅邸一处。后来苏武的儿子被牵连到一桩谋反案中被杀，有人替他鸣不平，认为朝廷寡恩，对这样一位忠心耿耿的老臣太过薄情。——好在他与匈奴妻子另外生有一子，宣帝时被朝廷从匈奴赎回，苏武的晚景才不致过于凄凉。

苏武死于宣帝神爵二年（前60年），享年八十岁。甘露三年（前51年），宣帝思念功臣，命人把一批功臣的肖像画在麒麟阁上。共有十一位，最后一位即“典属国苏武”——他是当之无愧的！

【文摘六】

苏武与李陵（《汉书》）

（卫）律知（苏）武终不可胁，白单于。单于愈益欲降之，乃幽武，置大窖中，绝不饮食。天雨雪，武卧啮雪，与旃毛并咽之，数日不死。匈奴以为神，乃徙武北海上无人处，使牧羝，羝乳乃得归。别其官属常惠等，各置他所。武既至海上，廪食不至，掘野鼠去草实而食之。杖汉节牧羊，卧起操持，节旄尽落。……

◎此前叙匈奴单于派先前投降的汉将卫律劝降，被苏武严词拒绝。律：卫律。白：告知。◎雨雪：下雪。啮：咬。旃：此处同“毡”。◎北海：今俄罗斯境内贝加尔湖。羝（dī）：公羊。乳：养育羊羔。◎常惠：苏武的下属。◎廪食：官方供给的粮食。野鼠去草实：田鼠所收藏的草籽。去（jǔ），“弆”的古字，收藏。◎杖：拄着。

初，武与李陵俱为侍中。武使匈奴明年，陵降，不敢求武。久之，单于使陵至海上，为武置酒设乐。因谓武曰：“单于闻陵与子卿素厚，故使陵来说足下，虚心欲相待。终不得归汉，空自苦亡人之地，信义安所见乎？前长君为奉车，从至雍棫阳宫。扶辇下除，触柱折辕，劾大不敬，伏剑自刎，赐钱二百万以葬。孺卿从祠河东后土，宦骑与黄门驸马争船，推堕驸马河中溺死。宦骑亡，诏使孺卿逐捕，不得，惶恐饮药而死。来时，太夫人已不幸，陵送葬至阳陵。子卿妇年少，闻已更嫁矣。独有女弟二人，两女一男，今复十余年，存亡不可知。人生如朝露，何久自苦如此！陵始降时，忽忽如狂，自痛负汉，加以老母系保宫，子卿不欲降，何以过陵！且陛下春秋高，法令亡常，大臣亡罪夷灭者数十家，安危不可知。子卿尚复谁为乎？愿听陵计，勿复有云！”

◎求：寻求，见面。◎亡人之地：无人之地。下文中“亡常”“亡罪”“亡功德”“亡所恨”之“亡”都作“无”讲。◎长君：这里指苏武的长兄苏嘉。奉车：奉车都尉，官名，掌管皇帝车驾。雍棫（yù）阳宫：雍州的棫阳宫，原为秦宫殿名，至汉犹在。◎辇：皇帝所乘车子。除：台阶。劾：被弹劾。大不敬：指对皇帝不尊敬。◎孺卿：苏武的弟弟苏贤。祠：祭祀。后土：土地神。黄门驸马：宫中负责养马的官员。◎太夫人：指苏武的母亲。不幸：对死的讳称。◎子卿：苏武字子卿。更嫁：改嫁。◎女弟：妹妹。◎忽忽：恍惚貌。负汉：对不起汉朝。保宫：拘禁犯罪大臣及家属的监狱。◎春秋高：年纪大。夷灭：灭族。◎谁为：为谁。

武曰："武父子亡功德，皆为陛下所成就，位列将，爵通侯，兄弟亲近，常愿肝脑涂地。今得杀身自效，虽蒙斧钺汤镬，诚甘乐之。臣事君，犹子事父也；子为父死，亡所恨。愿勿复再言！"陵与武饮数日，复曰："子卿壹听陵言。"武曰："自分已死久矣！王必欲降武，请毕今日之欢，效死于前！"陵见其至诚，喟然叹曰："嗟乎，义士！陵与卫律之罪，上通于天！"因泣下沾衿，与武决去。陵恶自赐武，使其妻赐武牛羊数十头。后陵复至北海上，语武："区脱捕得云中生口，言太守以下吏民皆白服，曰上崩。"武闻之，南乡号哭，欧血，旦夕临。（节自《李广苏建传》）

◎成就：这里指提拔，培养。通侯：爵位名。◎效（自效）：报效，尽力。钺：古代兵器，形似大斧。汤镬：汤锅。◎壹：犹言"一定"。◎自分：自料。◎衿：衣襟。◎恶（wù）：羞恶，羞于。◎区（ōu）脱：匈奴语，指边境哨所。云中：云中郡，位于今内蒙古及山西北部。生口：活口，俘虏。崩：皇帝死称"崩"。◎乡：通"向"。欧：通"呕"。临：哭临，祭吊。

【译文】

卫律知道苏武最终不能胁迫投降，于是向单于报告。单于愈发想让苏武投降，于是把苏武幽禁在一座大地窖里，断绝了他的吃喝。正赶上下大雪，苏武躺在地窖中就着雪水吞咽毡毛，过了好几天也没死。匈奴认为有神明护佑，于是把苏武迁到北海无人区，让他放牧公羊，说什么时候公羊下崽才能放他回来。苏武的下属常惠等则被分开，关押在别的地方。苏武到了北海，匈奴断绝了他的粮食供给，他只好挖田鼠所藏的草籽充饥。每天拄着汉使的旄节牧羊，坐卧不离手，节上的毛都脱尽了。……

当初苏武和李陵同为侍中。苏武出使匈奴的第二年，李陵投降匈奴，一开始不敢跟苏武见面。过了好久，单于派李陵到北海来，李陵特意为苏武摆酒设乐。借机对苏武说："单于听说我跟您一向要好，所以派我来劝说您，单于想要诚心相待。您终究不能回归汉朝，白白在这无人荒野受苦，您的信义又有谁见得到呢？不久前您的大哥做奉车都尉，跟从皇上到雍州棫阳宫去。当推着御辇下台阶时，车辕在殿柱上碰折了，受到'大不敬'的弹劾，便横剑自杀，皇上赐钱二百万安葬了。您的弟弟孺卿跟随皇帝到河东郡祭祀土地神，有个骑马的宦官跟黄门驸马争夺船只，把黄门驸马推到河里淹死了。宦官逃走，皇上诏令孺卿抓捕凶犯，因抓不到，孺卿惶恐畏惧，竟喝毒药身亡。我来匈奴前，您家老太太已经去世，我还跟着到阳陵去送葬。您的妻子还年轻，听说已经改嫁了。您还剩两个妹妹、两个女儿和一个儿子，如今已经十几年了，生死不知。唉，人生就像早上的露水（没一会儿就干了），您又何必长期这般自讨苦吃呢？我当初投降时，神情恍惚，几乎发狂，痛恨自己辜负了汉朝，又加上老母亲因我而下在狱中。您不愿投降的心情，还能超过我吗？然而皇上年事已高，法令无常，大臣无罪而遭灭门的，就有几十家，人人悚惧，安危未卜。子卿您还为谁这样吃苦呢？希望您听从我的劝说，不要再坚持了！"

苏武回答说："我苏家父子没啥功劳，都是皇上栽培我们，才当上将军，授爵通侯，兄弟几人也都做了皇上的近侍，我们常想着有机会肝脑涂地，回报皇上。如今得到杀身报效的机会，即使遭斧砍、下汤锅，也心甘情愿！臣下侍奉君上，就像儿子侍奉父亲。儿子替父亲去死，无所遗憾。希望你不要再说了！"李陵跟苏武又喝了几天酒，再次对他说："子卿你一定要听我的意见。"苏武回答："我自料早就该死了。大王如果一定要我投降，请等今天欢宴已毕，就让我死在你面前！”李陵见苏武一片志诚，感叹说：“唉！真是义士啊！我跟卫律的罪过，比天还大！”泪下如雨，把衣襟都打湿了。于是与苏武诀别而去。李陵自己不好意思送苏武东西，让他的妻子送给苏武几十头牛羊。后来李陵再次来到北海，向苏武通报说：“边境哨所捕到云中郡的活口，说从太守往下，官民都穿着白色的丧服，说是皇上驾崩了。”苏武听了，向南方大声号哭，直到吐出血来。早晚哭吊不已。

张骞“凿空”，开辟丝路

汉朝与匈奴的紧张关系，贯穿于整个汉代历史。武帝在位时，曾多次发动针对匈奴的战争。《史记》《汉书》中许多历史人物的故事，都在此背景下展开。

张骞是位外交家，李广利是位将军，两人的活动全都以西域为舞台，以汉胡战争为背景。《汉书》因而为两人设合传《张骞李广利传》——《史记》也记录了两人的活动，不过是在《大宛列传》中。

原来，汉武帝要灭掉匈奴，听说西域的大月氏（Yuèzhī）跟匈奴有世仇，便招募使者出使大月氏，以便夹击匈奴。张骞（前164—前114）以“郎”（皇帝侍从官的通称）的身份应征，并挑选胡人堂邑父（本名甘父）为副手，率使团登程西行。

途经匈奴地盘，使团被匈奴人拦截。匈奴单于说：月氏在匈奴北面，汉朝怎么说也不说一声，就派使者前去呢？假若我派人去南方的越国，汉朝能允许我通过吗？

就这样，张骞被羁留匈奴，一待就是十几年。其间张骞娶妻生子，但身为汉使，那支汉节却始终不离身。

后来趁匈奴戒备松懈，张骞与手下人逃脱，继续向西行进，经过几十天艰苦跋涉，来到了大宛。——大宛位于中亚的费尔干纳盆地，版图大致与今天的乌孜别克斯坦、塔吉克斯坦相重叠。

大宛人早就知道东方有个富饶的汉王朝，想要互通消息，却始终没机会。如今见到汉使，非常高兴。在大宛的帮助下，张骞等人途经康居，终于来到大月氏。

不过此刻的大月氏已另立新君，并征服了大夏国。那里土地肥饶，百姓生活安定；当年跟匈奴结下的仇怨，月氏人早已淡忘。再说汉朝离那么远，谁又能保证汉使说话算数？张骞在大夏待了一年多，一无所获，只好回国。

这一次，他打算从羌人的领地通过，不料再次落入匈奴人之手。所幸一年以后，匈奴单于去世，张骞等趁乱逃出，最终回到故土。一去十三载，出发时的一百多人，回来时只剩下张骞、堂邑父两个！

张骞此行似乎一事无成，然而他的见闻却让中原人大开眼界：原来大漠那边的世界也很精彩！张骞最终到达的大夏，位于今天阿富汗一带。在那里，张骞还见到邛（qióng）竹杖和蜀布。这些本是中国蜀地的特产，怎么会出现在遥远的中亚呢？据当地人讲，这些货物是从大夏东南几千里外的身毒国贩运来的。身毒即今天的印度。张骞由此判断，从蜀地到印度，肯定另有一条便捷的通道。

汉武帝对此很感兴趣——西域的商道遭到匈奴人封锁，从西南方另辟商道，不失为一个好主意。武帝派了两支队伍寻觅这条西南通道，由于当地人的抵抗，这条商道在武帝生前始终没能打通；不过此举却促进了汉朝对西南地区的开发。

为了表彰张骞的功绩，武帝封张骞为博望侯，又命他先后随大将军卫青及贰师将军李广利征讨匈奴。

以后张骞又二次出使西域，直抵乌孙（位于今新疆伊犁河流域），并分遣副使前往大宛、康居、大月氏、大夏、安息（今伊朗）、身毒等国。以后又引乌孙及大夏等使者来汉朝观光。如此一来，大大增强了中原跟西域的联系。

张骞还从西域带回许多宝贝：苜蓿、葡萄、胡桃（核桃）、石榴、胡麻（芝麻）等。从乌孙引来的"天马"，让武帝兴奋异常。此马又名"汗血马"，相传能日行千里，奔跑时脖颈上汗出如血，因而得名。——后来武帝派李广利征讨乌孙、大宛，一个重要动因就是要获取那里的汗血马。

张骞更大的功劳，是打通了从中国腹地到中亚、西亚乃至欧洲的贸易通道。经由这条通道，大量中国丝绸被运往西方，远抵罗马。这条通道被后人命名为"丝绸之路"。

张骞自乌孙归来后，官拜大行（相当于礼宾司长），位列九卿；只是第二年就去世了。然而他为西域的开发、丝绸之路的打通立下了汗马功劳。在《史记·大宛列传》中，司马迁把张骞的西域探险称作"凿空"，意思是凭空开凿出一条天路来。

《汉书·张骞李广利传》的张骞部分，基本照抄《史记·大宛列传》的相关内容；只是张骞所述西域国家的详情，另移至《汉书·西域传》中。至于李广利的部分，班固又增添了一些新史料。——因为司马迁死于李广利之前，没能见到李广利的结局。

卫青霍去病，将才出“外家”

李广利是汉武帝的妻兄，是名副其实的“皇亲国戚”。——在汉代，外戚掌兵，几乎成了惯例。在介绍李广利之前，不妨先看看另外两位外戚将军：卫青和霍去病，这两位的功绩与名声，远在李广利之上。他俩的合传，分别见于《史记·卫将军骠骑列传》和《汉书·卫青霍去病传》。

卫青（？—前106）本应姓郑，其父郑季是个小官吏，在平阳侯家跑腿儿当差。平阳侯即曹参，是西汉开国功臣，继萧何之后做了西汉第二任宰相。他做宰相时，不改萧何立下的规矩，因有“萧规曹随”之说。

郑季在曹家当差时，跟平阳侯的妾（《汉书》说“僮”）卫媪私通，生下卫青。因是私生子，所以跟了母亲的姓。

卫青还有个哥哥叫卫长君，三个姐姐分别为卫君孺、卫少儿和卫子夫。卫子夫被武帝收入宫中，日后册封为皇后。卫青也一步登天，当上“国舅爷”！

回想小时候，卫青被送回父亲家，郑家兄弟都看不起他，把他当奴仆呼来喝去。有人给他相面，说他贵可封侯。卫青说：我娘是女奴，我不挨打受骂就知足了，哪敢想那好事？——不想后来真的封侯，还当上了大将军。

卫青确有军事才能，跟匈奴作战，屡屡得胜。有一回他率大军越过沙漠，把单于团团围住。单于连夜突围，逃得不见踪影。匈奴人十几天找不到单于，差点儿另立新主。——那一回，汉军其他部队或迷路，或迟到，没能及时赶到。李广就是因那次失误而获罪，被迫自杀的。

骠骑将军霍去病（前140—前117）也跟卫氏有瓜葛。据《汉书》记载，霍去病的父亲叫霍仲孺，曾跟卫青的姐姐卫少儿私通，生下霍去病。按亲戚关系，卫青是霍去病的舅舅，汉武帝是霍去病的姨父。霍去病也因这层关系，十八岁就进宫当了侍从官。又因善于骑射，先后两次随卫青出征。

霍去病作战勇敢，曾率八百骑兵远离大部队，奔袭匈奴。一仗下来，杀敌两千多，生擒了匈奴的官员，还杀死单于的叔祖、活捉了单于的叔叔！霍去病也因功受封冠军侯。——日后统计军功，霍去病六次出击匈奴，四次任将军，先后杀死及俘获敌人十一万，比卫青多出一倍！所受封赏不计其数。

武帝很喜欢这个晚辈后生，特意为他建了一所大宅邸，要

“战神”霍去病

他去验收。霍去病却说："匈奴未灭，无以家为也！"——匈奴没灭，还顾不上治家！

不过这位少年统帅的缺点也很明显：骄纵豪奢，不体恤士卒。因为是皇亲，出征时武帝特意派了皇家膳食官押着几十车食物伺候他。好米好肉吃不完，就那么随意丢掉，可士兵们还饿着肚子呢。在塞外，士兵们饿得没精打采，他却让人修建球场，打球嬉戏，不亦乐乎！

有人说，或许因为他还太年轻吧——霍去病死时，才二十三岁！

跟卫青一样，李广利也是位"国舅爷"，他是武帝宠妃李夫人的哥哥。李夫人出身倡女（乐人），因能歌善舞，颇受宠幸。只是死得早，临终时托付武帝照看她哥哥。

武帝于是任命李广利为"贰师将军"，率大军西征，先打乌孙，再击匈奴——李广利出身倡家，哪里会打仗？征乌孙时，损兵折将，狼狈不堪。好不容易取胜，最终只夺得了几十匹好马回来，武帝竟还封他为海西侯。

征匈奴时，李广利剥夺了李陵部队的马匹，李陵不得不率五千士兵徒步深入大漠。李陵后来跟匈奴大部队遭遇，因李广利不能及时驰援，导致兵败投降。——也就是那一次，司马迁替李陵辩白，惹祸上身。

征和三年（前90年），李广利再次出兵征讨匈奴，依然无所建树。又听说自己家在国内卷入一场官司，妻子被捕，亲家被杀，他索性投降了匈奴，一年后被匈奴人所杀！也就在这一年，司马迁与世长辞，没来得及把这位皇亲国戚的可耻下场写入青史，只好留待班固在《汉书》中补足。

汉武托孤，霍光上位

前面说到，苏武名登麒麟阁，位居榜末。那么位居榜首的是谁？是霍光。不过署名时，只写“大司马大将军博陆侯姓霍氏”，不书名字，表示特别尊重。——霍光是武帝、昭帝、宣帝三朝老臣，与霍去病是同父异母的兄弟。

西汉一朝外戚专权，几乎成了传统。前有吕后专权，诸吕用事；后有窦太后、王太后“一人得道，鸡犬飞升”。武帝时几个军队统帅，全是从外戚中选拔的。

如前所说，霍去病是霍仲孺与卫少儿的儿子，自幼养在平阳侯家，长大了才知道父亲是谁。后来出征打仗，路过家乡，终于有机会见到父亲，知道自己还有个弟弟霍光（？—前 68）。霍去病为父亲置田宅、买奴仆，又把弟弟霍光带到长安，在宫中做了侍从官。霍光日后升为奉车都尉、光禄大夫，出入宫禁二十年，随侍武帝，小心谨慎，备受信任。不过严格说来，霍光的外戚身份十分勉强，他跟卫皇后并无血缘关系。

武帝征和二年（前 91 年），发生了一件大事：年老的武帝疑神疑鬼，总以为有人在利用巫术诅咒他。于是委派告密起家的赵国人江充，全权监督近臣贵戚。

江充与一名胡人巫师妄称宫中有“蛊气”，带人入宫搜查，掘地三尺，连太子、皇后的寝宫也不放过，挖得连床榻都没地方安放。结果江充声称在太子宫中挖出许多木偶人——按巫术的解释，这些东西都是用来诅咒汉武帝的。

此时武帝正在甘泉宫养病，太子见不到父亲，无法为自己分辩，迫不得已，只好杀掉江充和胡巫，发兵自卫。武帝这才察觉，于是指挥丞相率兵攻击太子。太子兵败逃走，不久就自杀了。此事史称“巫蛊之祸”。太子为卫皇后所生，卫皇后也因而被废，随后自杀。——这时卫青已去世十多年了。

武帝的另几个儿子——燕王刘旦、广陵王刘胥都不成器，只有宠姬赵婕妤生有一子，名弗陵，十分聪明伶俐。武帝打定主意要传位给他，为了避免母后干政、外戚专权，武帝找个碴儿，先把赵婕妤杀了！

武帝观察群臣，觉得霍光可以担当重任，于是把一幅画赐给霍光，画上画的是周公背着周成王，接受诸侯的朝贺。——那意思明显是让霍光效仿周公，全力辅佐少主。

武帝临终，托孤给霍光、金日磾（Mìdī）和上官桀，让三人同掌兵权，另有御史桑弘羊从旁辅助。武帝死后，弗陵即位，即汉昭帝。

按《汉书》描写，霍光性格沉静，思虑细密。身材不高，但皮肤白皙，眉清目朗，美髯飘飘。每次出入殿门，前进、止步，都有固定位置。有人暗中做了记号，发现竟分毫不差！人人都仰慕他的风采，他处理大小事情也都公正平允，因而深孚众望、威信很高。

霍光和上官桀是亲家，上官桀的儿子上官安娶了霍光的大女儿，生了个闺女，由长公主（昭帝的姐姐）做主，嫁入宫中，被昭帝立为皇后。——昭帝成了上官桀的孙女婿、霍光的外孙女婿。

霍光

不过上官父子和长公主很快发现，霍光把印把（bà）子攥得很紧。上官他们想卖个人情、封个官爵，到霍光这里总是碰钉子。御史桑弘羊及昭帝的异母哥哥燕王对此也有怨言。

于是上官等人便指使人上书弹劾霍光，却是假借燕王口吻。罪状则拿苏武做个由头，说苏武留胡二十年不降，归国后才给个典属国的职位；而霍光的长史杨敞啥功劳没有，却被提拔做了搜粟都尉。此外，霍光前往检阅羽林军，一路上僭用皇帝的警戒标准，还擅自调集幕府校尉，有图谋不轨之嫌。

昭帝还是个十四岁的孩子，却很有主见。收到揭发信，马上反驳说：大将军检阅羽林军还不到十天，远在千里以外的燕王怎么会知道？这里面肯定有诈！让人去查，上书人已经逃之夭夭了！

一计不成，又生一计。上官桀跟长公主、燕王等谋划借宴会之机杀死霍光，废掉昭帝，迎立燕王。结果阴谋泄露，上官父子、桑弘羊、燕王、长公主，自杀的自杀，灭族的灭族。从此霍光大权独揽，威震海内。——天下倒也安定。

汉宣帝为啥不敢挺直腰杆

元平元年（前74年），昭帝驾崩，没有子嗣。霍光与群臣商议并奏请太后，准备立武帝的孙子昌邑王刘贺为帝。

谁料刘贺是个不成器的家伙，带着二百多昌邑臣仆入宫，不到一个月，把宫中搞得乌烟瘴气。先帝的灵柩还没下葬，刘贺就跟奴仆们在宫中宴饮奏乐，追野猪、斗老虎，又跟昭帝的宫人淫乱胡搞。还威胁说，谁若走漏消息，就把谁腰斩！又乱改朝规，赏罚无度，令朝臣忍无可忍。

霍光与众大臣联名上书给太后，历数昌邑王的罪过，并当场把他废掉。他带来的二百多臣仆，一天之内全部杀掉，一个不留！十八岁的刘贺只当了二十七天皇帝，史称汉废帝。他先是被轰回山东昌邑，后来又降为海昏侯，移居南昌，死后便埋在那儿。——进入21世纪，考古工作者在南昌发现一座大型古墓，发掘出上万件文物，其中包括上百斤黄金、十几吨五铢钱。经考察，那正是海昏侯刘贺的墓葬。

废掉刘贺后，霍光再与群臣计议，决定迎立已故卫太子的孙子——十八岁的刘询为帝，也就是汉宣帝。

霍光的继室霍显生有一女成君，霍显偏疼她，想让她当皇后。宣帝本来有结发妻子许平君，已被册封为皇后。霍显设下毒计，趁许皇后怀孕生女之机，私下派"乳医"（产科医生）下毒，害死了她！霍光事后听说，也只好帮着遮掩。宣帝无奈，只能吞下这颗苦果。

不久，宣帝纳霍女成君为妃，并册封为皇后。——照理说，霍光与霍去病、卫太子是平辈，宣帝相当于霍光的孙辈。如今竟纳霍光之女为后，等于娶了自己的姑母，这辈分可是够乱的！

霍光身为皇亲国戚，手握军政大权。霍光的儿子、侄孙都当上了在外领兵的将军，两个女婿掌握着京师的兵马。各路亲戚在朝为官者不计其数，每逢朝会，几乎成了霍氏的家族聚会。霍光上朝，皇帝对他毕恭毕敬，仿佛君臣颠倒了个儿。

霍光执政二十年，于地节二年（前68年）病逝，死后哀荣自不必说。——不过霍光这棵大树一倒，霍家的运势也到了头。先是毒死许后的事渐渐暴露出来，霍家掌控的实权也逐步被削夺。

霍光的儿子霍禹察觉事情不妙，本想孤注一掷，结果谋反不成，反被腰斩。其他人有自杀的，有被杀的，包括霍显及其女儿、兄弟，也都死于非命。霍皇后先被囚于冷宫，随后也被迫自杀。受霍家牵连而灭族的，有好几千家！

汉宣帝刚登基时，前往高庙谒拜，跟霍光同乘一辆车子，因为心里害怕，如有芒刺在背。后来车骑将军张安世代替霍光陪乘，宣帝这才伸直了腰板，心里也踏实多了。霍氏倒台后，民间都传说："威震主者不畜，霍氏之祸萌于骖乘。"（威势压过君王的最终不会存留，霍氏的灭门之祸，始于霍光陪乘。）

对霍光这个人怎么评价呢？历来其说不一。有人说他是野心家，跟后来篡汉的王莽没啥两样；也有人说他是汉代的周公，维护刘氏江山的稳固，执政期间百姓富足，四夷安定。

《汉书·霍光传》还留下个"曲突徙薪"的典故——茂陵徐福在霍氏得势时曾预言：霍氏必亡！霍家骄奢淫逸，必然导致对上不恭；又因身居高位，遭人忌恨，自己又倒行逆施，不亡何待？为此徐福三次上书，要宣帝约束霍氏，却都没有下文。

等到霍氏谋反被灭，那些告发霍氏的人都得到封赏。有人替徐福鸣不平，上书说：有个客人对主人说，你家烟囱太直，旁边还堆满柴草，很危险。要让烟囱拐个弯，再把柴草搬远些，才能避免火灾。主人不听，后来果然失了火，幸亏被众邻居赶来扑灭。主人杀牛摆酒酬谢邻居，把烧得焦头烂额的请到首席，却没邀请事前发出警告的那位。于是有人提醒主人，你早听客人的警告，哪里还会有火灾，也就不用杀牛摆酒了。而今论功请客，怎么是“曲突徙薪亡恩泽，焦头烂额为上客”（建议你防火的没得到报答，救火烧得焦烂的倒被奉为上宾）呢？主人醒悟，连忙补救。

宣帝听了，恍然大悟，于是赐徐福帛十匹，后来又提拔他为郎。——班固是在颂扬还是在讽刺？这点封赏，太可怜啦！

《食货志》：李悝替农民算一笔账

司马迁在《史记》中首创货殖专论《平准书》，班固承袭《史记》的体例，也设立经济专论，改题《食货志》。

《食货志》分上下两篇。上篇先从《尚书》谈起，说《洪范》中提到的“八政”（八种政务官员），一为“食”官，二为“货”官。“食”指谷物粮食，“货”指布帛货币。食、货乃民生之本，从神农时代就受到重视。

以下论述黄帝、尧、舜及三代的经济状况，又从儒家经典中找出理财求利的理论根据。对战国以后实行的某些经济改革措施，给以肯定。

譬如《食货志》提到战国的李悝（前455—前395），说他为魏文侯制定农耕教令，认为农民生活太苦，并给魏文侯算了一笔账：农家一户五口，种地一百亩，每亩年均打粮食一石半（那时的一石相当于今天的三十公斤），百亩就是一百五十石。刨去十分之一的税，还剩一百三十五石。人要吃饭，以每人每月一石半计算，五个人一年要吃掉九十石。还剩四十五石，卖掉三十石，得钱一千三百五十文。祭祀社神要花去三百，还剩一千零五十。穿衣服一人一年需要三百钱，五个人就是一千五百——这钱还不够用哩！生病、死丧等额外费用，还都没算在内。为什么没人愿意种地呢，原因就在这里！

李悝说这些，是为了给“平籴”政策做参考。所谓“平籴”，是指官府在丰年平价收储粮食，待灾年卖出，以救济百姓。李悝说：善于平籴的人，一定要了解年景有上熟、中熟和下熟三种情况。上熟年成，打的粮食是平年的四倍，百亩农田可节余四百石。中熟年成是平年的三倍，可余三百石。下熟年景是平年的两倍，可余百石粮食。与此相对，歉年也分小饥、中饥、大饥。小饥百亩只收一百石，中饥收七十石，大饥只收三十石。

有了整体估算，便可确定平籴的数量。例如，大熟之年收购平年三倍的粮食，给百姓留一份；中熟则收购二倍，下熟只收购一倍。如此一来，百姓丰足，粮价平稳。待到小饥之年，就发放小熟之年多购之粮，同样，中饥、大饥之年也都发放中熟、大熟多购之粮。这样一来，即使遇上水旱大灾，因粮价不贵，百姓也不致离散。这叫“取有余以补不足”。——魏文侯接受李悝的建议，魏国也由此富强。

其实懂经济的贤士还有不少。如汉文帝时的贾谊、晁错，都曾提出过振兴经济的措施。——贾谊是汉代有名的文学家，同时又有经济头脑，曾上书文帝，提出“夫积贮者，天下之大命也”（积财储粮是天下的根本大计），粟米多，钱财广，啥事干不成？进攻易拔取，守御能巩固，敌国俯首，远人来归，全靠经济实力。因而要以农为本，让天下人都归于南亩，努力耕作，这是安邦定国的首务——贾谊这是针对当时“背本趋末”（弃农经商）的潮流而言的，这封奏疏便是有名的《论积贮疏》，班固在《食货志》中全文引录。

晁错（前200—前154）是西汉名臣，曾给文帝上书，即有名的《论贵粟疏》。书中也替农夫鸣不平，说五口之家种地百亩，收获不过百石。不避寒暑，努力耕作，“春不得避风尘，夏不得避暑热，秋不得避阴雨，冬不得避寒冻，四时之间，亡日休息”。又有许多私事，“送往迎来，吊死问疾，养孤长幼”，本已无比劳苦，更要应付水旱之灾及官府的朝令夕改、横征暴敛。

为了应付这一切，只好把家中典卖一空，又要借高利贷，以至于卖田、卖屋、卖儿孙以还债。回头再看，大商人囤积居奇，成倍获利；小商人市肆坐卖，获利不菲。他们男不耕、女不织，却“衣必文采，食必粱肉”。又凭借钱财勾结王侯，傲视官吏；千里出游，宝马豪车，衣冠华美。——这就是农民流亡的原因啊。

怎么改变这一局面呢？晁错提出“贵粟”的主张，即提高粟米价格，吸引百姓务农。具体做法是拿粟作为赏罚的杠杆，号召人们向官府献纳粟米，然后授予爵位或免除罪责。这样一来，富人有了爵位，农民有了钱财，粟米也得以分散，不致过分囤积。能献纳粟米的，当然都是“有余者”；从有余者那里取来供皇上使用，贫苦百姓的赋税负担就可以减轻，这就是所说的“损有余补不足”啊。

文帝采纳了晁错的建议，这也是汉代“入粟拜爵”的开端。——晁错还提出削弱诸侯、巩固中央集权的主张，因此得罪了诸侯。后来吴王刘濞率领七国诸侯造反，便打着“请诛晁错，以清君侧”的幌子。晁错最终被汉景帝腰斩于东市，在帝制时代，改革者往往没有好下场。——这篇《论贵粟疏》，也全文录于《食货志》中。

《汉书》“艺文志”，文脉传千古

讲《汉书》，不能不提《艺文志》。“艺”在这里是指“六艺”，也就是儒家的六经；“文”则指儒家经典之外的各种典籍。《艺文志》实为汉代皇家图书馆的典籍分类目录。而“艺文志”这种体例，是《汉书》独创的。后世的正史，或立“艺文志”，或立“经籍志”，都是从《汉书》开始的。——尽管班固这篇文字是“抄袭”而来。

班固对“抄袭”并不隐讳，他在文章开篇谈到书籍的聚散，便明确介绍了文章的原始作者。说是昔年孔子谢世，他的七十

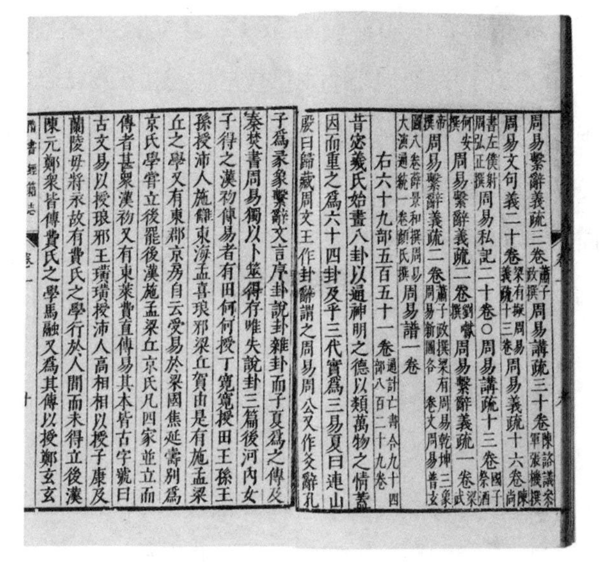
周易繫辭義疏三卷蕭子政撰 周易講疏三十卷陳諮議參軍張譏撰
周易文句義二十卷梁有擬周易義疏十三卷 周易義疏十六卷陳尚
書左僕射周弘正撰 周易私記二十卷 ○周易講疏十三卷國子祭酒
何安撰 周易繫辭義疏二卷劉巘撰 周易繫辭義疏一卷梁武
帝撰 周易繫辭義疏二卷蕭子政撰梁有周易乾坤三象周易新圖各一卷又周易普玄
圖八卷薛景和撰周易大演通統一卷顏氏撰 周易譜一卷
右六十九部五百五十一卷通計亡書合九十四部八百二十九卷
昔宓羲氏始畫八卦以通神明之德以類萬物之情蓋
因而重之為六十四卦及乎三代實為三易夏曰連山
殷曰歸藏周文王作卦辭謂之周易周公又作爻辭孔
子為彖象繫辭文言序卦說卦雜卦而子夏為之傳及
秦焚書周易獨以卜筮得存唯失說卦三篇後河內女
子得之漢初傳易者有田何何授丁寬寬授田王孫王
孫授沛人施讎東海孟喜琅邪梁丘賀由是有施孟梁
丘之學又有東郡京房自云受易於梁國焦延壽別為
京氏學嘗立後罷後漢施孟梁丘京氏凡四家並立而
傳者甚眾漢初又有東萊費直傳易其本皆古字號曰
古文易以授琅邪王璜璜授沛人高相相以授子康及
蘭陵毋將永故有費氏之學行於人間而未得立後漢
陳元鄭眾皆傳費氏之學馬融又為其傳以授鄭玄玄
隋書經籍志 卷一

《汉书·艺文志》书影

位弟子也陆续离世，解释经典的权威不在了，人们的阐释也便出现了分歧。如讲《春秋》的分为五家，分别是左氏、公羊、穀梁、邹氏和夹氏；讲《诗经》的分为四家，分别是《毛诗》《齐诗》《鲁诗》《韩诗》；讲《易经》的也分成好几家。

到了战国时期，合纵连横，真伪难辨，百家争鸣，学术混乱。秦始皇索性烧掉文章书籍，以愚弄百姓。汉朝建立后，革除秦朝弊端，大规模征集书籍文章，广开献书之路，典籍收藏才渐渐有了规模。

然而到汉武帝时，由于保护不力，又出现书籍残缺、竹简脱落的情形，礼乐制度也遭到破坏。武帝对此十分痛心，于是建立藏书制度，设置抄书官吏，无论儒家经典还是诸子之书，全都收集抄写，充实秘府——皇家收藏书籍及机要文件的机构。

及至汉成帝时，因书籍又有散失，于是派使者到各地征集典籍，又命光禄大夫刘向负责校阅经传、诸子及诗赋。至于兵书、占卜书、医药书等，则另派人分头校阅。每校毕一部，刘向便把篇章目录及本书的主旨大意写下来，报告给皇帝。

刘向（约前77—前6）是汉朝宗室，有名的学者。他死后，哀帝又命他的儿子刘歆（前50—23）子承父业，继续整理。刘向生前著有图书目录《别录》，刘歆在此基础上编写修订，撰为《七略》，成为中国历史上第一部图书分类目录。

《七略》涵括六类图书，即“六艺略”“诸子略”“诗赋略”“兵书略”“术数略”“方技略”。前面冠以总论“辑略”，对六类图书的来历、性质，做简明扼要的说明和评价。

班固所撰《艺文志》，即基本是照抄刘歆《七略》。不过也做了些改动，如将“辑略”这顶帽子拆分开来，把相关文字分

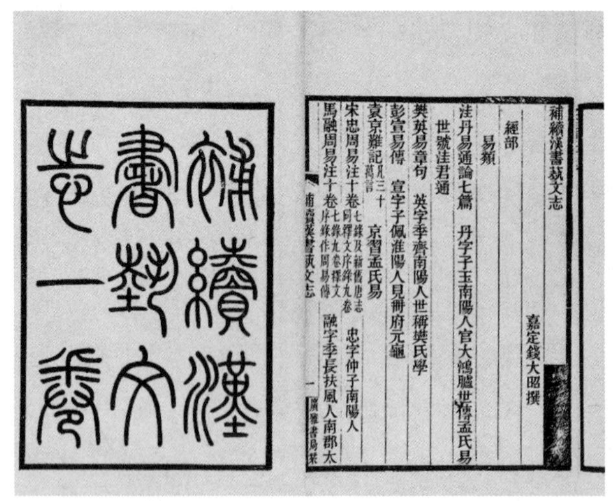
補續漢書蓺文志　嘉定錢大昭撰
經部
易類
洼丹易通論七篇　丹字子玉南陽人官大鴻臚世傳孟氏易
世號洼君通
樊英易章句　英字季齊南陽人世稱樊氏學
彭宣易傳　宣字子佩淮陽人見冊府元龜
袁京難記凡三十萬言　京習孟氏易
宋忠周易注十卷七錄及新舊唐志同釋文序錄九卷　忠字仲子南陽人
馬融周易注十卷七錄九卷釋文序錄作周易傳　融字季長扶風人南郡太
補續漢書蓺文志　一　廣雅書局栞

这是清人续补《汉书·艺文志》的著作

别附在六略目录之后，这样做，免去前后翻检之劳。此外，班固还做了删繁就简、补充添加的工作。当然，他的最大功绩还是保存了这份宝贵的图书目录。因为无论刘向的《别录》，还是刘歆的《七略》，后来全都失传了。

总的说来，《七略》中的“六艺略”列举了《易》《书》《诗》《礼》《乐》《春秋》《论语》《孝经》以及“小学”（文字学）等儒学经典。其中对于《乐经》的式微过程，也有简略而清晰的阐述。

“诸子略”则涵括儒、道、阴阳、法、名、墨、纵横、杂、农、小说等“九流十家”的著作。

“诗赋略”收录了屈原、宋玉、贾谊、枚乘、司马相如、司马迁、扬雄等人的诗赋共一百零六种，又分为“赋”“杂赋”“诗歌”等五类，即今天我们称为“文学”的作品。不过内中许多都已失传，如内中提到“司马迁赋八篇”，我们今天所见，只剩一篇《悲士不遇赋》，据说还是后人的伪撰。

“兵书略”又分为“权谋”“形势”“阴阳”“技巧”四类，其中《吴孙子兵法》《齐孙子》等，都属于“兵权谋”家的著作。中间有一篇《司马兵法》，又称《司马穰苴兵法》，司马迁在《司马穰苴列传》中曾经提到；刘歆《七略》把它归入“兵书略”，班固却因书中谈及军事中的礼仪，把它归在“六艺略”的“礼”类中，称《军礼司马法》。看来班固也还是有自己的主见，并非一味照抄。

以下“术数略”，展示的可不是什么数学著作，而是天文、历法、五行、占卜之类的书籍，又分为“天文”“历谱”“五行”“蓍龟”“杂占”“形法”六类。——“杂占”中也有与农业生产相关的，像《神农教田相土耕种》《昭明子钓种生鱼鳖》《种树臧果相蚕》等，顾名思义，当与农耕、栽植、渔钓、养蚕等活动有关，可惜这些作品全都失传了。“形法”类中的《山海经》如今还有传本，是一部介于巫术及实用之间的著作，很受学者重视。

“方技略”中的著作，跟人们的生活生产更为接近。内中又分“医经”“经方”“房中”“神仙”四种。“医经”中的《黄帝内经》流传至今，是中医原理最宝贵的经典。“经方”则是一些久经验证的经典药方。“房中”是指导夫妻生活及生育的医学著作。“神仙”类作品虽然听上去荒诞无稽，实则跟按摩、气功、炼丹术等传统养生、迷信活动有关，倒也不是毫无价值。

总结起来，“六略”中又包括三十八小类、五百九十六种图书，合计一万三千二百六十九卷。在纸张发明之前，这些书籍大多抄写在竹简、木牍上，自然是汗牛充栋、庋藏如山；而汉代秘府的宏大规模和气象，由此可以想见！

辑三 《后汉书》：光武继汉统，党锢削元气

“范砖儿”郁闷续《汉书》

评书艺人演说汉代故事，常说“炎汉四百载”。不错，汉朝

长达四百多年（前206—220），又分为前汉（前206—25）和后汉（25—220）。两汉分别建都于长安和洛阳，因称西汉、东汉。记述西汉历史的史书，有司马迁的《史记》和班固的《汉书》，记述东汉的史书，则以范晔（yè）的《后汉书》最著名。

范晔（398—445）字蔚宗，南朝刘宋人。母亲十月怀胎，把他生在厕所里。落生时额头磕在砖上，留下疤痕，小名便叫"砖儿"。成年后的范晔其貌不扬，时人形容他"长不满七尺，肥黑，秃眉须"——古代尺短，不满七尺算是很矮的，加上身胖肤黑，眉秃髭短，着实不大受看。

不过范晔有内美，隶书写得很漂亮，还弹得一手好琵琶，能弹各种"流行歌曲"。他做官时，皇上总想听他弹奏，他却不肯轻展才艺。有一回开宴会，皇上乘着酒兴说：我要唱歌，卿为我伴奏好吗？范晔只得从命。待皇上唱罢，他的琵琶也戛然而止，不肯再弹。

范家是诗礼之家，祖父、父亲都做过高官，且有著作流传。受家族文化熏陶，范晔自幼饱读诗书，志向不凡。

刘裕代晋称帝，建立刘宋，范晔应召出仕，官至左卫将军、太子詹事。后因得罪了宗室大臣刘义康，被贬为宣城太守。他郁郁不得志，想写一部史书来寄托胸怀、抒解郁闷，于是便有了这部《后汉书》。

范晔撰史时，距东汉灭亡已有二百年。在他之前，有不止一部东汉史问世。如班固等人的《东观汉记》，西晋华峤的《汉后书》等。范晔写《后汉书》，便是以华峤的《汉后书》为蓝本，采用《东观汉记》的一些材料，自己又广搜史料、删繁补遗，经十年艰苦磨砺，终于完成了书的纪、传部分。

跟《汉书》一样，《后汉书》也是纪传体断代史。全书包括本纪十篇、列传八十篇以及志八篇，共一百二十卷。记载了从汉光武帝至汉献帝这一百九十五年的史事。

其中志的部分原是范晔跟学者谢俨合写的。尚未完稿，范晔便被牵扯到一件谋反大案中，最终死在狱里。谢俨怕受牵累，把写成的书稿全都毁掉了。

今天人们看到的《后汉书》，有志八篇，是后人补入的。这八篇的作者是西晋人司马彪（？—306），他原是宗室，喜好读书，对东汉历史尤感兴趣，写了一部东汉史，取名《续汉书》，共八十篇。对书中的八篇志，司马彪下功夫最深。后人为范晔《后汉书》作注，感慨书中无志，便从司马彪的《续汉书》中抽出八篇志来补上，使范著成为完璧。

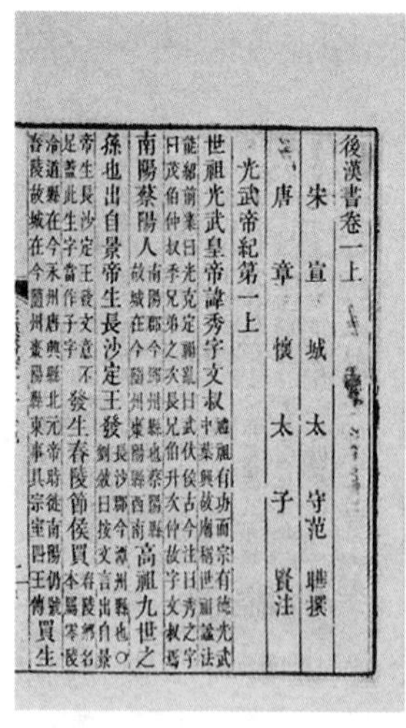
後漢書卷一上
宋 宣 城 太 守 范 曄 撰
唐 章 懷 太 子 賢 注
光武帝紀第一上
世祖光武皇帝諱秀字文叔禮祖有功而宗有德光武中興故廟稱世祖諡法能紹前業曰光克定禍亂曰武伏侯古今注曰秀之字曰茂伯仲叔季兄弟之次長兄伯升次仲故字文叔焉
南陽蔡陽人南陽郡今鄧州縣也蔡陽縣故城在今隨州棗陽縣西南高祖九世之
孫也出自景帝生長沙定王發長沙郡今潭州縣也○劉攽曰按文言出自景帝生長沙定王發文意不足蓋此生字當作子字
發生舂陵節侯買舂陵鄉名本屬零陵冷道縣在今永州唐興縣北元帝時徙南陽仍號舂陵故城在今隨州棗陽縣東事具宗室四王傳
買生

《后汉书》书影

《后汉书》问世后，因史料丰富、文字详赡，受到人们称赏。《东观汉记》《汉后书》及《续汉书》等书因无人披览，渐渐失传。唯有《续汉书》的八篇志，被《后汉书》“剽窃”而得以流传——对司马彪而言，这是幸，还是不幸？

为“党人”立传

《后汉书》有本纪十篇，其中九篇为帝王本纪，包括东汉十三位皇帝的传记。另一篇《后纪》，是历朝皇后（也有妃嫔、皇女等）的传记——在《史记》《汉书》中，后妃一般归入“外戚列传”；只有大权在握的吕后才另立本纪。不过东汉一朝先后有六位皇后、皇太后临朝听政，独掌大权，将他们的传记提升为本纪，倒也合情合理，而且有例在先。

《后汉书》的列传以合传居多。一传中写三四人、五六人的也不少见；多的竟达一二十人！列传八十篇，总共介绍五百多位历史人物。

跟《史记》《汉书》一样，《后汉书》也有“类传”，如《循吏传》《酷吏传》《儒林传》等，都是继承《史记》《汉书》的名目。此外范晔还新创七种类传名目，分别为《党锢》《宦者》《文苑》《独行》《方术》《逸民》《列女》。

东汉后期的桓、灵之世，发生了两次党锢之祸。朝廷上层分为两派，一派是挟持了皇帝的大宦官，他们倚仗皇权为非作歹；另一派是以外戚为首的士大夫，多半是注重名节的清正之士，并得到太学生的支持。两派争夺权力，势同水火。

宦官一派无中生有，将士大夫一派污蔑为“党人”，在桓帝面前告黑状，说这些人四处游走，结党营私，煽惑舆论，诽谤朝政，搅乱风俗。桓帝偏听偏信，下诏逮捕“党人”，严加审讯。一时间冤狱遍地。而党锢之祸即指打击、囚禁“党人”的风波。

到了灵帝朝，党锢之祸再起，“党人”被杀戮、贬谪、废禁的，多达六七百人！连他们的门生、部下也不放过，甚至牵连到家族上下五代！——在《党锢传》序言中，范晔讲述了党锢之祸的来龙去脉，传中则集中介绍了李膺、范滂、张俭等二十多位“党人”的生平事迹。

《宦者传》是宦官的类传，东汉一朝有影响的宦官，如发明造纸术的蔡伦，曹操的祖父曹腾，以及挑起党锢之祸的侯览、曹节、张让等大宦官，全都名列其中。

《文苑传》是为东汉文学之士立传。《独行传》则记述了几位特立独行之士。《方术传》的传主，是一些装神弄鬼的人。例如有个叫费长房的，自称曾跟一位神仙老翁进入酒壶中，里面居然富丽堂皇，酒席丰盛！一次费长房请客，临时派仆人到千里之外的宛城采办鱼鲊，片刻即回，一点儿没耽误吃喝。

《逸民传》则记录一些不愿为官、宁肯隐居的高士。如严子陵（名光）是光武帝刘秀的旧日同窗。刘秀称帝后，他“隐身不见”，并多次拒绝刘秀的召请，终老林下。

《列女传》则介绍了一批道德、才能不同凡响的妇女，这还是正史中第一次为后妃以外的妇女立传。——范晔所创的类传体例，不少被后世正史所继承，其中就包括《列女传》。

刘秀起兵：老实汉也造反了

《后汉书》开篇的《光武帝纪》，是东汉开国之君光武帝刘秀的传记。

西汉末年，外戚王莽篡汉，建立“新”朝。王莽是个“本本主义”，闭眼不看现实，关门设计了一套“新政”。他把天下田土统统收归国有，改称“王田”，百姓不得私下买卖。并按古代井田制的办法，规定一家八口只能占地九百亩，多余的要分给别家——这本意是要实现“耕者有其田”的儒家理想，然而时移境迁，这种制度行得通吗？

新政还废除使用已久的五铢钱，发明了花样繁多的新钱币。并修改税制，乱改地名、官名。一时间政令繁苛，朝令夕改，搞得人们动辄得咎，罪人遍天下。再加上天灾不断，民间怨声载道，“盗贼”蜂起！

在千百支揭竿而起的“盗贼”队伍中，有几支名声最响：一支是绿林军，因啸聚湖北京山的绿林山而得名；另一支是“赤眉军”，起于山东。

刘秀就是绿林军起家。据《光武帝纪》说，刘秀字文叔，是南阳郡蔡阳县人，出自汉景帝这一支，是高祖刘邦九世孙。他九岁时死了父亲，被叔叔抚养大。史书对这位开国皇帝自然有一番美化，说他“身长七尺三寸，美须眉，大口，隆准，日角”（隆准：高鼻梁。日角：额角饱满如日），相貌堂堂，很有些高祖再世的风范。

不过刘秀的作派跟游手好闲的刘邦绝不相同。他勤于稼穑，

东汉光武帝刘秀

安于农耕，若非生逢乱世，不过是个安分又能干的庄园主罢了。倒是他的哥哥刘縯（yǎn），为人豪爽，喜欢结交豪杰。

刘秀在王莽执政时曾到过长安，跟着老师学习《尚书》，略通大义。后来天下大乱，刘縯揭竿而起，刘秀也跟着起兵。人们见刘秀也在起义军中，不禁惊呼：老实人（“谨厚者”）也造反了！

刘氏兄弟随绿林军一道攻击官军，开始时刘秀连匹马都没有，骑着老牛上阵厮杀。直到杀了新野尉，才得到一匹马。不久，绿林军拥立刘玄为帝，改元“更始”。刘縯当上大司徒，刘秀也被任命为偏将军。

王莽听说绿林军拥立刘姓皇帝，十分恐慌，派遣百万大军来攻昆阳，单是精锐的铁甲军就有四十二万！官军中有一员大将，身高一丈，腰阔十围，名叫“巨无霸”，看着就吓人！

据守昆阳的绿林军还不足万人，另一支绿林主力，此时正在宛城拼杀。——别瞧刘秀平日上阵不肯争先，大兵压境，他却出奇地冷静。他说服想要逃跑的绿林将士固守昆阳，并亲自突围去求援；不久又率领三千敢死队杀回昆阳，与城内守军夹击官军。官军两面受敌，阵脚大乱，将帅死的死，逃的逃，主力部队一溃百里，尸横遍野！这就是有名的昆阳大战。这一战，义军掳获的粮草、军备堆积如山，几个月都没清点完，运不走的，干脆就地烧掉了。

绿林军头头“更始帝”妒忌刘氏兄弟，先趁刘秀不在，杀了刘縯；又派刘秀去“安抚”河北各州郡，实则剥夺了他的军权。不过刘秀不泄气，他招兵买马，很快组建起一支武装，并收服了占据河北的农民武装“铜马军”，实力大增。

不久刘秀与更始帝决裂。25 年，他在河北鄗城千秋亭称帝，国号仍用“汉”，以示汉室重兴，史称“后汉”或“东汉”。民间说书人称刘秀为“汉光武”——“光武”是他死后的谥号。又因他收服铜马军，人称“铜马帝”。

几乎与此同时，赤眉军立刘盆子为帝，攻入长安。此前王莽已死，刘玄先后迁都洛阳和长安，至此投降了赤眉军。

刘秀于是西征赤眉，大破赤眉于崤底，又攻占睢阳，之后相继平定陇右和巴蜀的两家割据政权，天下终归太平。——刘秀自新莽地皇三年（22 年）起兵，至此已征战十四年。

更始入列传，义军记兴衰

《后汉书》继承《汉书》体例，人物传记只有本纪和列传之分。不过从列传的排序，仍能看出时间的先后与地位的高低来。如列传卷一为《刘玄刘盆子传》，刘玄和刘盆子分别是绿林、赤眉拥立的“皇帝”，地位跟《史记》中的陈涉相似。

看标题，似乎是两人的个人传记，实则是借他俩给绿林、赤眉两支农民武装立传呢。在统治者眼中，这两支队伍都属于“盗贼”；范晔在讲到他们时，语多贬抑。不过传中保存了不少真实史料，从而展示了乱世百姓是如何绝地反击、挣扎图存的。

刘玄字圣公，是汉室宗亲。王莽末年，南方发生饥荒，百姓成群结队跑到荒野沼泽中挖荸荠、野菜充饥。一旦发生争执，便请新市人王匡、王凤出来主持公道。于是以二王为核心，渐渐形成团体；并以绿林山为据点团聚，不时出击，骚扰周边的州县乡镇，无非是抢夺粮食而已。后来居然打败了前来镇压的官军，很快聚集了五万多人，这让州郡官吏十分恐慌。

在响应王匡的人当中，还有一支“平林兵”，头目之一便是刘玄。刘秀和哥哥刘縯也率领春陵人马加入其中。因刘玄的宗室身份，大家推举他做了“更始将军”，后来干脆称帝。一山难容二虎。刘玄忌妒刘縯的威望名声，在一些头领的鼓动下，趁刘秀不在，杀死了刘縯。以后又架空刘秀，夺了他的兵权。

不久，王莽被杀，人头和玺印被送到宛城。刘玄看到王莽人头，高兴地说：王莽如果不这样干（指代汉称帝），应该像霍光一样受尊重吧？刘玄的宠姬接过话茬儿说：王莽不这么干，陛下又怎么能得到他的人头呢？

义军连连取胜，刘玄先是迁都洛阳，接着又迁往长安。长安除了未央宫被烧，其他宫殿基本完好，几千名宫女也未散去，车驾完备，库府充实。——据说刘玄登上长乐宫前殿，留用的官员依次站立两边。刘玄哪里见过这样的大场面？心虚胆怯，脑袋低得快要碰到座席了。不过当这位“皇帝”公然问部将抢了多少财物时，两边伺候的侍从、老吏，几乎惊掉了下巴！

自此，刘玄每日在宫中与后妃宫女饮酒作乐，常常醉得不省人事。遇上臣下奏事，不得不让随从隔着帷幕随便答几句。人们都私下抱怨：胜负还没定，就放纵到如此地步！

刘玄嫉贤妒能，亲近小人，滥封官爵，绿林军内部很快出现裂痕。元老王匡等索性拉队伍投奔赤眉，反转来攻打长安。刘玄走投无路，只好投降，向赤眉“皇帝”刘盆子献上皇帝印绶。刘玄先是被封为长沙王，不久就被杀害了。

范晔在传后感叹说：武王伐纣，刘邦得天下，靠的不只是能力，也靠时机和运气。当了最高头领，能不招祸的极少。连陈胜、项羽那样的佼佼者都没能成事，何况“庸庸者”呢！——这“庸庸”二字，便是史家对刘玄的盖棺论定吧。

刘盆子：放牛娃当上皇帝

跟刘玄一样，刘盆子也是汉朝宗室。他的祖父、父亲都封为式侯；不过到了西汉末年，他这一支早已废为庶民。——传记仍是从义军起事说起。王莽天凤元年（14年），琅玡海曲有个富人吕母。听这称呼，应当是位女性。她的儿子做县吏，因小罪而被县宰杀了头。吕母于是制订报仇计划，豁出百万家财，酿造美酒，购买刀剑、衣物。有年轻人来饮酒，便赊酒给他们；看谁生活拮据、衣冠不整，就送衣服给他们；还将刀剑分送年轻人。

几年后，吕母耗尽了家财。年轻人要偿还钱物，她流着泪讲出儿子的冤情，请求众人替她报仇。有个自号“猛虎”的勇士振臂一呼，聚集了上百人，跟着吕母到了海上，又招募了好几千不怕死的流民。吕母自称将军，领兵攻破海曲，杀了县宰，替儿子报了仇。——吕母要算东方最早扯旗造反的人。

几年以后，琅玡人樊崇在莒地起兵，先头只有百十人，樊崇自称“三老”——那本是古代掌管教化的乡官。后来青、徐一带发生了大饥荒，人们为了吃饭，纷纷投奔樊崇。另有徐宣、谢禄等，也都来会合，居然聚集了好几万人。最初不过为了觅食，并没有攻城略地的打算。

樊崇见人多了，便约法立规，也只是口头约定，并没有公文、旗号、编制、号令。队伍的大头领仍称“三老”，次一级的称“从事”，再次等的称“卒史”，其他人则称“巨人”。

王莽派廉丹、王匡（跟绿林军王匡同名的官军将领）前来镇压，樊崇怕打起来敌我不分，便命义军士卒把眉毛染红，“赤眉”的称号就这么叫起来了。

此番大战，赤眉军大获全胜。官军统帅廉丹战死，王匡逃走。刘玄定都洛阳，派人招抚樊崇。樊崇于是率将帅二十余人投奔刘玄，被封为列侯。不过樊崇很快发现，还是自己当“老大”痛快！于是他重返赤眉军，与徐宣率领的另一支部队一同入关，还跟绿林军争天下。此刻赤眉军已发展到三十万人。

有人向樊崇建议说，绿林军能出皇帝，我们为啥不行？何不拥立刘姓宗室为帝，以争正统？至此，刘盆子才正式登场。

传记中说，赤眉军路过式县时，把刘盆子及两个哥哥刘恭、刘茂掠到军中。刘恭读过几天书，还研习过《尚书》。他跟樊崇一块儿投奔更始帝，被封为式侯，又随更始帝去了长安。刘

放牛娃

盆子与刘茂仍留在赤眉军中。刘盆子在小头目刘侠卿手下当个“牛吏”，专管放牛。

樊崇要立皇帝，于是在军中找出三位跟皇帝沾亲带故的来，搞了三个木牌，两个空白无字，一个写着“上将军”字样，放在一只筒里，让三人去摸。三人中刘盆子年纪最小，最后一个摸，居然被他摸中了！诸将都围着他叩头，刘盆子当时只有十五岁，披头散发，光着脚丫儿，穿着破衣服，站在中间面红耳赤，热汗直流，几乎哭起来。

哥哥刘茂嘱咐他把这木牌收好。盆子却把木牌咬断，往地上一扔，仍旧跑回牛棚去。刘侠卿为刘盆子置办了绛色的衣服头巾，考究的鞋子，还预备了华美的车子及驾车的骏马。可刘盆子没事仍旧跟着一班放牛的小伙伴儿戏耍。

皇帝有了，还要封官。于是徐宣做了丞相，樊崇当了御史大夫，逄（páng）安和谢禄分别做了左右大司马。

以后赤眉打败绿林，攻进长安，更始帝投降，献出汉朝的传国玉玺。刘盆子的哥哥刘恭也回归赤眉军。但不久发生了大饥荒，军队乏食，难以控制。刘恭担心弟弟遭祸，教他交还玺绶，让出帝位。可众人不肯答应。

面对饥荒及刘秀的武力压迫，赤眉的战斗力日渐减退。刘盆子想要出逃，却被刘秀抄了后路，只好投降。传国玉玺和宝剑、玉璧等一批国宝，本来是从更始帝手中得来的，如今又转交到刘秀手中。赤眉军全部被缴械，兵器铠甲堆得跟熊耳山一般高！

隔天，刘秀在洛水边举行盛大的阅兵式，刘盆子也跟随观礼。刘秀问他：你知道该当死罪吗？刘盆子回答：我罪该万死，不过希望皇上能垂怜赦免。刘秀笑着说：这孩子挺狡猾，看来我们刘家门儿没傻瓜啊（“儿大黠，宗室无蚩者”）！

跟刘盆子一起投降的赤眉首领樊崇、徐宣也在场。刘秀对樊崇说：你们不后悔投降吧？我现在就让你们回营整军，擂鼓出战，再决胜负；我不想强迫你们服从。——徐宣很会说话，回答说：我们今天得以投降，如同离开虎口、回归慈母，高兴还来不及，哪里有什么悔恨呢！刘秀说：好啊，看来你是铁中最硬的那块，又是庸人里出类拔萃的（“卿所谓铁中铮铮，庸中佼佼者也”）！

刘秀又当众数落赤眉军的“罪过”，不过说他们还有“三善”：一是攻破城池无数，却没有抛弃自己的结发妻子；二是拥立国君，仍用刘氏之后；三是其他盗贼立了国君，一旦事急，就杀掉，拿他的人头当进见礼，你们却能把刘盆子“全须全尾”交给我。——刘秀允许赤眉军的首领带着妻儿一起在洛阳安居，赐给他们每人一所住宅、两顷地。

刘秀特别优待刘盆子，给他的赏赐格外丰厚。刘盆子因病失明，刘秀又赐他一块官地，让他开设店铺，收税养老。刘盆子因而得以善终。

“励志君”马伏波

从前评书艺人讲东汉故事，必定要提刘秀的四员大将“铫期、马武、岑彭、杜茂”。其实打天下的功臣远不止四位，有“云台二十八将”之说，铫、马、岑、杜及邓禹、寇恂、冯异、贾复等，全都包括在内。

不过有位叫马援的将军，却不在二十八将之列，可能是他归顺刘秀较晚的缘故吧。他在后世名声很大，多半因为他那句“马革裹尸”的豪言壮语。原话是：“男儿要当死于边野，以马革裹尸还葬耳，何能卧床上在儿女子手中邪！”（文摘七）

马援的祖先赵奢是赵国名将，赐爵“马服君”，子孙便以马为姓。马援十二岁死了父亲，不过他的三个哥哥都做着二千石的大官。马援自幼学《诗》，觉得寻章摘句很无聊，总想着离开哥哥，到边郡去闯荡，种地放羊，见见世面。大哥倒是不拦着，说他大器晚成，从其所好就是了。

大哥死后，马援做了督邮，押解重犯到司命府去；半路上心生怜悯，竟把人犯放了。自己没法子交差，只好逃亡到北地去。虽然遇赦，却仍旧留在北边放羊牧马——那正是他自幼的梦想。

由于经营有方，马援很快成了大牧主！手下役使着几百户人家，拥有几千头牲畜，几万斛粮食！他毫不吝惜，全都拿来分给兄弟朋友，自己只穿一身羊皮衣裤。还不时发感慨说：经营发财，贵在能施舍救济，否则就成了守财奴了！他常对宾客说："丈夫为志，穷当益坚，老当益壮！"（大丈夫立志，应当越困窘越坚定，越年迈越有雄心！）——马援称得上汉代的"励志君"啊。

王莽末年，兵荒马乱，马援一度投奔陇右军阀隗嚣，深受器重。隗嚣也非等闲之辈，他谦恭爱才，喜好结交天下贤士，马援、班彪等，都曾经被他招揽。隗嚣还派马援先后出使巴蜀和洛阳，联络公孙述与刘秀。公孙述是割据巴蜀的军阀，赤眉军被灭后，有实力的军事集团只剩了刘秀、隗嚣和公孙述。

马援到洛阳时，刘秀在宣德殿接见他，笑着对他说：您周旋于隗嚣、公孙述两位帝王之间，见过大世面，我见了您，感到很惭愧啊！马援叩头说：当今之世，不但君主要挑选臣子，臣子也要挑选君主。我跟公孙述是老乡，从小就要好。可是我去巴蜀，他却跟我大摆排场。我如今老远地到您这儿来，您怎么知道我不是刺客呢，就这么随随便便接见我？刘秀笑着回答：您不是"刺客"，顶大是位"说客"罢了。马援感叹说：如今天翻地覆，盗取帝王名号的大有人在，可今天见到您如此恢宏大度，跟高祖刘邦相似，我这才知道帝王也有真假之分啊！

马援回陇后，隗嚣问起刘秀的情况。马援说：我到了朝廷，皇上接见我几十回，一谈就是一个通宵。我看刘秀这人文韬武略，非同小可；而且能开诚布公，无所隐瞒，豁达有大节；又博览经书，深通政事，可以说无人能及！隗嚣又问：你以为跟高祖相比如何？马援说：我看不如高祖。高祖是无为而治（“无可无不可”），当今皇上喜好亲自处理政事，举动有节制，又不喜欢饮酒。——隗嚣不高兴了：照你这么说，不是比高祖还强吗？

“常恐不得死国事”

马援的眼光，显然高过隗嚣。他陪隗嚣的儿子到汉朝做人质，洞悉大势，权衡利害，最终归顺了刘秀，后来在征伐隗嚣时还立了大功。

马援被派到陇西做官，对羌人剿抚并举，很快平定了陇右。他重恩守义，任命官吏后，便放手让他们去干，自己则总揽全局，并不插手具体事务。他家常常宾客盈门，遇上官吏前来禀事，他总说：这是长史、掾吏的职责，为什么要来烦我？可怜可怜老夫吧，让我也歇歇、玩玩！什么大户欺负小民，羌人又有举动，这都是太守该管的事嘛！

临县有人因报私仇而动武，民间惊传羌人造反，百姓都逃到城中。狄道县令上门请求闭城发兵，马援正跟客人饮酒，大笑说：羌人怎敢再来找死？告诉县令，让他回去守住官署，实在害怕，钻到床底下就是了！——乱子果然渐渐平息了，一郡上下都佩服马援的胆识。

以后岭南交趾（今越南）有徵侧、徵贰姊妹造反，攻陷了交趾郡，岭南六十多城全部失守。朝廷拜马援为伏波将军，督造楼船前往征讨。一路沿海推进，水陆并举，几经征战，杀敌数千，迫使一万多人投降。第二年杀掉徵氏姐妹，传首洛阳。朝廷封马援为新息侯。

马援杀牛滤酒，犒赏三军，不紧不慢地跟部下拉家常，说我堂弟常说我志向太高，说是人生世上，有吃有穿，坐着大轱辘车，驾一匹老马，当个郡县小吏，守着祖宗的坟墓，乡邻都说你是好人，也就满足了。再求多余的东西，那就是自讨苦吃了！唉，前些时咱们在浪泊、西里，贼人还没消灭，脚下是积水，头上是浓雾，毒气熏蒸，眼看老鹰飞着飞着就栽进水里！当时我躺在那儿，想起堂弟的话，觉得哪还能熬到那天？今天仰仗各位努力，又蒙朝廷大恩，让我在各位面前佩金印、戴紫绶，真是又高兴又惭愧啊！马援这番话，发自肺腑，打动了所有的人。跟着这样的将帅，谁能不奋勇向前呢！

马援对岭南建设贡献很大。平定叛乱后，又在当地划分郡县，整治城池，挖掘沟渠，修订法律条文。岭南百姓对他念念不忘。

多年后，马援听说汉朝攻打武陵五溪“蛮夷”失利，便主动请缨。皇上怜惜他太老，没答应。马援说：我还能披甲骑马呢。并当众骑上战马，左顾右盼。皇上笑着说：“矍铄哉是翁也！”（真精神啊，这老汉！）

马援以六十二岁高龄，率四万战士出征五溪，临行前夜对送行的朋友说："吾受厚恩，年迫，余日索，常恐不得死国事。今获所愿，甘心瞑目！"（我受国家厚恩，总觉得光阴易逝，来日无多，常怕不能为国事牺牲。今日如愿，死也甘心了！）

然而此番出师不利，由于地形复杂、气候炎热，进攻受阻；士兵病死很多，马援自己也病倒了。待朝廷派使者前来问责时，马援已经病死。——马援从交趾回朝时，曾带了一车薏米做种子。他死后，仇家造谣，说他从南方带了一车珍珠、犀角回来！皇上闻听大怒，追缴了他的新息侯印。马援家人竟不敢将他葬入祖坟，就在城西找块地草草埋葬了，门客朋友竟没有一个敢来吊唁的！后经家人多次申诉，才算将他移入祖茔。

多年后，马援的女儿被汉明帝册封为皇后，马援才被平反，日后追谥为忠成侯——是因他精忠报国、劳苦功高呢，还是沾了女儿的光，身份变成"国丈"呢？其中因由，值得玩味！

【文摘七】

马革裹尸（《后汉书》）

初，援军还，将至，故人多迎劳之。平陵人孟冀，名有计谋，于坐贺援。援谓之曰："吾望子有善言，反同众人邪？昔伏波军路博德开置七郡，裁封数百户；今我微劳，猥飨大县，功薄赏厚，何以能长久乎？先生奚用相济？"冀曰："愚不及。"援曰："方今匈奴、乌桓尚扰北边，欲自请击之。男儿要当死于边野，以马革裹尸还葬

耳，何能卧床上在儿女子手中邪！”冀曰：“谅为烈士，当如此矣。”（节自《马援传》）

◎援军还：指马援奉命征讨交趾女子徵侧、徵贰姐妹反叛，得胜而还。迎劳：迎接、慰问。◎路博德：汉武帝时名将，曾进击岭南，在岭南、交趾及海南诸地设置九郡。封伏波将军。裁：通“才”，副词。◎猥：谦辞。飨：食，这里指享用食邑的赋税。◎奚用：用什么。奚，何。相济：相助。◎不及：不行，做不到。◎乌桓：北方游牧民族，为东胡的一支。◎谅：实在。烈士：壮烈之士。

【译文】

当初，马援的军队得胜归来，将要到达，不少朋友来迎接慰劳。平陵人孟冀以智谋出名，也在座中祝贺马援。马援对他说：“我盼您说些特别有意义的话，不想您跟大家说的一样。想当初伏波将军路博德开拓南疆设立七郡，才受封几百户；我今天这一点点功劳，竟能食邑大县，功小赏多，又怎么能保持长久呢！先生有什么法子帮助我吗？”孟冀说：“我做不到。”马援又说：“如今匈奴、乌桓还在侵扰北疆，我想请求去攻打他们。男子汉就应当死在边陲野外，用马皮裹着尸首归葬，哪能寿终正寝死在儿女手中呢！”孟冀说：“真是壮烈之士，正应如此！”

班超：三十六人建奇功

《后汉书》列传第三十，是《汉书》作者班固及父亲班彪的合传，这种家人同传的形式，在纪传体史书中并不少见。然而班固的妹妹班昭、弟弟班超却不在其中。班昭的事迹见于《列女传》；班超的事迹，则另有《班（班超）梁传》。跟父兄不同，班超是外交家兼军事家，从某种角度讲，他的功绩建树，超过了父兄！

班超（32—102）字仲升，自幼胸怀大志，不重小节。书读得多，又有口才和胆识。哥哥因修史遭人诬陷，他单骑赴京，替哥哥班固申冤辩屈。班固被召为校书郎，他和母亲也都随着迁到洛阳。只是班固俸禄微薄，班超不得不找了份抄写公文的差使，赚几个钱帮衬家用。

有一天抄得辛苦，他忽然扔下笔慨叹说："大丈夫无它志略，犹当效傅介子、张骞，立功异域，以取封侯，安能久事笔研间乎！"（大丈夫没有别的志向本事，也应效仿傅介子、张骞，到异域立功封侯，怎能天天跟笔砚打交道呢！）傅介子和张骞都是西汉时到西域建功的人。而"投笔从戎"的典故便由此而来。

汉明帝永平十六年（73年），班超以代司马的身份，跟随奉车都尉窦固出击匈奴，打了胜仗。窦固十分赏识这个年轻人，派他跟随从事郭恂出使西域鄯善国。

初到鄯善国，国王广对汉使毕恭毕敬，可没多久，突然变得疏远怠慢起来。班超对属下说：你们不觉得广的态度有变化吗？一定有匈奴使者到了，国王在我们和匈奴间摇摆不定呢！聪明人能见微知著，何况苗头已经很显著了呢！

于是班超唤来胡人侍者，诈他说：匈奴使者来几天了？住在哪儿？侍者被问蒙了，一五一十招了出来。班超把侍者关起来，招呼三十六个部下一块儿喝酒，酒到半酣，发言道：各位跟我一同跑到这绝地来，就是要立大功、求富贵的！如今匈奴使者才来几天，国王广就变得冷淡了；假如把咱们抓起来送给匈奴，就只能拿尸骨喂狼了！大家说该怎么办？众人都说：如今身处绝境，是死是活我们都听司马的！

班超说：不入虎穴，焉得虎子！眼下的办法，唯有趁夜发起火攻。匈奴人不知咱们人有多少，趁他们慌乱恐惧，不难全歼！杀了匈奴人，鄯善人吓破了胆，咱们也就大功告成了！

大家都说：这事还得跟郭从事商量商量。班超大怒说：成败在此一举，郭从事是个文官俗吏，若知道计划，定会因害怕而泄露，咱们跟着他不明不白地送死，哪里是壮士所为呢！大家听了，齐声说：好！

入夜，班超带着部下奔向匈奴人的住所，正赶上刮大风，班超让十个人拿着鼓藏在住所后面，约定：看见火光就擂鼓呐喊。其余人则拿着武器弓弩埋伏在门两旁。班超顺着风势放起火来，前后埋伏的人一齐鼓噪起来。匈奴使团从梦中惊醒，不知发生啥事，顿时乱作一团！众人共杀死匈奴三十多人，班超一人就杀死三个，剩下的百多人，全都烧死在大火里！

第二天班超回到驻地，把事情告诉郭恂，郭恂听了先是大惊，一会儿又变了脸色。班超明白他的心思，举手示敬说：您虽然没参加行动，我又怎能独占功劳呢！郭恂这才高兴起来。

班超于是把国王广叫来，给他看匈奴使者的头颅。鄯善全国震惊。班超又以好言安抚，晓之以理，国王广终于下决心与汉朝合作，并派儿子到汉朝去做人质。

班超把这事向窦固汇报，窦固大喜，为班超表功，请求再派人出使西域。皇上诏告窦固：像班超这样的官吏不派，还派谁呢？给他加官一级，让他继续干就是了！

班定远西域封侯

不久，窦固又派班超出使于阗（tián），让他多带些人马。班超拒绝说：人多了，遇上猝不及防的事，反而是累赘。于是仍带着原班人马踏上征途。

这会儿的于阗国王叫广德，刚刚攻破莎车，霸占着南道，由匈奴派来的使者监护着。班超到了于阗，广德待他很简慢。

于阗国迷信巫术，巫师扬言说：神发怒了，问凭什么要归顺汉朝？汉使有匹黑嘴黄毛的马，赶紧讨来，杀掉祭我！国王广德于是派人到班超这儿来讨马。班超已侦知内情，答应说可以，但要巫师亲自来取。

过了一会儿，巫师来了，班超立刻将他斩首，把头颅送还广德，对他大加指责。广德早听说班超在鄯善国杀掉匈奴使者的事，又见巫师被杀，大为惶恐，立刻杀掉监国的匈奴使臣，向班超投降。班超对国王及百官厚加赏赐，从此坐镇于阗。

周边的西域国家也纷纷派王子到汉朝做人质。西域各国跟汉朝隔绝了六十五年，至此恢复了交往。

汉明帝永平十七年（74 年），班超又收复了疏勒。若干年后，又上书朝廷，提出攻打焉耆龟兹（Qiūcí）、开通汉道的计划。说自己在西域多年，熟悉情势；莎车、疏勒田土肥美，粮草可以自足，真打起来，不必由国内运粮。皇帝认可他的计划，增派徐干为代司马，率领千人驰援班超。建初八年（83 年），任命班超为将兵长史。

章和元年（87 年），班超调发于阗国士兵两万五千人进击莎车。不肯归顺汉朝的龟兹王，联合了周围部落，兴兵五万前往援救。班超召集手下将校及于阗王商议说：敌众我寡，难以对付，不如撤兵算了。你们于阗的部队往东撤，我往西撤，待夜间更鼓一响就开拔。——这边又故意放走龟兹的俘虏。龟兹王闻报大喜，亲率一万骑兵到西边拦截班超，又命温宿王率八千骑兵到东边拦截于阗军队。

班超侦知敌军出发，立即下令部队在天亮之前直扑莎车军营。胡人猝不及防，一时大乱，四散逃窜。班超率军追杀，斩首五千余级，莎车就此投降。龟兹王及温宿王的大军扑了空，干瞪眼没办法，只好撤兵。班超由此威震西域！

定远侯班超

永元三年（91 年），龟兹、姑墨、温宿诸国也相继投降。这年十二月，朝廷恢复西域都护、骑都尉、戊己校尉等官职，以班超为都护——也就是西域地区的最高长官。

三年后，班超又率龟兹、鄯善等八国，合兵七万，打下焉耆。至此，西域五十余国全部归附汉朝。由此往西直至地中海沿岸，四万里以外全都“重译贡献”（通过重重翻译，向汉朝纳贡献礼）。班超也受封定远侯，后人称他“班定远”。

班超年轻时，有个相面的说他“燕颔虎颈、飞而食肉”（下巴如燕，脖颈如虎，有飞翔食肉之兆），是“万里侯”的相貌。这话还真被他说中了。

又据《后汉书·西域传》记载，永元九年（97年），班超还曾派遣使者甘英出使大秦（罗马帝国），抵达条支（西域古国，在叙利亚一带），想要渡地中海继续向西。安息（伊朗古称）船工告诉甘英：大海辽阔，若赶上顺风，三个月可以渡过；若遇上逆风，得走两年！入海者要带上三年的口粮，常常是九死一生。甘英只好打消了渡海的念头。

班超晚年思恋故土，上书说：我不敢请求回到酒泉，只想活着进玉门关。朝廷久久没有答复。后来还是妹妹班昭写了长信替班超游说，感动了皇上，这才下诏让班超回国。永元十四年（102年）八月，班超回到洛阳，皇帝任命他为射声校尉。不知是旅途劳累还是水土不服，一个月后班超就去世了，这年他七十一岁。

班超被征召回国时，朝廷派戊己校尉任尚接替西域都护的位子。任尚问班超：您在西域经营三十多年，我来接替您，心中忐忑，求您多多指点。班超说，我年老糊涂，您呢，屡担重任，哪里需要我指点？一定要说，我就贡献几句愚言吧。来到塞外的官吏士卒，本来不是啥“孝子顺孙”，大多是犯了罪被发配屯边的。而蛮夷之族也各怀狂野之心，对付不好就会出事。我看您的性格偏于严厉急躁，您记住：水太清养不了大鱼，政治苛察，下级就不会亲近您。还是放松一点、简单一点，宽恕小过、抓住大纲就行了。

班超离开后，任尚对心腹说：我以为班君有什么良策奇谋，今天听来，也不过如此！——任尚把班超的忠告当成了耳旁风。不久西域便传来各国陆续反叛的消息，正如班超所担心的。

外戚梁冀：谁当皇帝我说了算

外戚专权之弊，东汉超过了西汉。《后汉书·梁统传》介绍外戚梁氏家族几代人的升发历程，发人深省。

梁统是东汉初年的功臣，跟随刘秀打天下，因功封侯。儿子梁松娶了光武帝的女儿，当上“驸马爷”。光武帝死时，梁松是托孤重臣，以后又升任太仆。

不过梁松的下场并不美妙：因徇私而免官，又受人诽谤，最终死在牢里，封邑也被剥夺。好在梁松的弟弟梁竦势力还在，肃宗娶了他的两个女儿，全都封为贵人。小女儿还为肃宗生了个儿子，日后登基，便是汉和帝。

肃宗的皇后窦氏怕梁家势力增大，会祸及自身，便设计杀死两位梁贵人；又以叛逆之名逮捕梁竦，最终梁竦也死在狱中。窦太后死后，梁家东山再起。和帝追尊生母为恭怀皇后。梁竦的儿子梁棠、梁雍、梁翟等也都相继封侯。

梁雍的儿子梁商重复了祖父的升发轨迹：他的两个女儿也都被选入宫中。姐姐立为顺宗皇后，妹妹封为贵人。梁商官运亨通，受职大将军。

梁商为人谦和谨慎，辅佐顺帝十分尽心，对待政敌也很宽容。临终时，他一再嘱咐儿子：如今边境不宁，盗贼未息，我死后不必厚殓，只穿平时的衣服，用粗茶淡饭祭奠就行了。可是顺帝不答应，不但亲自参加葬礼，还赐给大量金钱财货，搞得十分隆重。

都说“有其父必有其子”，可是梁商的儿子梁冀却跟父亲大不相同。梁冀长得“鸢肩豺目”（鹰一样的肩膀，豺狼一样的眼睛），两眼放光而斜视，说话口齿不清，没读过啥书，写写算算倒还行。换个角度，他又堪称“多才多艺”：好喝酒，能拉硬弓，什么弹棋、格五、六博、蹋球、猜钱，各种游戏无所不能，尤其喜欢架鹰牵狗、跑马斗鸡……

仗着两个姐妹是皇后、贵妃，梁冀的官儿也越做越大，从黄门侍郎调任侍中，接着又升任虎贲中郎将、越骑校尉、步兵校尉、执金吾……官拜河南尹，掌控了整个京师要地。

梁冀心狠手黑，杀人不眨眼。他爹有个老朋友叫吕放，曾向梁商指出梁冀的缺点。梁冀怀恨在心，派人在路上刺杀了吕放；又怕父亲知道，于是嫁祸给吕家的仇人，并委派吕放的弟弟当洛阳令，让他缉拿凶手。结果仇家被满门抄斩，死了一百多人，连宾客也没放过；他这个真凶却逍遥法外！

梁商死后，大将军的位子自然传给梁冀，梁冀的弟弟梁不疑也当上河南尹。顺帝死后，两岁的冲帝即位，由梁太后临朝听政。刘家的江山完全掌控在梁家手里。

没过多久，冲帝死了，梁冀又迎立质帝。质帝只有八岁，却聪明异常。有一回在朝堂上瞅着梁冀说：“此跋扈将军也！”

梁冀听了，怀恨在心，暗中让人在质帝的汤饼里下了毒，质帝当天就“驾崩”了。

接着梁冀又迎立桓帝，这已是梁冀迎立的第三位皇帝。桓帝对梁冀荣宠有加，加封食邑一万三千户，满朝文武的任免，也由梁冀说了算。大将军府的官属竟比三公府还要多一倍！梁冀的两个弟弟及儿子也都封了侯。有个谗佞小人还上书朝廷，说大将军如同辅佐成王的周公，他的妻子也该受封。桓帝于是封梁冀之妻孙寿为襄城君，各种待遇跟长公主等同。

孙寿是个“大美人儿”，最会打扮。当时京城流行的“愁眉”“啼妆”“堕马髻”“折腰步”“龋齿笑”等装束、步态、表情，便都是她的“发明”！梁冀也不甘落后，热衷变换衣帽及车轿的样式，弄出些奇装异服来。孙氏生性妒悍，专能对付梁冀，梁冀对她又爱又怕。

梁商活着时，曾把美女友通期献给顺帝，不久顺帝又把她送还梁府。梁商不敢收留，让她出嫁。梁冀却偷偷把她接到家中。正赶上梁商故去，梁冀在居丧期间跟友通期姘居。孙寿得知后，趁梁冀外出，带领一班奴仆把友通期抢回家，剪了头发、划破脸，痛打了一顿，还准备向朝廷告发。梁冀十分惶恐，向孙寿的母亲磕头求情，孙寿这才恨恨地罢手。

梁冀继续跟友通期私通，还生下个儿子，怕孙寿知道，偷偷把母子俩藏在夹壁墙里。不想还是走漏了风声，孙寿派人来，索性把友氏一家统统杀光！

“跋扈将军”的难看下场

梁冀为了讨好妻子孙寿，把梁家的许多官位都让给孙家亲友去做。而梁、孙两家在贪狠邪恶上，几乎难分高下。这些裙带官上任后，往往先派亲信将境内富户登记造册，然后编造罪名把他们关进监狱，严刑拷打，逼他们出钱赎罪。

扶风有个富人叫士孙奋，家资富有，却有点吝啬。梁冀赠他一套马车，乘机向他“借”钱五千万。士孙奋磨磨蹭蹭拿出三千万来。梁冀大怒，愣说士孙奋的母亲本是梁家管钱财的奴婢，偷了他家十斛珍珠、千斤紫金逃出来。结果士孙奋兄弟经不住严刑拷打，全都死在牢里。一亿七千万家财，悉数搬到了梁家！

四方进献皇帝的贡品，也总是挑最好的先送到梁家，次一等的才送进宫里。到梁家求官的、请罪的，络绎不绝。梁冀又派人四处搜求奇珍异宝，搞得天怒人怨！

梁冀、孙寿还大兴土木，相互攀比，所建宅第恍如仙宫。梁冀又开拓私家林苑，方圆千里，严禁百姓入内。梁冀在苑中养了许多兔子，每只都剪去一撮毛，作为标记。有个西域胡商不知禁忌，误杀一兔，被人告发，受株连而死者有十多人！梁冀的弟弟让人到禁苑中打猎，梁冀得知后，逮捕了弟弟的三十多名宾客，无一生还！梁冀还藏匿奸人，强抢良民为奴，多达数千人！

在朝廷上，梁冀的待遇规格越来越高，例如上朝不必趋拜，上殿可以穿靴挎剑，拜见皇帝时可免称姓名，这都是当年汉高祖给予宰相萧何的礼遇。每次朝会，梁冀独占一席，不与三公同坐。他十天一上朝，参与最高决策。还把这些礼遇布告天下，定为法则。——就这样，梁冀仍不满意，认为待他的礼遇太薄。

大权在握的梁冀越发跋扈，皇帝身边的侍从，都要由他亲自安排。发生在皇帝身上的大事小情，他总能第一时间知晓。——梁冀在位二十多年，威行海内，百官不敢抗命，连天子也对他毕恭毕敬、言听计从。

不过之后发生的两件事，引起桓帝的极大愤怒。一件是发生日食，太史令陈授向桓帝暗示：日食灾异可能是由大将军引起的。梁冀得知后，指示洛阳令将陈授收监拷打，杀死在狱中。

另一件是孙寿把舅舅梁纪的女儿邓猛送进宫中，深得桓帝宠幸，被封为贵人——邓猛原是梁纪之妻宣与前夫邓香所生。梁冀想认邓猛为干女儿，好巩固自己的地位；并要邓猛改姓梁，又怕邓家人反对，就派人刺杀了邓猛的姐夫，还要杀她的母亲宣。刺客登上屋顶，被宣家的邻居发现，击鼓示警。宣逃入宫中，向桓帝求救。

桓帝大怒，同单超、具瑗等几个宦官密谋除掉梁冀。梁冀也心生疑虑，派了亲信张恽到宫中宿卫，以防变故。具瑗等乘机收捕张恽，桓帝又召集尚书等人，守住宫廷官署，把所有符节印信收集到宫中来。又派具瑗率羽林军一千多人包围了梁府，收缴了梁冀的大将军印绶，将他降为“比景都乡侯”（比景：地名。都乡侯：位次较低的侯爵）。

梁冀见大势已去，当天便与孙寿自杀身亡。梁冀的儿子、叔父以及亲戚，无论老幼，一律处死。其他牵连而死的公卿、列校、刺史、太守，有好几十人；部下及宾客被免职的有三百多。一时朝堂一空，只剩下不多的几位大臣。

由于事变发生在宫廷之内，外人并不知情。只见使者往返奔驰，连公卿大臣也都蒙在鼓里。官府及市井沸沸扬扬，过了多日才安定下来。百姓闻知实情，无不拍手称快！

梁冀的财产被官府查抄拍卖，共得钱三十多亿，用来充实国库，并因此减免天下一半租税。梁冀的苑囿土地也被分给穷苦百姓。

对于梁氏家族，尤其是这位“终结者”梁冀，范晔又怎么看？奇怪的是，范晔对梁冀竟未置一辞，反而对其父梁商多有批评，说他号称“贤辅”，名不副实；一个做宰相的，占据中枢，拥有回天之力，在国家衰弱之际，没听说他为匡正朝政、抚恤患难出过什么高明的点子，直搞得到处都是痛苦的呻吟。他只是在临终前说了几句薄葬的话，能弥补他尸位素餐的过失吗？尤其是他活着时纵容奸佞之臣，死后又把高位传给凶残的继承人，最终导致家族破灭、国家蒙难，这难道不该由他来负责吗？

范晔的话，挖出梁冀之祸的根子，发人深省。至于梁冀本人的罪恶，范晔已在传记中给予无情揭露和鞭挞，还用多讲吗？

党锢之祸的前前后后

然而桓帝也不是啥明君，他听信宦官，迫害正直朝臣，党锢之祸就是他在位时兴起的，一直延续到灵帝一朝。

党锢之祸是东汉历史上的大事件，《后汉书》特立《党锢传》，集中介绍一批遭受迫害的“党人”，对他们给予赞扬。传前有长序，讲述了党锢之祸的来龙去脉——这像是在纪传体中又掺入纪事本末体。

序言先从孔子“性相近、习相远”的教诲说起，历数各代风气的演变，渐渐讲到东汉桓、灵之世。说那时昏君在位，政治混乱，国家大事都交给宦官阉人，正直之士则耻于与他们为伍。那时平民百姓也敢于抗命，隐居之士更是群起抨击朝政。他们相互激励，敢于对公卿大人品头论足，刚直之风由此盛行。

那么所谓的党派又是怎么形成的呢？原来桓帝即位前，曾随甘陵人周福读书；登基后，便提拔周福做了尚书。同郡的河南尹房植也有名望。于是便有民谣传出：“天下规矩房伯武（房植），因师获印周仲进（周福）。”（天下的楷模是房植，因帝师资格而获得官印的是周福。）周、房两家的宾客也相互嘲讽攻击，各自结为朋党；连带甘陵郡也分为南北两派，“党人”现象由此开端。

党人主要指有共同主张及好恶、相互抱团的一群人。例如东汉太学有三万多儒生，以郭林宗（郭泰）、贾伟节（贾彪）为首，跟李膺、陈蕃、王畅等朝臣相互推重。他们的口号是“天下模楷李元礼（李膺），不畏强御陈仲举（陈蕃），天下俊秀王叔茂（王畅）”。这里所标榜的，都是敢于直言、不避豪强的士人。这一派形成强大舆论，自公卿以下，官吏们都害怕被他们批评，千方百计跟他们结交示好。——这些“党人”，当然也成为当权宦官的眼中钉、肉中刺。

河内有个风水先生叫张成，他推算国家将有大赦，于是让儿子去杀仇家。那位号称“天下楷模”的李膺，刚好担任河南尹，便依法逮捕了张成之子。不久真的来了大赦，李膺犟脾气上来，不顾赦令，愣是把凶手杀了！张成此前利用占卜术结交宦官，还给皇帝看过风水。这时便指使弟子上书，不说李膺杀了他儿子，只说李膺豢养太学游士，结交各郡学生门徒，来往密切，结为死党，诽谤朝政，败坏风俗！张成深知，统治者最怕臣下朋比结党，脱离控制；把对方打成“党人”，最能击中要害！

桓帝闻听“震怒”，下令各郡国立即逮捕“党人”，并通告全国，严厉声讨。李膺首当其冲，第一个被抓；一时受牵连的有二百多人。逃走的也被悬赏通缉，道路上到处是督催抓人的使者。

到了第二年，由于同情党人的尚书霍谞（xū）及城门校尉窦武上表求情，桓帝松了口，下诏赦免党人，但还留了个尾巴：党人一律还乡，终身禁锢，不准做官，名字都写进黑名单。

从此，正直之士遭到贬斥，奸佞之徒如鱼得水。只是天下舆论愈发仰慕气节之士，争相标榜推举，出现各种名号，如“三君”“八俊”“八顾”“八及”“八厨”等。——“三君”是指窦武、刘淑、陈蕃三位，“八俊”是李膺、荀翌、杜密、王畅等，“八顾”是郭林宗、宗慈、范滂、尹勋等，“八及”是张俭、岑晊、刘表、陈翔等。

不久又来了第二次党锢之祸。那时桓帝已死，灵帝即位，有个叫朱并的小人，秉承大宦官侯览的意旨，上书告发同乡张俭，说他与另外二十四人互取名号、结为私党，据说还刻石为盟。灵帝于是诏令照单抓人。大宦官曹节又乘机怂恿逮捕以前的党人，包括曾做高官的虞放、杜密、李膺、荀翌、范滂等，共一百多人，后来全都死在了牢里！

社会上，原本有私怨的，哪怕只是谁瞪谁一眼，这时也都借题发挥、乘机构陷。州郡秉承上面的旨意，把毫无关系的人也拉扯进来。处死的，流放的，罢官的，禁锢的，总共有六七百人！

中平元年（184 年），黄巾造反，宦官吕强对灵帝说：对党人禁锢已久，积怨太多。若仍不赦免，这股潮流一旦跟黄巾张角合流，祸乱蔓延，就无药可救了！

到了此刻，统治者才心生恐惧，宣布对党人实行大赦，让流放的人全都回归故里。可东汉的衰颓大势已无可挽回！

范晔在“序言”中痛心疾首，说是党锢之祸历时二十多年，受迫害的统统是天下第一流的人才！——《后汉书》中共收录三十五位党人的事迹，除单独立传及附于其他传记中的，余下二十一位的事迹全都集中在《党锢传》中。（文摘八）

【文摘八】

党锢传序（《后汉书》）

至王莽专伪，终于篡国，忠义之流，耻见缨绋，遂乃荣华丘壑，甘足枯槁。虽中兴在运，汉德重开，而保身怀方，弥相慕袭，去就之节，重于时矣。逮桓、灵之间，

主荒政缪，国命委于阍寺，士子羞与为伍，故匹夫抗愤，处士横议，遂乃激扬名声，互相题拂，品核公卿，裁量执政，婞直之风，于斯行矣。（节自《党锢传》）

◎这一段节选自《党锢列传》序，追叙两汉社会风气的转变。◎专伪：刻意伪善。缨绋：冠带与印绶，这里代指官位。荣华丘壑：把隐居山林当作荣华。丘壑，山谷，隐士隐居之所。甘足枯槁：以清贫的生活为富足。甘足，甘甜满足。枯槁，指贫穷的生活。◎中兴在运：指东汉兴起，重振汉朝国运。怀方：怀抱高尚品德。弥相慕袭：相互仰慕学习的风气愈发浓郁。弥，更。去就：辞官与做官。这里指对做官采取审慎态度。◎逮：到，至。主荒政缪：君主荒唐，朝政混乱。缪（miù），谬误。委：交给，托付。阍寺：宦官。抗愤：愤怒而抗命。处士横议：在野者恣意批评。激扬名声：名声传扬高涨。题拂：品评，褒扬。品核：评论、品评。裁量：说长道短，褒贬。婞（xìng）直：倔强，刚直。

【译文】

到王莽执政时，他刻意伪装，最终篡国夺权。那时忠义之士都耻于做官，把隐居山林视为荣华，生活清贫当作富贵。尽管东汉应运中兴，刘姓政权得以延续，而士人爱惜名誉、洁身自好，愈发相互仰慕学习。在选择做官还是隐居时所表现出的节操，最被时人看重。再到桓帝、灵帝年间，君主荒唐，政治混乱，国家大政交到宦官阉人手里，正直之士羞于跟宦官为伍。于是百姓愤怒抗命，在野士人恣意批评，这些人的名声越来越响亮，他们相互标榜颂扬，对公卿品头论足，对朝政说长道短，刚直的风气，从此流行。

窦武、陈蕃，党人领衔

党人中的“三君”是指窦武、刘淑和陈蕃。窦、陈二位官高爵显，在《后汉书》中各有专传。

窦武（？—168）字游平，是东汉功臣窦融的玄孙，长女被立为桓帝皇后，他也因此官拜越骑校尉，封槐里侯。窦武大权在手，广招贤才，同士大夫关系密切。每逢获赏，全都捐给太学生。灵帝即位后，他以太后之父的身份官拜大将军，与太傅陈蕃定计翦除宦官，最终计划泄露，兵败自杀。

陈蕃（？—168）字仲举，祖父曾任河东太守。陈蕃十五岁时，独自住在一间屋子里，庭院中杂草丛生，又脏又乱。父亲的朋友来看他，说：小子怎么不打扫干净待客？陈蕃说：“大丈夫处世，当扫除天下，安事一室乎！”（大丈夫活在世上，应当扫除天下，怎肯理会打扫屋子这类小事！）——来客很惊奇，知道这孩子志向不凡。

后来他被征为议郎，又调任乐安太守。郡中有位高士叫周璆（qiú），几任郡守征召，始终不肯出来做官。唯有陈蕃能把他请出来。陈蕃对他很尊敬，称字不称名，还特地预备了一张床榻，供他坐卧，他走后就高高挂起来。——唐代王勃《滕王阁序》中有一句“徐孺下陈蕃之榻”，用的便是这个典故，只是高士的名字有所改换。

有个叫赵宣的，安葬父母后，在墓道中为父母守丧二十多年，乡里把他推荐给陈蕃，认为是孝子的榜样。陈蕃跟他一聊，发现他有五个儿子，都是服丧期间所生，不禁大怒，说圣人制定礼仪，就是让无论何人都能做到。你偏要长期住在墓道里，却又在里面生孩子，这不是欺世盗名、玷污鬼神吗？——不但没表彰，还把他判了刑！

梁冀专权，威动天下，只有陈蕃不买他的账。梁冀托他办事，派使者来，他避而不见。使者以欺骗手法见到他，他大怒，将使者鞭打致死，因此被贬官。

不过陈蕃才能出众，很快又获升迁。他屡次上疏，劝桓帝爱惜民力，减少靡费，远离小人，警惕宦官。桓帝嫌他唠叨琐碎，宦官对他恨之入骨。只因他是名臣，不敢对他贸然加害。

党锢之祸起，李膺等人被关进牢狱遭受拷问。陈蕃又上疏力谏，极力替李膺、杜密、范滂等人辩白；并说迫害党人，等于堵塞天下人之口，让天下人变聋变瞎，这跟暴秦焚书坑儒没啥两样！还说：我身任台司要职，责任深重，不敢贪生怕死、坐观成败。只要我的建议得到采纳，即使我身首分家，从两座宫门出去，也不遗憾！

陈蕃的话，桓帝当然不爱听，便借口别的事，罢了他的官。桓帝故去，灵帝即位，窦太后重新起用陈蕃，任命他为太傅。陈蕃与窦武合力为朝廷征召名人贤士，让他们参与国家政治，天下士人都认为太平有望了。

然而宦官集团为了保住自己的权力，勾结灵帝的奶妈赵氏，蒙蔽窦太后。陈蕃上书，直言宦官侯览等勾结赵氏，祸乱天下，主张将他们立刻诛杀。太后不听，百官都替陈蕃捏着一把汗。

于是陈蕃与窦武密谋诛灭宦官。先抓捕了姓郑的宦官亲信，照陈蕃的主张，应立刻杀掉；窦武不同意，他对太后还抱有幻想，要先审出宦官的罪行，再上奏太后，听候处理。结果奏书被宦官半道截获，来个先下手为强——关闭宫门，挟持灵帝和太后，夺了玺印；又胁迫尚书官员起草诏书，逮捕窦武。

窦武动员了北军五校士兵几千人，声言讨伐造反的宦官。宦官这边则假借皇帝的诏令，发动一千多宫中卫士跟窦武对峙，声言窦武造反，号召北军倒戈。京中军校本来就惧怕宦官，于是纷纷倒向对方阵营。从早上到中午，窦武几乎成了“光杆司令”！他和儿子窦绍在逃跑时被围，双双自杀，头被割下来在洛阳都亭示众。全族连同宾客、姻戚也都一并处死，被斩草除根！

陈蕃已年过七十，亲自率领八十多学生拔刀冲进宫中，振臂高呼：大将军（指窦武）忠心卫国，黄门宦官造反，谁说窦氏不守道义！迎面遇上宦官王甫，率兵将他团团围住。陈蕃寡不敌众，终于被抓。有个禁军士兵上前踢了他一脚，说：老死鬼！看你还能减少我们的名额，剥夺我们的俸钱不能？——陈蕃于当天遇害。他的家属也被流放，族人、学生、下属都遭罢免、禁锢。

“三君”中还有刘淑，因窦宪、陈蕃各有专传，所以他名列《党锢传》首位。刘淑本是宗室，自幼博览群书，尤精五经，曾立精舍讲学，学生有好几百人。官府多次征召，他都推病不赴。桓帝听说他的大名，让人专车把他接到京师。他曾上书请求罢免宦官，桓帝不听，但也没怪罪他。

及至灵帝即位，窦武事败，宦官诬陷刘淑与窦武勾结，将他抓起来。他最终在狱中自杀身亡。——“三君”全部就义，党人势力遭受毁灭性打击！

李膺：吓得宦官不敢出宫

《党锢传》中位列第二的，是“八俊”之首的李膺（110—169，字元礼），出身仕宦之家，祖父曾任太尉，父亲做过赵国相。李膺性格孤傲，不喜欢跟人拉拉扯扯。只有同郡的荀淑、陈寔（shí），被他视为师友。

李膺以孝廉出身，做到青州刺史。由于威严廉明，贪官污吏听说他上任，纷纷弃官逃走。他又有军事才能，担任乌桓校尉时，常常临阵指挥，冒着箭雨与鲜卑人作战，敌人对他十分忌惮。

以后他免官在家，教授学生，追随他的有上千人。有个叫荀爽的去拜见他，替他驾车；回去逢人就讲：今天总算亲自给李君驾了一回车！可见人们对他的爱戴。

党人“八俊”之首李膺

桓帝听说李膺是个人才，征召他做度辽将军。羌人闻听他的大名，都惊恐归服，还把原来抢掠的男女送回边关。

然而，“出头的椽子先朽烂”。有个劣迹斑斑的官员叫羊元群，从北海郡罢官归来，把官署里的财物搜刮一空，连厕所里的摆设都拉了回来！李膺要治他的罪，不料他贿赂宦官，倒打一耙，反把李膺发配到左校去服苦役。

左校属于匠作部门，司隶校尉应奉看不下去，上书替李膺叫屈，说历代明君都重视人才，忠臣良将是国家的心腹和脊梁。我在左校工地见到三位不戴镣铐的囚徒，他们是前任廷尉冯绲（gǔn）、大司农刘祐和河南尹李膺，这三位都是执法严明、众口称颂的清官。可惜陛下不能明察、误听谗言，导致忠臣成了“首恶”，远近舆论都为之叹息。眼下正逢三边敌虏蠢蠢欲动之时，不如赦免李膺，让他去守边。李膺这才被解除刑罚，恢复官职。

不过李膺的耿直脾气并未消沉。大宦官张让的弟弟张朔当县令，贪婪残暴，杀害孕妇，罪恶累累。因惧怕李膺，逃到京师寻求哥哥庇护。张让把他藏在空心柱子里。李膺带人前去抓捕，命吏卒劈开柱子，把张朔带到洛阳监狱录口供，依法处死。

张让跑到皇帝跟前诉冤，皇帝亲自召李膺质问。李膺说：我这样做，符合经义规定。《礼记》说：公侯族人有罪，即使国君说情，执法官也可不听。况且从前孔子任鲁司寇，上任七天就杀了少正卯；我已上任一旬，本来怕您责怪我办事拖拉，不想反倒因办事快捷获罪！既然已经犯罪，索性您再宽限我五天，等我彻底铲除元凶，再回来接受您的刑罚，以了我平生之愿！——桓帝半天说不出话来，回头对张让说：是你弟弟有罪，哪里是司隶的过错呢？

这样一来，宦官们全被吓傻，连放假休息也不敢轻易出宫闲逛。桓帝很奇怪，问起缘故，宦官都哭着叩头说：害怕李校尉！

朝廷纲纪日益败坏，只有李膺保持着高风亮节，受到万人景仰。士人谁若受到他的接待，都自比“登龙门”，而权贵宦官却把牙咬得乱响。

及至党锢祸起，李膺首当其冲，下了大狱。这类案子按程序要经过三府（太尉、司徒、司空府）审讯；太尉陈蕃拒绝接手，说案中诸位，都是海内赞誉、忧国忧民的忠公之臣。凭他们的功绩，十代子孙犯法都应宽恕，怎能不明不白地逮捕刑讯呢！坚决不肯签字。

桓帝大怒，把李膺的案子发到北寺狱——那是由宦官掌控的审理机构。结果李膺的供词中牵扯到宦官子弟的罪恶。宦官害怕罪行暴露，只好求桓帝以“上应天时”为名，大赦天下。李膺遇赦，免官还乡。离开朝廷后，愈发受到天下士人的敬仰。在舆论中，朝廷反倒成了藏污纳垢的地方。

那个曾给李膺驾车的荀爽担心李膺吃亏，写信劝他抽身远害、闭门修养，一切听其自然。李膺则心有不甘，仍在等待时机。

桓帝死后，陈蕃重被起用，与窦武同掌朝政，一时提拔了不少名士，李膺也被任命为长乐少府。不久陈、窦诛杀宦官的计划失败，李膺再次被罢官。

待到张俭事发，朝廷搜捕党人，有人劝李膺逃走；他回答：侍奉君主不避艰危，犯了罪不逃避惩罚，这是做臣子的起码节操。我年已六十，生死有命，又能逃到哪儿去呢？于是主动投案，最终被拷掠至死。他的妻儿也被流放到边地，学生、部下及父兄全都遭到禁锢。

李膺有个学生叫景顾的，没被写进黑名单，侥幸免于惩罚。

他爹是侍御史景毅，慨叹说：本来因李膺是位贤人，所以送孩子去拜师，怎能因名单漏记而苟且偷安呢？于是主动上表辞官归乡。人们都冲他挑大拇指！

范滂：连政敌也被他感动

范滂（137—169）字孟博，也是党人中的佼佼者。他年轻时就磨砺节操，后来被举为孝廉。

冀州闹饥荒，盗贼蜂起。官府任命范滂为清诏使，四出巡视，考察民情。“（范）滂登车揽辔，慨然有澄清天下之志。”（范滂登上车子，挽起缰绳，慷慨激昂，显示出澄清天下的志向。）

后来朝廷诏令官员调查民情，范滂一次就检举二十多位刺史、高官及豪门权贵。尚书指责他弹劾过多，范滂回答：若不是罪大恶极的，我能随便往简札上写吗？这几件是搞清楚的，还有需要核实的，随后报来。农夫除草，难道还要留几根吗？我举报的若有不实，宁愿掉脑袋！尚书无言以对。范滂看出官府的态度，知道自己的理想无法实现，递上奏章便离开了。

党锢祸起，范滂也被投入北寺狱。桓帝派宦官王甫依次审问，犯人们披枷戴锁、套着头套，在阶下候审。范滂见同牢犯人伤的伤、病的病，便跟同郡的袁忠争先受刑，挤到前面。王甫问范滂：你身为人臣，不思精忠报国，反倒结党营私，相互标榜，抨击朝政，虚构事端，究竟想干什么？从实招来！

范滂回答说：我听孔子说过，见到好的就学，只怕来不及；见坏事赶紧抽手，如同那是一锅沸水！我认为，让好的跟好的结盟，会合起来会更清明；若坏的跟坏的结伙，那才是一团污秽！本以为我们这样做是朝廷希望的，不料竟被看作结党营私干坏事！

王甫又问：你们相互吹捧提携，犹如唇齿相依，有跟你们意见不合的，就受到排斥，这又是干吗？范滂仰天叹息，义气慷慨，说：古人遵循善道，是使自己获得更多的幸福；不料今人遵循善道，反而让自己身陷死地！我死那天，请把我埋在首阳山脚，让我上不负苍天，下不愧伯夷、叔齐！王甫听了范滂的肺腑之言，深受感动，脸色都变了，下令卸掉囚犯们的刑具。

后经审判，范滂并无违法之处，只好把他释放回乡。家乡的士大夫来迎接他的，聚集了几千辆车子！人心向背，由此可见。

待二次党锢之祸来临，范滂自然又是朝廷缉捕的对象。有个姓吴的官员怀抱诏书来到县里，关上驿馆房门，趴在床上痛哭。范滂听了说：这一定是因为我。于是主动到监狱投案。县令郭揖一见，大吃一惊，解下官印绶带，拉着范滂要陪他逃走。范滂说：我死了，灾祸也就停止了，哪敢连累您，又让您的老母亲流离失所呢！

范滂的母亲来跟儿子诀别，范滂对母亲说：弟弟仲博很孝顺，可以供养您。我跟随父亲龙舒君同归黄泉，让活人和死者各得其所吧。还望您割断恩情，别太难过！范滂母亲说：你现在跟李膺、杜密齐名，死了又有什么遗憾？高名与高寿，是不能兼得的！

范滂又回头对儿子说：我想让你作恶，但恶事是不该做的；我想让你行善，可我行善（“不为恶”）的下场，就在这儿摆着呢

（“吾欲使汝为恶，则恶不可为；使汝为善，则我不为恶”）！——路边的人听了，没有不掉泪的。范滂这年只有三十三岁！

张俭与夏馥：望门投止与埋名山林

清末谭嗣同因变法失败而被捕，在狱中题诗，有“望门投止思张俭”一句，用的是东汉党人张俭的典故。

张俭（115—198）字元节，是西汉初年功臣张耳的后代，父亲做过江夏太守。不过张俭并不稀罕当官。地方上举荐他为茂才（即秀才），他借口生病，推辞不就。因为他知道本郡刺史是个贪官，不愿跟他们同流合污。

以后他还是有机会当上了东部督邮，那是督察地方、宣示政令的官。张俭在巡视途中发现大宦官侯览的家人为非作歹、罪恶累累，便向朝廷举报，请求将侯览之母处以极刑。不过皇帝始终没见到奏章，因为早被侯览扣下了。

后来张俭被小人举报，离家出逃。路上到人家投宿，报上自己的名字，人们无不敬重；哪怕冒着家破人亡的风险，也争着收留他。——“望门投止思张俭”，便是谭嗣同以张俭自比。

一天张俭来到东莱李笃家投宿，正赶上外黄县令毛钦带着兵丁前来搜捕。李笃把张俭藏起来，然后拉着毛钦的手说：张俭大名天下皆知，他无辜被害、逃亡江湖，就是真能遇上，你忍心抓他吗？

毛钦心知肚明，起身拍拍李笃肩膀说：古人蘧伯玉以独做君子为耻，你怎么可以独占仁义呢！李笃也听出话外之音，回答说：我虽然好仁义，可今天已被你拿走一半了！毛钦叹着气离开了。在李笃的护送下，张俭终于平安出塞。

只是张俭所过之处，那些收留他的人都遭了殃，受迫害致死的，有好几十人，有的还被灭门！这些人大多是当地的望族，一些郡县竟因此元气大伤。

党锢之禁解除，张俭回到家乡，再也不肯出来做官。献帝初年闹饥荒，张俭拿出家中财产赈济乡邻，救活了好几百人。以后朝廷征聘他为卫尉，他勉强出山，不久又回家隐居，八十四岁去世，得享天年。

在党锢案中，还有一位躲过搜捕的党人，名叫夏馥（生卒年不详，字子治）。他本是陈留人，喜好读书，为人正直，从不跟官宦豪门来往。党锢祸起，他也在被抓捕的名单里。他听说收留张俭的人全都遭到拘捕拷打，口供牵连，遍及天下，跺着脚叹息说：罪孽是自己造下的，平白牵连那么多好人干什么！一人逃生，祸及万家，以后还怎么活啊！

他自己剪掉胡须，改变面貌，躲进山中，隐姓埋名给铁匠当佣工。整天跟炭火煤烟打交道，满脸憔悴。一连两三年，没人知道他是谁。

他的弟弟夏静赶着车子，载着一车绸帛，四处寻找哥哥。一次在涅阳街市上遇见他，竟没认出来。直到听他讲话，才发现是哥哥，当面给他下拜。夏馥躲着不肯理他。

夏静追到客店里，与哥哥同室而眠。到了半夜，夏馥才悄悄招呼夏静说：我因坚守道义、痛恨奸邪，被权贵宦官陷害，眼下只求苟全性命，你干吗来找我啊，这不是给我招祸吗？第二天一早两人便分了手。夏馥虽然躲过牢狱之灾，却没能活到党锢解禁的那一天。

《后汉书》的作者范晔怎么看这事？他评论说："(张)俭以区区一掌，而欲独堙江河，终婴疾甚之乱，多见其不知量也。"[区区：极言其小。堙(yīn)：堵塞。婴：遭受，遭遇。疾甚：疾恶太过。]——张俭想凭一只巴掌堵住江河洪流，最终因行为过激而惹出祸端，足见他有些不自量力呢！

对于夏馥，范晔倒没说什么。只是在传尾的"赞"中说："徒恨芳膏，煎灼灯明。"(只恨那芳香的油膏，为光明而燃烧了自己。)——这是对所有党人的赞誉，也应包括夏馥在内！夏馥的"馥"字，就有芬芳之意。

辑四 《三国志》：鼎足分天下，戎马竞英雄

陈寿写《三国》，《蜀志》用力多

"前四史"的第四部是《三国志》，与《史记》《汉书》《后汉书》同被视为纪传体的样板。

东汉末年，军阀混战，大一统的汉王朝分裂成魏、蜀、吴三个割据政权，史称"三国"。三国是在东汉之后；不过《三国志》的撰写，反在范晔《后汉书》之前。

《三国志》的作者陈寿(233—297)字承祚，是蜀汉巴西郡安汉县(今四川南充)人。他出生时，先主刘备已死，后主

刘禅在位。

陈寿自幼拜同郡学者谯周为师，专攻《尚书》《春秋》，对《史记》《汉书》也很感兴趣。日后做官，他身任东观郎、秘书郎，是掌管图书经籍的官，同时负有修史之责。只是他不肯巴结大宦官黄皓，屡遭贬斥。

陈寿

入晋以后，陈寿的仕途依然不平坦。他为父亲守孝时生了病，让侍婢抟药服侍，被客人撞见，一时舆论哗然。按礼仪规矩，为父母服丧期间是不能跟女人亲昵的。因为道德上的“污点”，陈寿多年得不到举荐。

还是司空张华欣赏陈寿的才华，举荐他为孝廉，授职著作郎。他编辑蜀相诸葛亮的文集，还写了《益都耆旧传》，那是一本汉代巴蜀名人的传记。这些工作，都为他日后撰写《三国志》打下了基础。

陈寿有幸赶上“分久必合”的历史节点，深感自己有义务写一部史书，把此前超过半个世纪的分裂史实记录下来，留给后人当作教训和参考。

按说有《史记》《汉书》做样板，史书结构应当不成问题；然而陈寿还是遇到新困难：三个平行政权，各有帝王将相，应该如何安排才好？他最终选择分开记述。

我们今天看到的《三国志》，是由《魏书》《蜀书》《吴书》三书构成的。其中《魏书》三十卷，《蜀书》十五卷，《吴书》二十卷，总共六十五卷。这种体裁，可称“国别纪传体”。

所谓“国别体”，是指在同一历史时段内，按不同国度分别记述历史。最早的国别体史书，有先秦的《国语》《战国策》等。将国别体运用于纪传体史书，陈寿要算首创。此外《三国志》的体例与《史记》《汉书》同中有异，有纪、传而无表、志。

在陈寿之前，记述三国史事的史书已有几部，如鱼豢的《魏略》、王沈的《魏书》、韦昭的《吴书》等。《三国志》的魏、吴二书，便主要参考了这三部史书。唯独蜀汉一方，既没有专修国史，也没有可供参考的私家稗史；因而陈寿撰写《蜀书》，等于“平地起楼”，用力最多。

陈寿修史，取材十分审慎。一件事有不同说法，要仔细推敲，力求准确合理。例如诸葛亮见刘备，是谁更主动？按《魏略》记述，是诸葛亮主动去见刘备。当时刘备正接待宾客，众人散去后，诸葛亮留下没走。——诸葛亮那时还是个“小青年儿”，刘备看了看他，并没理会，只顾低头用牦牛尾编马笼头。

诸葛亮走上前搭讪说：我还以为将军胸怀大志呢，没想到竟喜欢玩这个！刘备听诸葛亮话里有话，连忙丢下手里的牛尾道：哪儿的话，我只是借此消解心中烦闷罢了。两人一聊起来，刘备才发现眼前的年轻人是个难得的人才，马上待以“上客”之礼。

不过关于诸葛亮见刘备，还有另外的说法。诸葛亮在《出师表》中声称“先帝不以臣卑鄙，三顾臣于草庐之中”；这是当事人亲口所说，应当更可信。陈寿写《诸葛亮传》，便采用了这种说法，说是“由是先主遂诣（诸葛）亮，凡三往乃见”（诣：到，前往）。——“三顾”“三往”大概只是虚数，到了后世小说中，则演变成实实在在的“三顾茅庐”了。

陈寿《三国志》一写十年，完稿后备受称许。有个叫夏侯湛的正在写《魏书》，看到陈寿的书后十分惭愧，回去便把自己的书稿一把火烧了！

陈寿的才华为当时人所公认。不过对他的为人，却也有微词。丁仪、丁廙（yì）两人在魏国享有盛名，相传陈寿修史时，曾对丁家子弟说：送一千斛米来，我替令尊写一篇好传记！丁家人没当一回事，结果《魏书》中竟没为“二丁”立传！又传说陈寿的父亲在蜀汉做官，曾因故受到诸葛亮处罚，陈寿于是有意贬低诸葛亮。——此类说法大多捕风捉影，并不可信。譬如

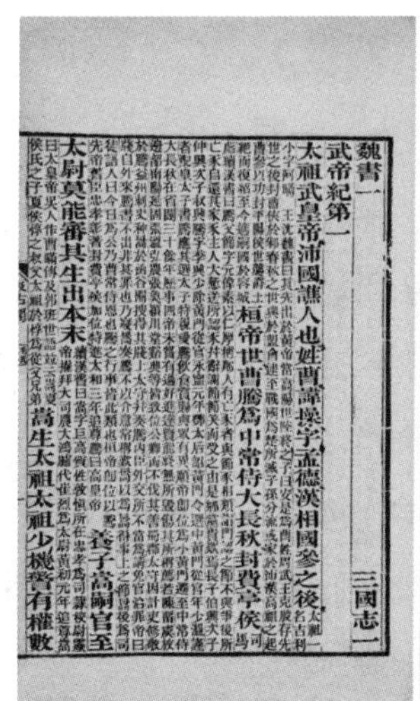
魏書一

武帝紀第一

太祖武皇帝沛國譙人也姓曹諱操字孟德漢相國參之後

桓帝世曹騰為中常侍大長秋封費亭侯

養子嵩嗣官至

太尉莫能審其生出本末

嵩生太祖太祖少機警有權數

三國志一

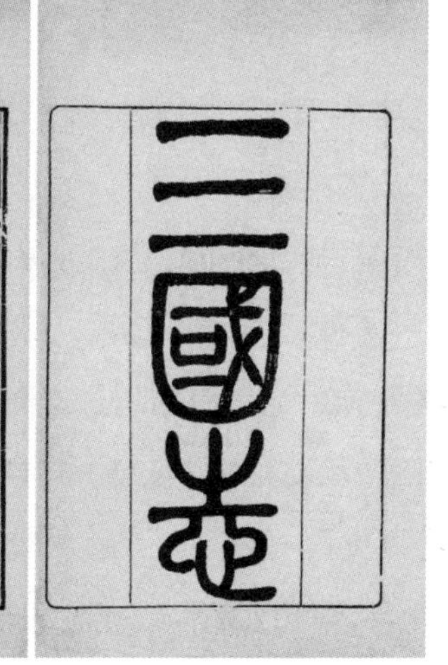

《三国志》书影

陈寿在《三国志》中对诸葛亮评价极高，甚至将他比于周公；称他是“识治之良才，管、萧（管仲、萧何）之亚匹”。至于说到他的军事才能，认为“连年动众，未能成功，盖应变将略，非其所长欤”，也都是客观描述，并不存在恶意贬低的情形。

陈寿病逝于西晋元康七年（297年），享年六十五岁。他去世后，有官员上书给晋惠帝，说从前汉武帝曾下诏令，说司马相如一旦病危，要立即派人到他家收集著作；而武帝确实从司马相如的书中获益匪浅。臣等得知，已故治书侍御陈寿撰有《三国志》，“辞多劝诫，明乎得失，有益风化”；文字虽不如相如的漂亮，但内容质实真切，却超过相如。望您能下诏收取。

于是晋惠帝诏令河南尹、洛阳令派人到陈寿家抄录《三国志》。陈寿的大名，也随着这部史书流传后世。

《三国志》裴注胜小说

历代学者对《三国志》赞不绝口，有人说陈寿“有良史之才”，可以“比之于（司马）迁、（班）固”（刘勰）。也有人说：“陈寿笔高处逼司马迁；方之班固，但少文义缘饰尔，要终胜固也！”（叶适）意思是说，陈寿的笔力逼近司马迁，只比班固的少些修饰，总体上则超过班固！

刘宋学者裴松之（372—451）也盛赞《三国志》，认为是“近世之嘉史”。但美中不足，叙事过于简略，细节不够丰富，一些人物和事件也有所缺漏。裴松之于是决心为《三国志》作注，这想法得到宋文帝的支持。

给史书作注有多种形式：有的偏重于人名地名、典章制度的注释，有的侧重于史料细节的补充。裴松之的注释属于后者。

他拾遗补阙，为《三国志》补充了大量史实细节，所征引的书籍多达二百五六十种；这些书籍，后来大都失传了。

由于补注详明，有闻必录，裴松之注释的字数，差点儿赶上陈寿的原文！后人读《三国志》，也总要读带裴注的本子。

裴松之引录的资料中，既有严肃的官书史传，也有近乎小说的笔记野史。譬如他为《武帝纪》作注，所引东吴无名氏撰写的《曹瞒传》，就带有小说的风格。内中一些描摹，甚至比小说还生动！

试看曹操见许攸的一段。——官渡之战，曹操与袁绍对峙。袁军兵多将广，粮草充足，东西连营几十里；曹操的部队不满万人，而且伤兵满营，粮草已尽。就在此刻，曹操听说袁绍营垒有人来投，竟是他的老友许攸。曹操大喜过望，出营迎接。以下是《曹瞒传》的描述：

> 公（曹操）闻（许）攸来，跣出迎之，抚掌笑曰："子远，卿来，吾事济矣！"既入坐，谓公曰："袁氏军盛，何以待之？今有几粮乎？"公曰："尚可支一岁。"攸曰："无是，更言之！"又曰："可支半岁。"攸曰："足下不欲破袁氏邪，何言之不实也！"公曰："向言戏之耳。其实可一月，为之奈何？"攸曰："公孤军独守，外无救援而粮谷已尽，此危急之日也。今袁氏辎重有万余乘，在故市、乌巢，屯军无严备；今以轻兵袭之，不

意而至，燔其积聚，不过三日，袁氏自败也。”公大喜。

◎跣（xiǎn）：光着脚。抚掌：鼓掌。子远：许攸字子远。济：成功。◎支：支撑。◎无是：不是这样的。更：再。◎辎重：粮草、军备等。乘：辆。◎燔（fán）：烧。

听说故友到来，曹操喜出望外，鞋都来不及穿，光着脚跑出去迎接；又是“抚掌”又是“笑”，一句“卿来，吾事济矣”，让心怀忐忑的许攸充分感受到老友的信任！

可是话题一旦涉及军粮，曹操立刻警觉起来，谎话不打草稿就脱口而出：“尚可支一岁。”当受到质疑后，脸不红心不跳，当场“打了五折”，说：“可支半岁。”许攸仍不信，曹操这才“实话实说”：“其实可一月，为之奈何？”然而这仍是谎话，因为据陈寿描述，曹操当时的处境已是“众少粮尽”。

虽然只是几句简单的对话，却把一个诡诈多疑的奸雄形象描画得活灵活现。明代小说《三国演义》在官渡之战一回几乎原封不动地移植了这番对话。（见附录）读者在拍案叫绝时，大概很少有人知道，如此生动的描写竟来自“枯燥”的史书！

附录：

《三国演义》第三十回“战官渡本初败绩，劫乌巢孟德烧粮”

（节选）

时（曹）操方解衣歇息，闻说许攸私奔到寨，大喜，不及穿履，跣足出迎，遥见许攸，抚掌欢笑，携手共入，操先拜于地。攸慌扶起曰："公乃汉相，吾乃布衣，何谦恭如此？"操曰："公乃操故友，岂敢以名爵（官阶爵位）相上下乎！"攸曰："某不能择主，屈身袁绍，言不听，计不从，今特弃之来见故人。愿赐收录。"操曰："子远肯来，吾事济矣！愿即教我以破绍之计。"攸曰："吾曾教袁绍以轻骑乘虚袭许都，首尾相攻。"操大惊曰："若袁绍用子言，吾事败矣。"攸曰："公今军粮尚有几何？"操曰："可支一年。"攸笑曰："恐未必。"操曰："有半年耳。"攸拂袖而起，趋步出帐曰："吾以诚相投，而公见欺如是，岂吾所望哉！"操挽留曰："子远勿嗔（嗔怪，怪罪），尚容实诉：军中粮实可支三月耳。"攸笑曰："世人皆言孟德奸雄，今果然也。"操亦笑曰："岂不闻兵不厌诈！"遂附耳低言曰："军中止有此月之粮。"攸大声曰："休瞒我！粮已尽矣！"操愕然曰："何以知之？"攸乃出操与荀彧之书以示之曰："此书何人所写？"操惊问曰："何处得之？"攸以获使之事相告。（以下写许攸为曹操出谋划策，从略。）

曹操的祖父是宦官吗

《三国志》中的本纪只有四篇，分别为《武帝纪》（曹操）、《文帝纪》（曹丕）、《明帝纪》（曹叡）和《三少帝纪》（齐王曹芳、高贵乡公曹髦和陈留王曹奂）。这几位都是曹魏的君主。

至于蜀汉的刘备、刘禅，东吴的孙权、孙亮等，虽然也是帝王，他们的传记却只能称"传"——如《先主（刘备）传》

《吴主（孙权）传》，分别见于《蜀书》和《吴书》。

学者解释说，西晋的正统地位是从曹魏继承而来，陈寿身为晋臣，修史当然要尊曹魏为正统。至于蜀汉和东吴，相对于魏晋，只能算是偏方政权。因而刘备、孙权的传记就不能不降格为列传了。——小说《三国演义》的读者习惯了"尊刘"的立场，初读《三国志》，还真有点不习惯呢。

人们熟悉三国历史，多半还应感谢小说家罗贯中。有人把罗贯中的《三国演义》概括为"七实三虚"，大致不错。小说中的重要人物和故事，多半都能在史书中找到依据。反过来，《三国演义》的读者再来翻看史书，刘备、曹操、孙权以及诸葛亮、关羽、张飞等，早已是他们的"老熟人"！

不过熟悉中又有陌生，因为小说毕竟有别于史书。翻开《三国志》就会发现，白脸的曹操、红脸的关公，原来还有不为人知的一面。

先来看看曹操吧，《三国志·魏书》头一篇便是《武帝纪》。有人问，曹操活着时并未称帝，"武帝"之号从何而来？原来是其子曹丕称帝后为父亲追加的。

本纪开头即说：

> 太祖武皇帝，沛国谯人也，姓曹，讳操，字孟德，汉相国（曹）参之后。桓帝世，曹腾为中常侍大长秋，封费亭侯。养子（曹）嵩嗣，官至太尉，莫能审其生出本末。嵩生太祖。

◎沛国谯（qiáo）：今安徽省亳州市。◎中常侍：官名，是皇帝近臣，东汉时多以宦官担任。大长秋：管理皇后居所长秋宫的官吏。◎生出本末：这里指出身经历。

古人重血统，喜欢认名人做祖宗。因而这里说曹操是“汉相国（曹）参之后”，大可不必当真。即便是真的，曹操身体里也没有曹氏的血液，因为曹操的父亲曹嵩是桓帝时的大宦官曹腾的养子，随了曹腾的姓，曹操与曹氏并无血缘关系。

曹腾另有三子，或许是入宫之前所生，或许也是养子。而曹操的几位叔伯兄弟，如曹洪、曹仁等，便是曹腾另三子的子嗣。——曹嵩给宦官当养子，自然也不吃亏；仗着养父的势力，曹嵩位列三公，当上了太尉。

至于曹嵩本来姓什么，陈寿只能含糊其词，说“莫能审其生出本末”——是陈寿真的不知道呢，还是知道了不好说呢？传主的祖父是宦官，父亲是螟蛉之子，这样的家史并不光彩。可能陈寿觉得，还是模糊处理为妙吧。

不过裴松之倒是给出了答案。他引《曹瞒传》及郭颁《魏晋世语》的说法，认为曹嵩本是夏侯氏之子，三国名将夏侯惇（dūn）、夏侯渊，都是他的亲侄子。如此说来，夏侯惇、夏侯渊跟曹操有着血缘之亲，是堂兄弟。——“打虎亲兄弟，上阵父子兵”，“曹家军”的班底是由夏侯惇、夏侯渊及曹洪、曹仁这两拨兄弟支撑着，难怪能纵横天下、所向披靡了。

裴注又引司马彪《续汉书》说，太和三年（229年），魏明帝曹叡追封高祖父曹腾为高皇帝。——宦官称帝，古来仅此一人！

治世之能臣，乱世之奸雄

又据《武帝纪》记载，曹操年少时机敏过人，又多权谋，“任侠放荡，不治行业”（负气仗义，放纵不拘，不务正业），因此人们并不看好他。只有梁国的桥玄、南阳的何颙（yóng）认为曹操不可小瞧。桥玄还当面对曹操说：天下将要大乱，不是治国高手不能应付。我看能安定天下的，非你莫属了！

对于曹操的“任侠放荡，不治行业”，裴注又有补充，引《曹瞒传》说，曹操年少时喜欢打猎，“飞鹰走狗，游荡无度”。——这也是一些“官二代”的普遍作风吧。

曹操的叔叔看着他不顺眼，几次向他爹告状。一次叔叔见他口鼻歪斜，貌似中风，连忙跑去报告曹嵩。曹嵩大惊，叫来曹操，见他一切如常，便问：叔叔说你中风了，已经好了吗？曹操说：我何曾中风？叔叔不喜欢我，所以给我造谣！——自此以后，叔叔的话他爹再也不信，曹操也更加肆无忌惮。

裴注还提到，曹操曾悄悄摸进大宦官张让的寝室，被张让发觉，曹操挥舞手戟跑到庭院里，翻墙而出，竟没人敢拦他！

可能因年龄渐长，过了胡闹的岁月，曹操开始折节读书。他博览群籍，尤好兵法，曾抄录各家兵法编为一册，取名《接要》；还曾为《孙武十三篇》作注。他毕竟是将门之后，对军事的兴趣和才能，于此已露端倪。

曹操的野心，不只当个将军。一次他向擅长相面的许劭请教：您看我是什么人？许劭不搭腔。曹操再三追问，许劭回答：“子治世之能臣，乱世之奸雄！”曹操听了不但不生气，反而开怀大笑。在太平之世（“治世”）当个辅佐天子的贤臣能吏，碰上乱世，则难免成为野心家！这话虽然刺耳，却说到曹操心坎上，难怪他笑得那样开心！

曹操二十岁时被举为孝廉，当上洛阳北部尉——相当于京城的治安官。到任后，他修治四门，并设置五色棒，城门两旁各挂十几根。每逢有违犯宵禁的，便乱棒打死，哪怕你是权豪势要。

一次，有个受宠太监的叔叔犯了夜禁，也被曹操打死。京城的官宦人等全都战战兢兢，没人再敢乱动。皇帝左右的权贵宦官恨透了曹操，却又找不出他的破绽，于是采取“捧杀”的办法，纷纷在皇帝面前夸奖他；不久曹操就被提拔为顿丘县令，离了洛阳，大家这才松了口气。

后来曹操又被征拜为议郎。党锢祸起，窦武、陈蕃等被宦官杀害。曹操上书替窦武申冤，抨击朝政，言辞激烈，灵帝拒不采纳。以后他又多次进谏，总不见效，曹操心灰意冷，闭住了嘴巴。

不过曹操的见识，还是远超朝中高官。为了跟宦官争权，大将军何进准备召西凉刺史董卓进京。曹操听说，哑然失笑道：“宦官古今都有，只是帝王不该给他们过多的权力和荣宠，让他们发展到今天的地步！既然要治罪，就应诛除首恶，有一名狱吏足够了，何必纷纷召来边将？要想把宦官斩尽杀绝是不可能的，而且必然走漏消息，我看败局已定！”（《魏书》曰：太祖闻而笑之曰：“阉竖之官，古今宜有。但世主不当假之以权宠，使至于此。既治其罪，当诛元恶，一狱吏足矣，何必纷纷召外将乎？欲尽诛之，事必宣露，吾见其败也。”《三国志·魏书·武帝纪》裴注。）

何进不听，一意孤行，结果宦官未除，他自己先遭杀害。随着董卓进京，天下已有的政治格局被打破，加上黄巾起义席卷全国，汉朝从此一蹶不振。——这结局，早被曹操料到了！

不过乱世也给曹操提供了施展才能的舞台。日后他走上战场，灭黄巾，讨董卓，击吕布，平袁绍，充分展示了政治军事才能。尤其是官渡之战，曹操以两万兵力，大破袁绍十万之众，创造了以少胜多的辉煌战例。在决战中，曹操多谋善断，身先士卒；善后时又显示了宽大胸怀，间接的效果是“冀州诸郡多举城邑降者”，不战而屈人之兵，是最高的用兵之道！——此前曹操曾屡次向皇帝大僚上书进言，没人理会他；他于是改用刀枪“发言”，并成功改写了历史。

曹操说过那两句狠话吗

在戏曲舞台上，曹操被涂成大白脸，是典型的大奸大恶形象。小说中的曹操虽然也被丑化，但描述还算客观，有些地方还有所美化哩。

如《三国演义》第四回写曹操行刺董卓，便是往曹操脸上“贴金”。翻看《三国志》，并没有曹操行刺董卓的记录。只说董卓看曹操是个人才，表奏他为骁骑校尉，想跟他共谋大事。曹操不愿蹚这道“浑水”，于是改名换姓，从小路逃走了。

再如《三国演义》第五回是“发矫诏诸镇应曹公”，说曹操自称得了天子密诏，号召天下英雄勤王，这才有“十八路诸侯讨董卓”。然而据《三国志》裴注记载，号召诸侯讨董卓的不是曹操，而是东郡太守桥瑁。他“诈作京师三公移书”，说众朝臣被董卓所劫持，“企望义兵，解国患难”，由此导致讨董联盟的建立。——这又是小说美化曹操的一个例子。

不过总的看来，曹操在小说中的形象仍是负面的。例如说他讲过“宁教我负天下人，休教天下人负我”的话，以此揭露他的残忍与自私，就有点冤枉他。

这两句话出自小说第四回，曹操因行刺董卓未成，逃亡在外，与陈宫逃到吕伯奢庄上；又怀疑吕家人要杀他，于是不问青红皂白，杀掉吕家八口人。为了斩草除根，又杀死打酒归来的吕伯奢。陈宫责怪他“知而故杀，大不义也”，曹操于是说出那两句狠话！

《三国演义》的清代评点者毛宗岗在这里有两句批语：“曹操从前竟似一个好人，到此忽然说出奸雄心事。此二语是开宗明义章第一。”大概毛宗岗也感觉曹操的变化有些突兀吧。

京剧舞台上的曹操，涂白脸以示其奸诈品格

查查《三国志》，原来并非小说家凭空捏造，曹操确实杀了人，也的确说过两句话。从《魏书·武帝纪》裴注所引来看，有三本书记述过此事：

《魏书》曰：太祖（曹操）以（董）卓终必覆败，遂不就拜，逃归乡里。从数骑过故人成皋吕伯奢；伯奢不在，其子与宾客共劫太祖，取马及物，太祖手刃击杀数人。

《魏晋世语》曰：太祖过伯奢。伯奢出行，五子皆在，备宾主礼。太祖自以背（董）卓命，疑其图己，手剑夜杀八人而去。

《孙盛杂记》曰：太祖闻其食器响，以为图己，遂夜杀之。既而凄怆曰："宁我负人，毋人负我！"遂行。

◎不就拜：不到任。按，此前董卓拉拢曹操，表奏他为骁骑校尉。◎从：率领。◎图己：对自己有图谋。◎凄怆（chuàng）：悲哀，悲凉。负：对不起。毋：不要。

从《魏书》来看，吕伯奢的儿子及宾客打劫在前，曹操杀人在后，应属"正当防卫"，情有可原。而从《魏晋世语》及《孙盛杂记》可以看出，曹操杀人是因多疑而反应过激。联系到他背弃董卓后遭到追捕，因心态紧张而判断有误，是可以理解的。三书所记，都属于误杀；而且都没说他在真相大白后还给吕伯奢补上一刀。

至于"宁教我负天下人，休教天下人负我"（"宁我负人，毋人负我"）的话，曹操也确实讲过。但前面加上"既而凄怆曰"的情状饰语，情调顿觉改变。——发现误杀后，他先是发愣，继而悔恨，良心的谴责显而易见。那为什么还要说那两句“狠话”呢？是要给自己找台阶吧？这也是人之常情，不难理解。

小说平添了明知故杀、斩草除根的情节，又删去悔恨情态的描写，让曹操恶狠狠地说出那两句绝情的话来；这顶奸雄的帽子自此给曹操牢牢戴住，再难甩掉！

“皇叔”的脾气赛张飞

说起刘备的生平，人们并不陌生。他是汉室宗亲，汉献帝也要喊他一句“皇叔”。据《三国志·蜀书·先主传》记载，刘备本是涿郡涿县（今河北涿州）人，祖上是汉景帝之子中山靖王刘胜。不过他这一支早已衰微，刘备从小死了爹爹，跟着寡妇娘靠“贩履织席”（编草鞋草席贩卖）度日。

据史书说，刘备家的东南角篱笆旁有棵大桑树，五丈多高，远远望去，如同车上的伞盖一样。过路的人都说这树长得奇特，将来会出贵人。刘备少年时跟同族孩子在树下玩耍，开玩笑说：我长大了一定能坐上这辆“羽葆盖车”（指用羽毛装饰伞盖的豪车）。刘备的叔叔听了，赶忙说：别瞎讲，这是自找灭门啊！——因为“羽葆盖车”只有帝王才能乘坐。

十五岁时，母亲让刘备外出游学，跟同宗兄弟刘德然及辽西人公孙瓒为伴，拜学者卢植为师。德然的爹爹刘起元资助刘备，给的零花钱跟儿子一般多。德然的母亲不乐意，说各家归各家，怎么能总这样！刘起元说：族中出了这么个娃娃，他可不是一般人啊（“吾宗中有此儿，非常人也”）！

人们印象中的刘备是宽厚谦逊的正人君子，史书的记载则略有不同。《先主传》这样写道：

> 先主不甚乐读书，喜狗马、音乐，美衣服。身长七尺五寸，垂手下膝，顾自见其耳。少语言，善下人，喜怒不形于色。好交结豪侠，年少争附之。
>
> ◎善下人：谦虚，甘居人下。

原来刘备从小并不是酷爱读书的“好学生”。他喜欢打猎赛马、听歌看舞，穿华美的衣裳。——这些都是纨绔子弟的通病。史传这样描摹刘备的体态相貌：中等身材，手臂很长，手垂下时竟能超过膝盖。耳朵很大，大到眼睛向后能瞥见！——臂长耳大原是佛经中对佛祖相貌的描摹，魏晋时正是佛教传入中国的鼎盛时期，史书显然是在模仿佛教宣传的调子。不过刘备耳大的特点，大概是真的。吕布就曾骂他“大耳儿”。

灵帝末年，黄巾军造反，各州郡纷纷组织民团武装抵御黄巾军。刘备受两位马贩子的资助，也拉起一支队伍，随官军讨伐黄巾军。一次在野外与黄巾军相遇，刘备受伤倒地，靠着装死躲过一劫，被同乡用车子载回。

不久刘备因功授职安喜尉——这是他平生得到的第一个官职。刘备大概很在乎这个官儿，后来还因此惹出一场风波来。

《三国演义》中有个鞭打督邮的故事，众所周知，打人者是脾气暴躁的张飞。可是翻翻《三国志》，原来这事的真实主角竟是“好脾气”的刘备！

据陈志及裴注记载，朝廷派督邮巡视地方，准备整顿吏治，淘汰因军功授官的人。刘备得到消息，到传舍求见督邮，想必要向督邮求情吧，督邮却称病不见。

刘备大怒，回去召来几个士兵，再次闯入传舍，口中嚷道：我奉府君密令，来捉拿督邮！把督邮从床上拎起来绑上，一路带到县界，把他绑在树上用马杖痛打百余下！刘备自知官儿当不成，索性把官印解下来，挂在督邮脖子上，就这么扬长而去！

我们由此看到刘备的另一面：原来“少语言，善下人，喜怒不形于色”的刘皇叔，一旦发威，凶狠暴躁不让张飞张三爷！

此后，刘备又东奔西走，投靠过许多人：先是追随都尉毌丘毅，又投奔已经当上中郎将的老同学公孙瓒，还曾投靠青州刺史田楷、徐州牧陶谦以及吕布、曹操、袁绍、刘表……直至赤壁大战结束，向东吴借得荆州，这才有了立足之地。以后又以荆州为根据地，向东南发展，夺取益州，终于成了气候。——刘备的崛起，历尽坎坷，着实不易！

关羽：“绝伦逸群”美髯公

在蜀汉阵营，谋臣中的领衔人物无疑要数诸葛亮；武将中的“领头羊”，则非关羽莫属。《三国志·蜀书》有《关（羽）张（飞）马（超）黄（忠）赵（云）传》，关羽当仁不让地坐上头一把交椅。

关羽字云长，本字长生，是河东解（今山西运城市盐湖区）人，后因事逃亡到涿郡。刘备聚众起事，关羽和张飞前来投奔。刘备做平原相时，关、张为别部司马，分头统领部曲——也就是私家军队。

刘备与关、张关系密切，“寝则同床，恩若兄弟”。在大庭广众中，两人始终侍立在刘备身后；又随刘备东征西讨，不避艰危。——小说《三国演义》以“宴桃园豪杰三结义”开场，是有根据的。

不过这三兄弟也有分离的时候。建安五年（200 年），曹操东征，刘备投奔袁绍，关羽却被曹操擒获。小说《三国演义》为关羽被俘找理由，说刘备逃跑时撇下妻妾不顾。关羽为了保护嫂子，才与曹操约法三章，声称“降汉不降曹”——但仍难洗刷关羽降敌的“污点”。

曹操十分器重关羽，任命他为偏将军，礼遇非凡。当时正值曹军与袁绍作战，关羽同张辽为前锋，迎战袁绍大将颜良。关羽盯住颜良的旗帜车盖，放马冲过去，在万马千军中杀死颜良，砍下首级带回。袁军诸将竟没人拦得住他！

曹操奏明献帝，封关羽为汉寿亭侯。但曹操也知道：关羽立功之日，便是他离开之时。原来，曹操曾派张辽探听关羽的口风，关羽叹息说：我深知曹公待我好，可刘将军待我恩义更重，我们誓同生死，我不能违背誓言啊！我早晚会离开的，不过我要斩将立功，报答曹公后再走。

眼下关羽立了大功，曹操知道留不住他，于是厚加封赏。关羽把赏赐的财物都封存留下，写了告辞信，单枪匹马前往袁绍军中寻找刘备。曹操部下要追赶阻拦，曹操说：人各为其主，随他去罢！

赤壁大战前，刘备被曹兵追赶，走投无路，又是靠关羽率领几百艘战船在江陵接应他，同往夏口驻扎。战后，关羽被任命为襄阳太守、荡寇将军。刘备平定益州后，把荆州交给关羽全权打理。

建安二十四年（219 年），关羽率领荆州兵马在樊城跟曹仁作战。正赶上秋雨连绵，汉水暴涨，曹操大将于禁率领七军前来救援，被洪水困住，不得已投降关羽。这一仗，关羽还擒杀了曹操大将庞德。此刻的关羽威风八面，名震华夏。曹操甚至做了迁出许昌的打算，以躲避关羽的锋芒！

司马懿、蒋济给曹操出主意，说关羽得志，孙权肯定不高兴。不如派人劝说孙权偷袭关羽，可解樊城之围。

孙权本来就对关羽心怀不满。此前他想聘关羽之女做儿媳，遭到关羽辱骂。孙权于是暗中联络蜀将糜芳、傅士仁，一同对付关羽。这两人分别驻守江陵、公安，因受关羽轻视，一直心怀怨恨。关羽出兵后，两人不肯尽心援助，关羽扬言：回去后一定严加惩治！当东吴来袭时，两人便献出了城池。

这边曹操派徐晃援救樊城。关羽不能取胜，撤军回来，江陵已被孙权占领。关羽部下逃散，他自己走投无路，被东吴擒获，与儿子关平一同被杀。

关羽是难得的将才，又有传奇般的经历。《三国志》以文字简洁著称，却在关羽传中腾出宝贵笔墨，描述“刮骨疗毒”的情节：

羽尝为流矢所中，贯其左臂，后创虽愈，每至阴雨，骨常疼痛。医曰："矢镞有毒，毒入于骨，当破臂作创，刮骨去毒，然后此患乃除耳。"羽便伸臂令医劈之。时羽适请诸将饮食相对，臂血流离，盈于盘器，而羽割炙引酒，言笑自若。(《蜀书·关张马黄赵传》)

◎贯：贯穿。创：创伤，伤口。◎矢镞（zú）：箭头。◎割炙：切烧肉。引酒：端酒杯。

关羽的左臂被流箭射穿，伤口虽然愈合，但每逢阴雨，骨头还常常作痛。医师诊断说：箭头有毒，毒药浸染了骨头，得割开手臂，刮去骨头上的余毒，病痛才能除根。关羽于是伸出手臂让医师割肉诊治。当时他正跟诸将对坐饮宴，施治的手臂鲜血流淌，接血的器皿都流满了，关羽吃着烤肉、饮着美酒，仍谈笑自若!

这段逸事后来被小说家浓墨渲染，那位为关羽诊治的无名医师，也被说成是神医华佗，而故事的传奇色彩也更浓了。

不过关羽的弱点也是显而易见的。例如他为人骄傲，不能容人。从他对待孙权及糜芳、傅士仁的态度，已能看出。这也导致了他最终失败被杀。

其实关羽骄傲自大的毛病早有体现。镇守荆州时，他听说刘备收了马超，很不服气，写信给诸葛亮，问"超人才可谁比类"（马超的本领可以跟谁相比）。诸葛亮了解关羽的个性，写信作答说：马孟起（马超，字孟起）文武双全，勇猛过人，一世英豪，是汉初黥布、彭越一类的人物，可以跟张飞一争高下，"犹未及髯

古人绘画中的关羽形象

之绝伦逸群也”（但还是比不上你美髯公出类拔萃啊）。——这话搔到关羽痒处，他拿着书信传给宾客看，得意非凡。

关羽的胡须长得很美，诸葛亮在信中特意称他为“髯”，这也是关羽传书宾客、得意扬扬的原因之一吧！

《关张马黄赵传》裴注中还引录了《蜀记》《傅子》等书所记述的关羽逸事，可以见出英雄性格的不同侧面。（文摘九）

【文摘九】

裴注三则说关羽（《三国志》）

《蜀记》曰：曹公与刘备围吕布于下邳，关羽启公：布使秦宜禄行求救，乞娶其妻。公许之。临破，又屡启于公。公疑其有异色，先遣迎看，因自留之，羽心不自安。此与《魏氏春秋》所说无异也。

◎启：陈述，告知。◎异色：绝色，美貌。

《傅子》曰：（张）辽欲白太祖，恐太祖杀羽，不白，非事君之道，乃叹曰："公，君父也；羽，兄弟耳。"遂白之。太祖曰："事君不忘其本，天下义士也。度何时能去？"辽曰："羽受公恩，必立效报公而后去也。"

◎"辽欲白"数句：张辽是关羽的朋友，此前关羽曾对他说，曹公对我好，而刘备对我恩义更深，因而早晚要脱离曹营追随刘备。张辽考虑是否要将此事告知曹操。◎度（duó）：度量，估量。◎立效：立功。

《蜀记》曰：初，刘备在许，与曹公共猎。猎中，众散，羽劝备杀公，备不从。及在夏口，飘摇江渚，羽怒曰："往日猎中，若从羽言，可无今日之困。"备曰："是时亦为国家惜之耳；若天道辅正，安知此不为福邪？"（节自《蜀书·关张马黄赵传》裴注）

◎许：许昌。◎飘摇：这里指漂泊不定。江渚：指夏口。◎"若天道"二句：如果天道护佑汉朝，怎知这样做（不杀曹操）不会造福国家呢？

【译文】

《蜀记》记载：曹操和刘备将吕布围困在下邳，关羽对曹操说：吕布的使者秦宜禄外出求援，请求（城破后）能娶秦宜禄之妻为妻。曹操答应了。城将破时，关羽又屡次向曹操提及此事。曹操疑心此女有绝色，便抢先派人把她接来查看，于是留在自己身边。关羽对此耿耿于怀。——这段记述跟《魏氏春秋》的说法相同。

《傅子》记载：张辽得知关羽不欲久留，想要报告给曹操，又怕曹操杀了关羽；不报告呢，又违背侍奉君主的道理，最终感叹说："曹公是君父，关羽不过是兄弟罢了！"于是向曹操做了汇报。曹操说："关羽侍奉君长不忘本，这是天下的义士啊。你估量他何时离开？"张辽说："关羽受您的大恩，一定要立功报答您，然后再离去。"

《蜀记》记载：当初刘备在许昌时，跟曹操共同打猎。打猎过程中，众人都跑散了；关羽建议刘备杀死曹操，刘备不听。及至兵败，来到夏口，漂泊于江上，关羽生气地说："当年打猎时如果听了我的话，就没有今天的困境了。"刘备说："当时也是为国家而爱惜这个人罢了。如果天道护佑汉朝，怎知这样做不会造福国家呢？"

孙氏父子皆英雄

跟曹操、刘备相同，东吴首领孙权同样是不可小觑的人物。说到孙权，不能不提他的父兄。《三国志·吴书》第一卷为《孙破虏讨逆传》，也就是孙权的父亲（孙坚）与哥哥（孙策）的合传。孙坚被朝廷封为"破虏将军"，孙策被曹操封为"讨逆将军"，合传的标题便是这么来的。

孙坚（155—192）字文台，是吴郡富春（今浙江杭州富阳）人，相传是孙武后人。孙坚年纪轻轻便当上县里的小吏。十七岁那年，他随父亲乘船去钱塘，正赶上海贼胡玉等抢劫了商人的财货在岸上分赃。过往的行人船只都停下来，不敢上前。

孙坚对父亲说：这是攻击贼人的好机会，让我去对付他们。父亲说：你一个人哪里应付得了？孙坚不听，提刀上岸，用手向东指指，向西点点，做出布置士卒包抄的架势。盗贼们远远见了，以为官军前来围捕，吓得扔下财物四散逃走。孙坚追上前，斩杀一人，提着头回来。父亲早已惊得目瞪口呆。从此孙坚名声大振，郡府因而征召他代理校尉。

孙坚因讨贼有功，不久就当上县丞。中平元年，孙坚随中郎将朱儁（jùn）讨伐黄巾军。攻打宛城时，他独当一面，率先登城，立了大功，因此授职别部司马。又为司空张温所召，随军参谋，讨伐凉州反叛。

日后孙坚与诸侯共讨董卓，董卓对他十分忌惮，私下派人向他提亲，还让他列出子弟名单，答应向朝廷推荐，都被孙坚严词拒绝。

初平三年（192 年），孙坚受袁术指使攻打刘表，围攻襄阳时，不幸中箭身亡，死时只有三十六岁。后来孙权称帝，追谥孙坚为“武烈皇帝”。

孙坚有四个儿子：孙策、孙权、孙翊和孙匡。孙坚死后，长子孙策护送灵柩，归葬曲阿。

孙策（175—200）字伯符，爹爹起兵时，他侍奉母亲，移居舒县，跟舒县豪杰周瑜交好，当地的士大夫也都乐意与他交结。那时孙策只有十几岁。爹爹死后，孙策有心继承父业，却愁手下无兵，因为孙坚原来的部曲亲兵，全都归袁术统辖。

孙策带着老娘先去投奔舅舅——丹杨太守吴景。在那里，他招募了几百人，又转而追随袁术。袁术对他十分器重，把他父亲孙坚手下的一千多士兵都交给他统领。孙策人缘好，袁术手下的将领都敬重他。袁术也感叹说：我袁术若有个儿子像孙郎，死而无憾啊（“使术有子如孙郎，死复何恨”）！

袁术答应让孙策做九江太守，却临时换了别人。又派孙策攻打庐江郡，许诺取胜后让他做太守，结果再次食言。孙策大失所望，便借口帮舅舅平定江东，带了一千多士兵、几十匹战马及几百门客离开。一路招兵买马，兵到历阳时，队伍已扩展到五六千人！——罗贯中写《三国演义》，说孙策用孙坚所得传国玉玺换得袁术一支兵马，应是小说家言。这块玉玺，陈寿压根儿就没提。

孙策在通俗文学中号称“小霸王”

史书描摹孙策的为人，说他“美姿颜，好笑语，性阔达听受，善于用人，是以士民见者，莫不尽心，乐为致死”（相貌俊美，喜欢说笑，性情豁达，容易接受别人意见，又善于用人，因而跟他接触的士人百姓没有不乐于替他效力，乃至献出生命的）。

跟其父一样，孙策的军事才能是与生俱来的。他率军赶走扬州刺史刘繇（yáo），打败聚众造反的严白虎；并引兵渡江，占领会稽，自领会稽太守。又分派舅舅、堂兄弟做了丹杨、豫章、庐陵的太守。

袁术称帝，孙策修书谴责。曹操为此表奏孙策做讨逆将军。

曹操当时正跟袁绍对垒，无暇顾及江东，因而对孙策采取安抚策略，把自己的侄女许配给孙策的小弟孙匡，又让儿子曹章娶了孙策的侄女，还举荐孙策另一个弟弟孙权为茂才。

然而曹操一系列示好举动，并没能消解孙策的野心。他趁曹操与袁绍在官渡对垒之机，私下谋划偷袭许昌、劫夺献帝，效仿曹操“挟天子以令诸侯”。可就在这当口，孙策遭仇人暗杀身亡，他的一切宏伟计划，也随之成为泡影！

“生子当如孙仲谋”

孙策临终时，把谋士张昭等召至榻前，嘱托道：中原正陷于混乱，我们凭借吴越的人马、三江的险固，足以坐观成败。诚请各位悉心辅佐吾弟孙权，我死也瞑目了！他又招呼孙权上前，把印绶交给他说：率领江东的军马，决胜于军阵之间，跟天下英雄一争高下，这个你不如我；但举荐贤才，让他们各尽心力、保有江东，我又不如你。——孙策嘱托完毕，当夜就过世了，死时只有二十五岁！后来孙权称帝，追谥哥哥为“长沙桓王”。

孙权（182—252）字仲谋，爹爹死时他还不到十岁。后随哥哥平定诸郡，十五岁被任命为阳羡长，“郡察孝廉，州举茂才”，还当上奉义校尉。

有个朝廷使者会看相，对人说：我看孙氏兄弟，个个了不起，但寿数都不高。唯有二弟孙权相貌奇伟，骨骼不凡，有大贵之相，寿命也最长，请诸位记住我的话。

裴注引《江表传》说，孙权出生时，“方颐大口，目有精光”（颐：面颊，腮）。小说《三国演义》在“方颐大口”后面又加了一句“碧眼紫髯”。——“碧眼紫髯”本是胡人相貌，难道孙家有胡人血统吗？可是查查《三国志》，只提“紫髯”，未说“碧眼”。

曹操部将张辽偷袭吴军时，见一位吴将骑着骏马跨桥而去。事后张辽问东吴降卒：“向有紫髯将军，长上短下，便马善射，是谁？”（此前有位紫胡须将军，身长腿短，善骑善射，那是谁？）士兵说：那就是孙权。张辽这才知道放过了敌军统帅，悔恨不迭。可见孙权“紫髯”是有的，“碧眼”云云，恐是虚构。

且说孙策死后，孙权哭个不停。长史张昭对他说：孝廉，这难道是哭的时候吗？想当年周公制定丧礼，他的儿子伯禽就没遵守；不是有意违背父志，而是情势不允许啊。如今奸人角逐，豺狼遍地，你还要尽哀守礼，这跟打开大门请盗贼进来没啥两样，真正的仁德可不是这样子！于是催促孙权换上统帅的戎装，扶他上马，外出巡视军队。这一年孙权只有十八岁。

此时孙氏政权拥有会稽、吴郡、丹杨、豫章、庐陵等郡，一些偏远险要之地还没完全收复；英雄豪杰散布在州郡，也还没有全部归服。只有张昭、周瑜等人认为孙权可以成就大业，死心塌地扶保他。曹操此刻无暇顾及江南，也便顺水推舟，表奏孙权为讨虏将军，领会稽太守，屯扎在吴地。

靠着张昭、周瑜、程普、吕范等人的辅佐，孙权又广招贤才，鲁肃、诸葛瑾等人就是这时进入孙权幕府的。这以后，孙权收服山越等族，又攻破江夏，杀死了太守黄祖。黄祖是荆州刘表的部将，八年前，孙策就是被他的手下射死的。

破江夏这一年是建安十三年（208年），另有不少大事发生：荆州刘表病死，孙权与刘备联合，在赤壁大败曹军，阻挡了曹操的南进步伐。

五年以后，曹操再度与孙权在濡须江面开战。孙权初战告捷，俘虏曹军三千人，曹军溺水而死者又有几千人！孙权还亲乘快船到曹军水寨前侦察、挑战，巡行五六里，奏着军乐凯旋。

曹操见东吴水军刀枪齐整、旗帜鲜明，感叹说："生子当如孙仲谋，刘景升儿子若豚犬耳！"（生个儿子就应像孙仲谋一样，相比之下，刘表的儿子简直就是猪狗！）这又让人想起袁术赞叹孙策的话来。

诸家纷纭说赤壁

读过《三国演义》的朋友，都不会忘记赤壁大战的宏大场景。

这场世纪大战在小说中独占了八回篇幅。——曹操平定荆州后，追击刘备到当阳。刘备跑得狼狈，连妻儿都顾不上了，这才有了长坂坡赵云救阿斗的情节。曹操亲率八十三万人马，号称百万，水陆并进，矛头直指江东。

此刻鲁肃借口吊唁刘表，来见刘备；又带诸葛亮去见孙权。诸葛亮以三寸不烂之舌，说服还在犹豫的孙权，坚定了东吴君臣的抗曹信心，这才有了后来的群英会、草船借箭、连环计、借东风、火烧战船、取荆州……

小说家的描写，难免夸张。那么史书记录中的赤壁大战又是什么样子？让我们看看几位关键人物的传记。

曹操的传记是这样记载的：

> （建安十三年）十二月，……（曹）公至赤壁，与（刘）备战，不利。于是大疫，吏士多死者，乃引军还。备遂有荆州、江南诸郡。(《魏书·武帝纪》)

举足轻重的一场大战，决定了日后天下三分的大势，可是在曹操的传记中，竟然轻描淡写、一笔带过。统共二十二字的战争叙述，还有一半是强调瘟疫的影响，仿佛曹操不是被刘备、孙权打败，而是败于不可抗拒的自然力量。不过陈寿既然尊曹魏为正统，在传记中替曹操遮羞挡丑，也是不足为怪的，这毕竟是一场让曹操丢脸的败仗。

到了刘备的传记中，关于这场战争的描述又多了些内容：

> 先主……遇（刘）表长子江夏太守（刘）琦众万余人，与俱到夏口。先主遣诸葛亮自结于孙权，权遣周瑜、程普等水军数万，与先主并力，与曹公战于赤壁，大破之，焚其舟船。先主与吴军水陆并进，追到南郡。时又疾疫，北军多死，曹公引归。(《蜀书·先主传》)

◎先主：这里指刘备。◎自结：主动结好。

由这段叙述可知，东吴的参战将领是周瑜、程普，支援的军力是“水军数万”，战法主要是火攻，结果则是“大破之”。文中也提到“疾疫”，不过那显然不是曹操战败的主要原因。

由于是刘备的传记，作者对传主的偏袒也是显而易见的，刘备似乎运筹帷幄、游刃有余，主动派诸葛亮与孙权结盟，又借孙权之力打败曹操，一切尽在掌控之中。

《诸葛亮传》对这场大战讲得较多，不过重点放在诸葛亮对东吴君臣的说服动员上：

> 先主至于夏口，亮曰：“事急矣，请奉命求救于孙将军。”时权拥军在柴桑，观望成败。亮说权曰：“海内大乱……”（文摘一〇）权大悦。即遣周瑜、程普、鲁肃等水军三万，随亮诣先主，并力拒曹公。曹公败于赤壁，引军归邺。先主遂收江南。（《蜀书·诸葛亮传》）

古代史家记述战争，从《左传》起就喜欢把笔墨用在战前的分析和战后的总结上，战争的过程反倒一笔带过。陈寿继承了这种风格，在诸葛亮、孙权、周瑜、鲁肃等人的传记中，不厌其详地记录了战前战后的言行活动。这样做的结果，突出了将帅谋臣在战争中的主导作用：一个个历史人物，在战火的映照下显得格外生动、神采奕奕。

【文摘一〇】

诸葛亮智激孙权（《三国志》）

先主至于夏口，亮曰："事急矣，请奉命求救于孙将军。"时权拥军在柴桑，观望成败，亮说权曰："海内大乱，将军起兵据有江东，刘豫州亦收众汉南，与曹操并争天下。今操芟夷大难，略已平矣，遂破荆州，威震四海。英雄无所用武，故豫州遁逃至此。将军量力而处之：若能以吴越之众与中国抗衡，不如早与之绝；若不能当，何不案兵束甲，北面而事之！今将军外托服从之名，而内怀犹豫之计，事急而不断，祸至无日矣！"

◎先主：刘备，后文中的"刘豫州"也指刘备。亮：诸葛亮。孙将军：孙权，下文中的"权"也指孙权。◎说（shuì）：游说，说服。◎芟（shān）夷：本指除草，也做削平讲。◎中国：这里指中原王朝。◎案兵束甲：放下兵器，收起铠甲。这里指投降。北面：面朝北，即臣服。

权曰："苟如君言，刘豫州何不遂事之乎？"亮曰："田横，齐之壮士耳，犹守义不辱，况刘豫州王室之胄，英才盖世，众士仰慕，若水之归海，若事之不济，此乃天也，安能复为之下乎！"

◎遂：就，顺势。◎田横：秦末齐国旧王族，曾参与抗秦。刘邦统一天下，田横不甘心齐国灭亡，与五百壮士困守孤岛，最终全部自杀。胄：帝王后裔称胄。天：天意，命运。

权勃然曰：“吾不能举全吴之地，十万之众，受制于人。吾计决矣！非刘豫州莫可以当曹操者，然豫州新败之后，安能抗此难乎？”亮曰：“豫州军虽败于长坂，今战士还者及关羽水军精甲万人，刘琦合江夏战士亦不下万人。曹操之众，远来疲弊，闻追豫州，轻骑一日一夜行三百余里，此所谓‘强弩之末，势不能穿鲁缟’者也。故兵法忌之，曰‘必蹶上将军’。且北方之人，不习水战；又荆州之民附操者，偪兵势耳，非心服也。今将军诚能命猛将统兵数万，与豫州协规同力，破操军必矣。操军破，必北还，如此则荆、吴之势强，鼎足之形成矣。成败之机，在于今日。”权大悦。（节自《蜀书·诸葛亮传》）

◎勃然：发怒貌。◎鲁缟：鲁地产的薄绢。◎兵法：《孙子兵法》。蹶：跌倒，挫败。◎偪：同“逼”，迫于。◎协规：共同谋划。

【译文】

刘备到了夏口，诸葛亮说：“局势危急了，请让我奉命向孙将军求救。”当时孙权正拥兵驻扎柴桑，坐观成败。诸葛亮前往，游说孙权说：“如今天下大乱，将军起兵占据江东，刘豫州也在汉南聚集军队，共同跟曹操争夺天下。而今曹操削平了大敌，北方已大致平定。并顺势攻破荆州，威震天下。天下英雄已没有施展的地盘，因而刘豫州逃到这里。请将军掂量自己的力量来应对：如果能凭借吴越的兵力跟中原兵马抗衡，不如早早跟曹操决裂；如果不能抵挡，干吗不解除武装，向曹操北面称臣？而今将军表面做出服从的姿态，内心却还犹豫不定，情势危急却不能当机立断，我看就要大祸临头了！”孙权问：“假如真像您所说，刘豫州为什么不去侍奉曹操？”诸葛亮回答：“田横不过是个齐国壮士，尚且坚守道义不肯受辱，何况刘豫州是皇室贵胄，才华英迈超过世人，众人仰慕他，如同水归大海。如果大事不成，那是天意，又怎能再向他人屈膝称臣呢？”

孙权勃然大怒，说：“我不能拥有整个东吴的土地以及十万大军，还要受制于人！我的主意已经打定！除了刘豫州，没人能抵抗曹操。不过刘豫州刚被打败，怎能对抗大敌？”诸葛亮说：“刘豫州虽然在长坂打了败仗，但归来的士卒与关羽统领的水军，合起来还有精兵万人。刘琦聚拢江夏士卒，也不下万人。曹操的大军长途行军异常疲惫，听说追击刘豫州时，轻骑兵一天一夜跑三百里路，这就是所说的再强劲的弩箭，飞到最后连鲁地的薄绢也穿不透啊。因而《孙子兵法》最忌讳这种做法，说是‘一定会使大将受挫’。况且北方士兵不习惯水战，荆州的军民归附曹操，都是迫于军威，并非心甘情愿。眼下将军真能派遣猛将统领几万战士跟刘豫州同谋合力，一定能打败曹操。而曹操打了败仗，一定会回北方去。如此一来，荆州、东吴的势力增强，天下形成鼎足三分之势，成败的关键，就在今天了！”孙权听了，十分高兴。

赤壁之战真相

吴主孙权的传记，对赤壁大战的前后形势及战争经过，交代得最为客观全面。——在纪传体史书中，帝王的传记往往可以当国史看：

……（鲁）肃未到，而曹公已临其境，（刘）表子（刘）琮举众以降。刘备欲南济江，肃与相见，因传权旨，为陈成败。备进住夏口，使诸葛亮诣权，权遣周瑜、程普等行。是时曹公新得表众，形势甚盛，诸议者皆望风畏惧，多劝权迎之。惟瑜、肃执拒之议，意与权同。

瑜、普为左右督，各领万人，与备俱进，遇于赤壁，大破曹公军。公烧其余船引退，士卒饥疫，死者大半。备、瑜等复追至南郡，曹公遂北还，留曹仁、徐晃于江陵，使乐进守襄阳。(《吴书·吴主传》)

◎为陈成败：向刘备陈说胜败的道理。◎诸议者：指东吴参与谋划的臣僚。

曹操大兵压境，刘备要渡江南逃，势必把战火引向江东。鲁肃主动出迎，传达了联合抗曹的信息，把刘备安置在夏口，并引诸葛亮过江，商讨对策。此刻东吴内部面临着战与降的抉择，在悲观主降的气氛中，只有周瑜、鲁肃力主抵抗，并态度坚决，这也正合孙权之意。于是便有了孙刘联合共同抗曹的赤壁之战。

一些有关战争的数字和细节，《吴主传》的记述也更准确。如说东吴派出的水军，是“瑜、普为左右督，各领万人”。而曹操打败后，自己烧毁了剩下的船只，史传作者也并未将这些“战果”笼统地算在吴军头上。此外也不隐瞒“饥疫”是曹军的败因之一，这一切都体现了良史的贵实作风。

在涉及赤壁之战的人物传记里，对战争过程叙述最详的是《周瑜传》，因为周瑜是这场大战的真正指挥者。

（孙）权遂遣（周）瑜及程普等与（刘）备并力逆曹公，遇于赤壁。时曹公军众已有疾病，初一交战，公军败退，引次江北。瑜等在南岸。瑜部将黄盖曰：“今寇众我寡，难与持久。然观操军船舰首尾相接，可烧而走也。”乃取蒙冲斗舰数十艘，实以薪草，膏油灌其中，裹以帷幕，上建牙旗。先书报曹公，欺以欲降。又豫备走舸，各系大船后，因引次俱前。曹公军吏士皆延颈观望，指言盖降。盖放诸船，同时发火。时风盛猛，悉延烧岸上营落。顷之，烟炎张天，人马烧溺死者甚众，军遂败退，还保南郡。备与瑜等复共追，曹公留曹仁等守江陵城，径自北归。(《吴书·周瑜传》)

◎逆：迎战。◎次：停驻。◎烧而走也：用火攻使其败逃。◎蒙冲斗舰：古代战舰名，船身狭而长，蒙以牛皮，适于冲击敌船。蒙冲，又作“艨艟”。实：充实，装载。牙旗：军旗。◎走舸（gě）：快船。

在这段描写之前，《周瑜传》还记述了周瑜反对议和、力主抗敌的长篇说辞。他对孙权说，曹操“托名汉相，其实汉贼”；而将军您“神武雄才”，仰仗父兄的基业，拥有江东数千里土地，兵精粮足，正义在手，这正是替汉天子扫除国贼的好机会。周瑜又历数曹操的弱点：北方时局不稳，马超、韩遂后患未除；北方军人离鞍马而操舟楫，是舍长取短；严冬寒冷，马无草料；中原士卒水土不服，必生疾病……周瑜因此请兵三万，说保证能大破曹军。

事实证明，周瑜并非“吹牛”，一切正如他所预料：精通陆战的中原军队，水战却是外行。初战即败退江北，再战又遭吴军火攻。《周瑜传》中描写火攻过程尤为详尽，不但细述战船如何实草、如何灌油、如何遮盖、如何树旗，还写出敌军受蒙蔽后的可笑表现——“曹公军吏士皆延颈观望，指言盖降”，场面生动如画，凸显出吴军将帅的神机妙算及曹军的懈怠疏忽。

跟小说相对照，《三国演义》显然把这场战争的规模夸大了不少。如号称八十三万人马的曹军，实际只有十五六万；加上荆州新降的七八万士卒，总数不超过二十五万。而刘备、刘琦的兵马不足两万，加上东吴参战的精兵三万，合在一起最多五万。凭借着长江天堑，孙刘联军与曹军展开对决，先后两场较量，都以曹军的失败而告终。曹军从一开始就受着疾疫及缺粮的困扰，减员严重，最终不得不黯然收兵。

这场南北大战，也成为军事史上以少胜多的著名战例；又因小说《三国演义》的夸饰渲染，在中国可谓妇孺皆知、脍炙人口。

赤壁大战这年，曹操五十三岁；孙坚若活着，也应是这个年纪。刘备这一年四十七岁，周瑜三十三岁。在戏曲舞台上胡须一大把的诸葛亮，此时才二十七岁。孙权就更年轻，只有二十六岁！——一群二三十岁的年轻人，打败了老谋深算的老家伙！这是这场大战的另一重意义所在。

周瑜岂是小丈夫

罗贯中写《三国演义》，始终戴着“尊刘贬曹”的有色眼镜，极力夸大刘备的力量，把他刻画成曹操的头号对手。历史上为曹操所忌惮的孙权，在小说中反而成了陪衬。

就说赤壁大战这一节吧，罗贯中一个劲儿替诸葛亮“贴金”，写他如何运筹帷幄、指挥若定，却把战争的真正指挥者周瑜描画成气量狭小、嫉贤妒能的“小丈夫”。又虚构了“三气周瑜”“诸葛亮吊孝”等情节，始终让诸葛亮压周瑜一头。

其实，历史上的周瑜（175—210）远非这副模样。据《吴书·周瑜传》介绍，周瑜字公瑾，是庐江郡舒县人。祖上做过太尉高官，父亲当过洛阳令。周瑜身材高大，相貌俊美。孙坚一度把家人迁到舒县，周瑜与孙策刚好同岁，遂成莫逆之交。周家还把一所大宅院让给孙家住，两家相互走动，赛过亲戚。

日后周瑜追随孙策带兵打仗，很受倚重。袁术也十分看重周瑜，但周瑜却不领情。袁术派周瑜做居巢县长，周瑜应付了一阵子，便又回吴郡去了。孙策亲自迎接他，任命他为建威中郎将，拨给他两千士兵、五十匹战马。那年周瑜二十四岁，人们都称他“周郎”。以后周瑜做了江夏太守，随孙策攻下皖县，得到桥公的两个女儿，都是倾国倾城的美女。孙策娶了大桥，周瑜娶了小桥（另有传说，认为二女为大乔、小乔，是乔玄之女）。两人成了“连襟”，关系也更密切了。

京剧舞台上的周瑜形象

孙策去世后，周瑜与张

昭一武一文，辅佐孙权。赤壁大战时，周瑜指挥作战，立下大功。紧跟着又与程普进兵南郡，与曹仁对峙。周瑜亲赴前线督战，结果右肋中箭，受了重伤，仍然挣扎着巡视军营。曹仁见难以取胜，只得撤兵。南郡攻下后，周瑜被任命为南郡太守，驻军江陵。

在赤壁大战中，刘备立功不小，此刻当上了荆州牧——那原是刘表的位子。周瑜不放心，给孙权上书说：刘备是一代枭雄，又有关羽、张飞两员虎将相辅，岂肯久居人下？不如把他迁往吴郡，为他修盖华丽的宫室，多多赠送美女、珍玩，再把关羽、张飞分头调开，大局便可安定。否则，让他们聚在边境，"恐蛟龙得云雨，终非池中物也"（恐怕蛟龙遇到合宜的气候，不肯待在池塘中，早晚要飞上天）。

孙权则担心北方的曹操，认为此刻应广揽英雄，何况刘备也不容易对付，因此没有采纳周瑜的建议。

周瑜并不满足现状，还想进兵西南，攻打刘璋，夺取益州；然后吞并张鲁，再与马超结盟，占据襄阳，进逼曹操。可惜宏图未展，周瑜就病死在行军途中，年仅三十有六！

史书盛赞周瑜，说他为人宽宏大量，谦恭有礼，很得人心。程普年龄比他大，常对他有不敬之举，周瑜总是谦逊以待，不与计较。程普受了感动，对人说：跟周公瑾交往，就像喝了美酒，不知不觉就醉了（"与周公瑾交，若饮醇醪，不觉自醉"）。——这样的称赞，是发自内心的。

周瑜又深通音律，即使喝醉了，也能听出乐曲中的错误，并回头看一眼出错的乐伎。后来便有口头禅说："曲有误，周郎顾。”——是不是乐伎为了引“帅哥”一顾，故意弹错呢？

连周瑜的敌人也敬重他。曹操在赤壁打了败仗，说“孤不羞走”，意思是不以败退为耻，大概跟周瑜这样的将军较量，输了也不丢脸吧？

刘备对周瑜也有评价。得荆州后，他到京县拜会孙权。离开时，孙权乘大船为他送行。当只有孙权、刘备两人在场时，刘备说：公瑾这个人文韬武略，是万里挑一的英才。看他器量阔大，大概不甘久为人臣吧？——这话显然带有挑拨的意思，但对周瑜的评价，却也是实实在在，并未“掺水”。

鲁肃并非“老好人”

戏曲舞台上的鲁肃，是个“老好人”，对朋友掏心掏肺，一片赤诚；但夹在诸葛亮和周瑜两个聪明人中间，常常表现得后知后觉、愚钝可笑。——历史上的鲁肃可不是这个样子：他目光高远，成竹在胸；东吴划江而治、雄霸江东的格局，便是他规划的。

鲁肃（172—217）字子敬，临淮东城（今安徽定远一带）人。自幼丧父，跟着祖母长大。他家广有钱财，又有乐善好施的传统。鲁肃见天下已乱，便不肯治产理家，只是一味散财。钱散光了，就卖田卖地，用来赈济穷人、广结人缘。

周瑜在居巢做官，带了几百人到鲁肃家寻求资助。鲁肃家里有两囷米，一囷三千斛［囷（qūn）：一种圆形谷仓。斛：容量单位，一斛相当于十斗，也就是一石］。鲁肃随手指了一囷，让周瑜的部下搬运。周瑜吃了一惊，视鲁肃为奇人，两人因而成了好朋友。后来又一同辅佐孙权。——鲁肃比周瑜大三岁，比孙权则整整大一旬。

孙权初见鲁肃，谈得很高兴。宾客们都散了，孙权又单独留下鲁肃，两人拼上坐榻，对饮深谈。孙权问他：如今汉室将亡，四方纷扰，我继承父兄的事业，想要建立齐桓、晋文那样的功业。您来了，打算怎样辅助我呢？

鲁肃回答：从前汉高祖想要尊奉楚怀王建立帝业，没能成功，都因项羽为害所致。如今的曹操就是从前的项羽啊，您又怎么做得成齐桓、晋文呢？我预料汉室不可复兴，曹操也不能马上除掉。为您打算，唯有立足江东，以观天下之变。有我们当下的规模，也没啥可怕的。为什么呢？北方正值多事之秋，趁这个机会，我们先剿除黄祖，再进讨刘表，把整个长江流域都占为已有，然后建号称帝，以谋天下。这是汉高祖的事业啊！

孙权从未听过如此大胆的建议，有点心惊胆战，回答说：现在只有尽力搞好我们这一方，以辅佐汉室，您所说的大计划，现在还谈不上啊！——张昭看不起鲁肃，对他多有批评，认为他不够谦恭，说他年少疏狂，不可重用。孙权并不同意，反而对鲁肃更加敬重，赏赐丰厚。

刘表一死，天下大势急转直下，鲁肃又向孙权献计说：荆楚跟我国相邻，江水由此北流，外有长江汉水，内有山陵险阻，固若金汤，沃野万里，人民富足。若能占据荆州，这是称帝的资本！如今刘表刚死，两个儿子一向不和，军中将领各挺一方。再加上刘备是天下枭雄，跟曹操有矛盾，日前寄寓在刘表处。

刘表嫉妒他的才能，不肯重用。如今刘表已死，刘备若能与刘表二子同心协力，我们就采取安抚结盟的策略；如与二子不和，我们就该另做打算，以成大事。请让我借着吊唁刘表的机会前往荆州，一来慰劳军中统帅，二来劝说刘备安抚刘表部下，大家同心一意，共同对付曹操，我想刘备一定乐于从命。如果这事能办成，天下就能安定。现在不赶快行动，恐怕就要被曹操抢先了！

孙权认为他说得对，于是派他前往荆州。刚到夏口，便听说曹操正进兵荆州。鲁肃日夜兼程赶到南郡，得知刘表的儿子刘琮已经投降曹操，刘备正仓皇南逃，准备渡江。鲁肃迎上前去，在当阳长坂与刘备见了面，向他转达了孙权的建议，陈说东吴的强大，劝刘备跟孙权合力抗曹。刘备喜出望外。

鲁肃又对诸葛亮说：我是子瑜的朋友——子瑜即诸葛瑾，是诸葛亮的弟弟，当时与鲁肃同保孙权。诸葛亮得知，备感亲切，两人由此成了好朋友。刘备听从鲁肃的安排，进驻夏口，又派诸葛亮随鲁肃去见孙权。

曹操大兵压境，东吴将领议论纷纷，大多劝孙权迎降曹操，只有鲁肃一言不发。孙权如厕时，鲁肃追到廊檐下，向孙权讲了一番话，让孙权十分感动，从而下定抗曹的决心。（文摘一一）

赤壁大战之后，孙刘联军夺得荆州。刘备亲到京口，向孙权求借荆州。东吴群臣中，只有鲁肃力劝孙权借给刘备，认为这样做有利于抵御曹操。消息传到北方，曹操正在写信，听说孙权将荆州借给刘备，手一抖，笔也掉到地上！

然而荆州又成为吴蜀联盟破裂的导火索。——几年以后，刘备向西南发展，夺取了益州。孙权要求刘备归还长沙及零陵、桂阳诸郡，刘备不允，以致双方动了刀兵。

鲁肃跟关羽还有过一次面对面的交锋呢！那是在周瑜死后，鲁肃成为东吴的军事统帅，在益阳跟关羽对垒。为了解决争夺，鲁肃邀请关羽前来谈判。双方约定将大军驻扎在百步之外，只由两方统帅各带单刀前来会晤。

鲁肃当场数落关羽说：我们国君诚心诚意把土地借给贵方，是因贵方兵败远来，没有立足之地。如今你们取得益州，却没有奉还荆州的意思；我方只要求退还三郡，你们仍不同意。天理何在？

话没说完，蜀军座席上有个人发话说：土地只归有德者所有，哪有永久的归属？鲁肃听了，呵斥对方，声色俱厉。关羽自知理亏，只好提刀站起，对本方的发言者说：这是国家大事，你这家伙懂什么？——使眼色让那人离开。

这段史实，在后来的戏曲小说中被演绎成"关云长单刀赴会"的传奇故事；作者站在蜀汉立场，把关羽描绘成身入虎穴的孤胆英雄，又把这场论辩说成蜀汉一方的胜利。其实鲁肃何尝不是单刀赴会呢？会上占据道义上风的，也明明是鲁肃。——这次谈判的结果是双方以湘水为界，互不相犯，各自罢兵。这也正是鲁肃寻求的结果。

鲁肃死于建安二十二年（217年），享年四十六岁。五年后，孙权称帝，登上祭坛时，回头对众公卿说："昔鲁子敬尝道此，可谓明于事势矣！"（当年鲁子敬曾预料到这一步，可谓明了天下大势啊！）——能胸怀大局，高瞻远瞩，鲁子敬哪里是平庸的“老好人”，他的目光与才具，跟周瑜、诸葛亮相比，有过之而无不及！

【文摘一一】

鲁肃对话孙权（《三国志》）

会（孙）权得曹公欲东之问，与诸将议，皆劝权迎之，而肃独不言。权起更衣，肃追于宇下，权知其意，执肃手曰：“卿欲何言？”肃对曰：“向察众人之议，专欲误将军，不足与图大事。今肃可迎操耳，如将军，不可也。何以言之？今肃迎操，操当以肃还付乡党，品其名位，犹不失下曹从事，乘犊车，从吏卒，交游士林，累官故不失州郡也。将军迎操，欲安所归？愿早定大计，莫用众人之议也。”权叹息曰：“此诸人持议，甚失孤望；今卿廓开大计，正与孤同，此天以卿赐我也。”

◎会：赶上。欲东之问：打算发兵东方的消息。问，闻，消息。◎更衣：如厕。宇下：屋檐下。◎向：之前，刚才。◎乡党：家乡。品：评定。下曹从事：位置低下的官吏。犊车：牛车。犊，小牛。累官：一级级提拔。◎廓开：开辟。

时周瑜受使至鄱阳，肃劝追召瑜还。遂任瑜以行事，以肃为赞军校尉，助画方略。曹公破走，肃即先还，权大请诸将迎肃。肃将入阁拜，权起礼之，因谓曰：“子敬，孤持鞍下马相迎，足以显卿未？”肃趋进曰：“未也。”众人闻之，无不愕然。就坐，徐举鞭言曰：“愿至尊威德加乎四海，总括九州，克成帝业，更以安车软轮征肃，始当显耳。”权抚掌欢笑。（节自《吴书·鲁肃传》）

◎画：谋划。◎礼之：以礼相待。显：显贵，使显贵。◎克成：成就。安车软轮：软轮的安稳车子。软轮，用蒲草包裹的车轮，取其行走安适，不颠簸。征：征召。

【译文】

正赶上孙权得到曹操准备东征的消息，同众将共议对策，众人都劝孙权迎降曹操，只有鲁肃不开口。孙权起身如厕，鲁肃追到屋檐下，孙权知道他的心意，拉着他的手说：“您想说什么？”鲁肃回答：“刚才我考察大家的意见，一心要误导将军，不值得跟这些人谋划大事。而今我鲁肃可以迎降曹操，将军您却不行。为什么这么说呢？而今我鲁肃迎降曹操，曹操会让我回到家乡，评定我的官位，还不失做个下级官吏，乘着辆牛车，带着几个吏卒，跟士人们交游，一级级升上去，还有望做个州郡长官。将军您若迎降曹操，又能怎样安置您？唯望您早早拿定大主意，别采纳众人的意见。”孙权感叹说：“刚才众人所说的意见，太让我失望了。现在您阐明大计，跟我的意见完全相同，这是老天把您赐给我啊！”

当时周瑜接受使命驻守鄱阳，鲁肃劝孙权召周瑜回来。随即任命周瑜主持军事，又委派鲁肃做赞军校尉，帮助周瑜谋划方针大略。曹操赤壁大败而逃，鲁肃即刻返回报信。孙权召集所有的将军迎接鲁肃。鲁肃将要入阁拜见，孙权起身施礼，随即问鲁肃：“子敬，我扶鞍下马迎接您，是不是给了您足够的荣耀？”鲁肃快步向前答道：“还不够。”众人听了，无不惊愕。等到坐下后，鲁肃才慢慢举起马鞭说：“唯愿至尊您恩威施于四海，统一九州，成就帝业，再用软轮安车征召我鲁肃，到那时才是真正的荣耀哩！”孙权听了，鼓掌欢笑！

辑五　南北齐梁书，新旧唐五代

《晋书》：“分久必合，合久必分”

“前四史”是纪传体的样板儿，后来的正史，无论体例还是风格，都向这四部看齐。当然，史学家也常常碰到新问题，需要有所创新。

就说紧随《三国志》的《晋书》吧，顾名思义，记录的是两晋的历史。晋朝是司马氏取代曹魏建立的大一统政权。“司马昭之心，路人皆知”，便是对曹魏覆亡前政治形势的概括。后来魏元帝曹奂被迫把帝位“禅让”给司马昭之子司马炎，是为晋武帝，建都洛阳，史称“西晋”。

武帝在位二十六年，死后由次子司马衷继位，是为晋惠帝。据记载，惠帝天生弱智，臣下向他报告说：民间闹饥荒，百姓在挨饿。他反问：他们为啥不喝肉粥呢？

痴呆儿当上了皇帝，皇族中不服气的自然不少。先后有八位王爷觊觎皇位、跃跃欲试、你征我伐——就是有名的“八王之乱”。惠帝废了又立，成了名副其实的傀儡。

惠帝虽然昏聩，倒还能识别忠奸。永兴元年（304年），成都王司马颖作乱，百官及侍卫纷纷逃窜，只有侍中嵇绍挺身遮护惠帝。叛军把嵇绍抓住，按在车前横木上。惠帝说：这是忠臣，别杀他！军士回答：我们奉命行事，只是不伤害陛下一人罢了！嵇绍遇害时，鲜血溅到惠帝的御袍上。事后侍从要洗御袍，惠帝说：这是嵇侍中的血，不要洗掉（“此嵇侍中血，勿去”）！——看来惠帝并不糊涂。

如此软弱的皇帝，仍不能见容于野心家，最终被毒身死。——匈奴贵族刘渊借“八王之乱”，在并州起兵，自立为汉王，自称是汉高祖刘邦之后。他建立的政权先称汉，后称赵，史称“汉赵”或“前赵”。

刘渊死后，他的儿子刘聪继位，派堂弟刘曜攻破洛阳，俘虏了晋怀帝司马炽。晋王朝无奈，又在长安另立愍帝邺。可没过几年，刘曜又攻入长安，俘获了愍帝。—— 一位将军先后俘获两位皇帝，这在历史上还是少见的。刘曜后来做了前赵皇帝，同时又是亡国之君，被后赵君主石勒所杀。

“天下大势，分久必合，合久必分”。回顾西晋历史，司马氏于265年取代曹魏，280年统一中国，至316年西晋为前赵所灭，掐指算来，“合”的光阴只有短短三十几年，中国便又陷入漫长的分裂格局。

不过司马氏的帝王梦还没完全破灭。司马炎的侄子司马睿继承了晋朝统绪，在建康（今江苏南京）称帝，建立了东晋政权，是为晋元帝。北方则陷入“五胡乱华”的长期混乱局面。

“五胡”是指匈奴、鲜卑、羯（Jié）、羌、氐这五个游牧民族。连同北方的汉族，在长达百余年的厮杀争斗中，先后建立了几十个割据政权。其中影响较大的有十六个，包括五凉（前、后、南、西、北凉）、前后赵、三秦（前、后、西秦）、五燕（前、后、南、北燕，另有西燕不在十六国之内）及夏、成汉等。其实还不止十六个，另有代、冉魏、吐谷浑等，史称“五胡十六国”。

及至隋朝扫平天下，重归一统，已是两三百年以后的事！

《晋书》共一百三十卷，作者房玄龄（579—648）名乔，是唐初名相。其实他只是《晋书》的“主编”，真正著书的是令狐德棻、褚遂良、许敬宗、李义府等十几位学者。《晋书》同此前修撰的《隋书》都属于官修正史，以后的正史多为官修，也是从这时立下的规矩。

十部南北史，仅记二百年

东晋虽属偏安政权，却也延续了一百多年，比西晋长得多。420 年，东晋大将军刘裕废掉晋恭帝，改国号为宋（为了跟后来的“赵宋”相区别，又称“南朝宋”或“刘宋”）。刘裕自立为帝，仍定都建康。历史由此进入南北朝。

这段时间里，南方经历了宋、齐、梁、陈四朝。其间统治时间最长的是宋，差不多有六十年。最短的齐只有二十三年。这四朝，历史上统称“南朝”（420—589）。

刘宋建立不久，北方也被北魏所统一。北魏政权延续了近百年，又分裂成东魏和西魏；而后两魏又分别被北齐、北周所取代。北周又灭掉北齐，重新统一北方。从北魏到北周，历史上称“北朝”（439—581）。

581 年，北周丞相杨坚代周而立，改国号为隋。八年之后的 589 年，隋灭掉南朝陈，结束了南北分裂的局面。屈指算来，自西晋灭亡（316），这“分久必合”的过程，竟长达二百七十年；至此终获统一，实属不易！

单说南北朝这一段，相对于华夏五千年文明史，并不算长。加上短命的隋朝，也不过二百多年。然而记述这段历史的史书，竟多达十部，占了二十四史将近半数——即所谓“八书”“二史”。

“八书”是指《宋书》《南齐书》《梁书》《陈书》《魏书》《北齐书》《周书》《隋书》;“二史”是指《南史》和《北史》。

这几部史书的作者，不乏名人。就说《宋书》的作者沈约（441—513，字休文）吧，他不但是史学家、文学家，还是政治家。出身门阀士族，历仕宋、齐、梁三朝，在南齐为官时，还掌过“骠骑司马将军”的大印哩！他又是有名的诗人，提出“四声八病”的诗学理论，写诗的人没有不知道的。他撰写的史书，除了这部《宋书》，还有《晋书》《齐纪》等，可惜没能流传下来。

《魏书》的作者魏收（507—572，字伯起）是将门之后，北魏大将军魏子建之子。他读书有成，跟温子昇、邢邵并称“北地三才”。二十六岁任中书侍郎，文章写得又快又好。侯景叛乱时，他奉命草拟檄文，不到一天工夫，就写了五十多页纸！

有才华的人，难免狂妄。入北齐后，他身为中书令，奉命撰写魏史。他洋洋得意地对人说：谁敢跟我作对？我笔头一抬，就能让他上天，笔头一按，又能让他入地！

他写《魏书》，凡是跟他关系密切的，他就有意给人家“贴金”；关系疏远的，或草草一叙，或一字不提。书一出来，登时引发轩然大波，被人称为“秽史”，不少人还堵着门要找魏收“理论理论”。他死后也不得安宁，连坟也让人家扒了！——这也难怪，当代人写当代史，许多关联人还在，恐怕怎么写也不能让所有人满意，何况作者还存着私心呢？

此外，《南齐书》作者萧子显（489—537，字景阳）也应提一句：他是南朝齐高帝萧道成的孙子。——帝王子孙修史，二十四史中独此一家。

魏征编五书，延寿修二史

“八书”“二史”除了上述三部之外，余下七部都是唐人所修。如作《梁书》《陈书》的姚思廉（557—637，字简之）、写《北齐书》的李百药（565—648，字重规）、著《周书》的令狐德棻（583—666）、撰《隋书》的魏征，以及《南史》《北史》的作者李延寿，就都是唐代学者。

这些作者中，名气最大的要数魏征了。魏征（580—643）字玄成，是太宗朝的名臣，官至宰相。他性情刚直，敢于犯颜直谏，连太宗也怕他三分。一次太宗得到一只鹞鹰，十分喜爱。忽见魏征走来，怕魏征说他玩物丧志，连忙藏在怀里。魏征奏事良久，待离开时，太宗怀里的鹞鹰已被闷死了！

魏征有许多劝谏名言，至今脍炙人口，如“兼听则明，偏信则暗”，“怨不在大，可畏惟人；载舟覆舟，所宜深慎”（人：即“民”字，因避李世民之讳而改），等等。他的言论，多收在《贞观政要》一书中。

魏征还曾奉命主持编写《隋书》《周书》《梁书》《陈书》《齐书》，时称“五代史”（注意：这里的“五代”不同于唐末“五代”），至贞观十年（636年）完稿。其中《隋书》的序论，

魏征手书

《梁书》《陈书》《齐书》的总论，都是魏征所撰。

以上是“八书”，再来看看“二史”。《南史》与《北史》的作者都是李延寿（生卒年待考），他生活在太宗至高宗朝，参与了《隋书》《五代史志》《晋书》及本朝国史的修撰。《南》《北》二史则是他独立撰写的。

延寿的父亲李大师也是史学家。他关注前朝历史，看到南北朝史籍虽多，但各据立场，不够客观；南人贬北人为“索虏”，北人骂南人是“岛夷”；各书又详于本国史事，略于他国记述。李大师想写一部不偏不倚的南北“春秋”编年，把纷繁的史事梳理清楚。只是书没写成，人就去世了。李延寿撰写《南》《北》二史，实乃“追终先志”（完成先人的遗愿）。

李延寿所撰《北史》记述北朝魏、齐、周、隋四代二百三十三年的史事，共一百卷；《南史》记述南朝宋、齐、梁、陈四代一百七十年的史事，共八十卷。二史有纪、传而无志、表，内容主要是删节“八书”而成；文字则比“八书”简练，但也增添了一些新史料。《新唐书》对“二史”评价很高，认为“其书颇有条理，删落酿辞，过本书远甚”（酿辞：杂芜多余之辞）。

要想了解南北朝这二三百年的历史，究竟该读哪部史书好呢？有学者建议说，最好读“二史”的纪，“八书”的传，以及《宋书》《隋书》的志。——专家的意见，值得参考。

对了，有一篇收在《五代史志》中的《经籍志》，也出于李延寿之手。那是一篇图书目录，犹如班固所撰的《汉书·艺文志》。只是《经籍志》一改《七略》分类法，最先开启经、史、子、集四部分类法。后经魏征删削，收入《隋书》，成为后世图书分类的新模板。

两部《唐书》，各有千秋

紧随《隋书》之后是《唐书》，又有新、旧之分。《旧唐书》记录唐代自公元 618 年至 907 年二百九十年间的史事，领衔作者是五代后晋的刘昫（887—946）。

五代是乱世，在不到六十年的时间里，“城头变幻大王旗”，历经梁、唐、晋、汉、周，史称“后梁”“后唐”“后晋”“后汉”“后周”。其中后晋政权从建立到灭亡，只有十一个年头（936—947）；居然有一批学者在兵荒马乱中坐下来，编成一部二百卷的大部头史书，堪称奇迹！

唐代的史料本来十分丰富。只可惜经过“安史之乱”，大量前期文献毁于战火。后又经“吐蕃之乱”及朱全忠逼迁，丰富的文献史料历尽劫波，所剩无几。幸有吴兢、韦述等人此前曾撰有不同时期的国史，为《旧唐书》的写作提供了素材。

总的说来，《旧唐书》前详后略，算不得良史。但书中记录了大量杰出人物的言行事迹，不但有政治家、军事家、文学家、科学家的，还包括义军领袖李密、黄巢等人的。有人统计，列传部分所记人物达一千一百多位。

《新唐书》则出于宋代人之手，也是集体修撰，领衔者是宋祁（998—1061，字子京）和欧阳修。欧阳修（1007—1072）字永叔，是著名的政治家、史学家和文学家。他二十二岁中进士，官至翰林学士、枢密副使、参知政事（副宰相），死谥“文忠”。欧阳修的文学成就，以散文见称，是“唐宋八大家”之一，八家中的三苏、王安石及曾巩，都是他的学生辈。

欧阳修倡简练平易的文风，用这样的文字书写历史，是再合适不过了。欧阳修不光参与史书体例的制订，还亲自动笔撰写《新唐书》的纪、志、表等。宋祁则主笔列传，由曾公亮监修。

有《旧唐书》为蓝本，《新唐书》的编写相对要容易些。有人比较两书，说《新唐书》“事增于前”“文省于旧”，即在人物事迹方面增加了不少内容，使史实更加详明，人物也更加生动；文字则比《旧唐书》简洁明快，又删除了一些枝蔓的情节、累赘的引文，因而比《旧唐书》更精练。——“事增于前”当然是好事，但“文省于旧”却有弊端。例如为了文字简练，随意删去行文中的年代、官爵、数字等，使史实变得模糊，这一点就不如旧史做得好。

对历史人物的评价，两书也不尽相同。如《旧唐书》对唐太宗全盘肯定，颇多溢美之词。《新唐书》说到这位开国之君，更加客观，如批评他迷信佛教、好大喜功、穷兵黩武等，认为“此中材庸主之所常为”（《太宗皇帝纪》）。——《旧唐书》大半是抄袭唐人国史，《新唐书》则是宋人记唐事，两者立场不同，有这样的区别不足为奇。

新旧《五代史》，文章看宗师

欧阳修参与撰著《新唐书》，大概没过足修史“瘾”，因而在《新唐书》杀青之后，他又独自撰写一部《五代史记》。只是这部书稿在他活着时始终没公之于众，直到他去世后，才由家人呈献给朝廷。此书于金代进入正史序列——这也是二十四史中唯一一部私修国史。

在欧阳修《五代史记》之前，本来已有一部《五代史》，那是由北宋大臣薛居正（912—981，字子平）监修，卢多逊、扈蒙、李昉等集体编写的。由于五代历史较短，只有五十几年，加之时代较近，资料丰富，所以只用一年半就修成了。全书共一百五十卷，有纪六十一、志十二、传七十七。

欧阳修

薛居正《五代史》仿照《三国志》的国别体，五朝各自成书，各有本纪、列传。至于跟五代平行的十国，则或入《世袭传》，或入《僭伪传》；契丹、吐蕃等则归入《外国传》。

薛居正《五代史》问世后八十年，欧阳修《五代史记》写成。为了相区别，人们称薛史为《旧五代史》，欧史为《新五代史》。

《新五代史》的篇幅，仅有七十四卷，为旧史的一半。欧阳修一改旧史的体例，把五代历史融为一体；又删繁就简，将旧史的六十一卷本纪，删为十二卷，分别为《梁本纪》《唐本纪》《晋本纪》……至于列传，新史则分为《家人传》（各代宗室后妃等）、《名臣传》（梁臣传、唐臣传……）；此外又有《死节传》、《死事传》、《一行传》、《义儿传》、《唐六臣传》（唐末六位降梁大臣的传记）、《伶官传》、《宦者传》及《杂传》等十九卷。《杂传》所收人物，多为在几朝做官、不专属一朝的人物。

再如世家体例自《史记》后几乎没人再用，《新五代史》则立世家十卷，分别记述十国历史。——那是指与五代先后并存的十个割据政权，大半在南方，如吴、南唐、吴越、楚、前蜀、后蜀、南汉、南平、闽等，其中只有北汉在北方。

《新五代史》又有两篇“考”：《司天考》及《职方考》，实为“天文志”和“地理志”。至于“礼”“乐”等志，欧阳修认为五代乱世，礼乐全无，因此削而不录。

欧阳修是一代文章宗师，他笔下的文字简洁流畅，叙事清晰，人物生动，是难得的古文范本。他又秉承文以载道的传统，模仿《春秋》笔法，微言大义、暗寓褒贬。一些评论文字看似史传的附庸，节录下来便是一篇言简义深的政论文章。例如那篇《伶官传序》，还被选入中学语文课本，常读常新。

由于《新五代史》简明平正、立意深刻，又是大家之作，至金章宗时立于官学，成为五代正史。而《旧五代史》则门庭冷落，因无人阅读，到明中叶以后竟致失传。直到清乾隆年间纂修《四库全书》，学者从明初《永乐大典》中辑录佚书三百八十五种，《旧五代史》才重获新生。

辑录佚书是整理古籍的一种方法，即从现存典籍中搜寻失传书籍的残篇断简，经整理编辑，尽量恢复原书面貌。清代学者在这方面用力最勤，成绩也最大。

辑录《旧五代史》的主要功臣是清代翰林院编修邵晋涵，他从《永乐大典》中辑出的薛史旧文，约占全书十之八九；又从《册府元龟》《太平御览》《通鉴考异》《五代会要》等丛书典籍中辑出一些内容，终于使这部二百卷的史书大作重睹天日。

一夜惊魂上源驿

五代起于后梁，后梁的开国皇帝是朱温。朱温的祖父、父亲都是读书人，然而到他这一代，竟然“改换门风”。朱温跟哥哥朱存都不务正业，只靠两只拳头“混世界”，乡邻们避之唯恐不及。——《新五代史》开篇为《梁本纪·太祖》，对朱温的一生记录甚详。

时当黄巢造反，朱温也混入起义军，并很快显露出军事才能。黄巢攻入长安，建立了大齐政权，朱温因功授职同州防御使。后因吃败仗而投降官军，掉转枪尖对付黄巢。唐僖宗任命他为河中行营招讨副使，赐名“全忠”。

以后朱全忠随官军攻占长安，又追击黄巢义军至汴州。由于作战有功，由宣武节度使加封检校司徒、同中书门下平章事——后者相当于宰相，实乃虚衔。

宣武节度使所辖的汴、宋、亳、颍诸州，相当于河南东部的封丘、开封、尉氏及山东、安徽的一小部分，治所在汴州（今河南开封）。朱全忠自此以汴州为巢穴，后梁即建都于此——“梁”是汴的古称。

最终黄巢的继承者秦宗权也死于朱全忠之手。大权在握的朱全忠不满足于“挟天子以令诸侯”，于天祐四年（907年）代唐称帝，改名朱晃，建立梁。——五年后被儿子朱友珪所杀。

朱全忠为人残暴嗜杀，相传他杀死几十位唐朝大臣，把他们的尸体抛进黄河，说：你们不是号称“清流”吗？今天偏要把你们投入“浊流”！他的荒淫也是出了名的，连部下的妻女乃至自己的儿媳都不放过！然而他称帝后也曾奖励农耕，减轻赋税，促进了中原经济的恢复。

朱友珪弑父登基，宝座还没坐热，又被兄弟朱友贞所杀。朱友贞登基，是为梁末帝，在位十年。龙德三年（923年），太原军阀李存勖（xù）率晋军攻陷曹州，兵临城下，朱友贞被迫自杀，后梁至此灭亡。——李存勖此前已经称帝，仍用大唐国号，史称“后唐”。

朱、李两家是世仇，根子还要上溯到朱全忠与李存勖之父李克用那一辈。李氏本姓朱邪，是沙陀人——突厥族的一支。李克用的父亲原为唐将，被唐懿宗赐姓为李。

李克用（856—908）出生于山西雁门，长大后骁勇善战，人称“李鸦儿”；他的部队也称“鸦儿军”。李克用瞎了一只眼，又称“独眼龙”。他擅长骑射，十三岁时曾一箭射中两只野鸭。随父亲出征，他常打前锋，勇猛异常，号称“飞虎子”。中和三年（883年），李克用任河东（今山西）节度使，治所在太原府（今山西太原西南晋源镇）。日后受封晋王，也是因地得名。

当年征剿黄巢时，朱、李二部是友军。因李克用军力强大，朱全忠对他忌惮三分。中和四年（884年），李克用率军追击黄巢，一日夜驰骋二百里，追到山东菏泽附近的宛朐（qú），没能赶上。撤军时路经汴州，部队驻扎在城外封禅寺。朱全忠在城里上源驿设宴，为李克用接风洗尘。当晚李克用喝得大醉。

宴罢，李克用被安置到客房休息。半夜侍卫郭景铢惊醒，发现火光冲天、杀声四起。他连忙灭掉灯烛，把李克用推到床底下，用冷水泼面叫醒他，告诉他发生了变乱。眼看烈焰腾起，无路可逃，突然电闪雷鸣、大雨倾盆，浇灭了大火。侍卫薛铁山、贺回鹘保护着李克用逃出，借着闪电光亮从尉氏门顺绳索溜下，逃得性命，返回军中。

回太原后，李克用向僖宗告状，准备兴师报仇。僖宗谁也不敢得罪，只好和稀泥，为双方调解，并封李克用为陇西郡王。而李、朱两家由此结仇，日后征伐不断，互有胜负。

后梁建立的第二年，李克用病死。长子李存勖袭封晋王，不久称帝，是为后唐庄宗。他继续率军与梁作战，终于灭掉后梁。三年后，庄宗被伶人所杀，李嗣源继位，是为明宗——他是李克用的养子，在朱、李争战中立下汗马功劳。

后梁、后唐都是短命的王朝，前者延续了十七年，后者只有十三年。不过比起后晋（十年）、后汉（四年）、后周（十年），还算是“高寿”。

后唐庄宗的艺名是啥

后唐庄宗李存勖十一岁就随李克用上战场，是在马背长大的。他擅长打仗，军事才能超过爹爹。李克用在世时，曾受朱温挤压，又遭幽州刘守光的背叛及契丹人的侵扰，常处劣势。

李克用死后，李存勖丧服未脱，便对围困潞州的梁军发起突袭，以致朱温惊呼：“生子当如李亚子，克用为不亡矣！至如吾儿，豚犬耳！”（生儿子应当像李存勖这样，李克用没死啊！至于我的儿子，不过是猪狗罢了！）以后李存勖又在柏乡大破梁军，并活捉刘守光，大败契丹兵马，所向披靡！

然而庄宗马上得天下，却不善于马下治天下。登基后沉湎

后唐庄宗李存勖

于声色犬马，尤其爱跟“俳优”混在一起——那是古代以歌舞谐戏为业的艺人。

庄宗自己也懂音乐，还能填词作曲。直到宋代，山西一带的百姓还会唱庄宗“御制”的曲子哩。庄宗还为自己取个艺名叫“李天下”。——不错，他身为皇帝，自然当得起这个艺名。

只是“李天下”无心治理天下，整天跟伶人们在宫廷里演戏瞎混，甚至国家大事也交给伶人们处理——这个“天下”还“理”得长吗？

庄宗的皇后刘氏出身低微，父亲刘山人以卖药占卜为业。刘氏为人悍妒，跟其他妃子争宠，最忌讳谈自己的家世。庄宗故意穿着刘山人的衣袍，身背卦囊药筐，让儿子继岌提着破帽子跟在身后，跑到刘氏的寝宫外招呼说：刘山人看闺女来了！——刘氏大怒，不敢对庄宗怎样，把继岌打了一顿轰出去。宫中传为笑谈。

有个特别受庄宗宠爱的伶人周匝被梁人俘虏了。庄宗灭梁入汴后，见到周匝，喜出望外。周匝说自己得到两位梁朝小吏的帮助，为了答谢，替他俩求官。庄宗当即答应让他俩做刺史。

大臣郭崇韬劝谏说：跟陛下共取天下的英雄豪杰，如今一个都没封赏，却先让伶人推荐的小人做刺史，这是要失人心的！庄宗只好收回成命。

过了一年，因伶人们再三提此事，庄宗又对郭崇韬说：我已答应周匝，以后叫我怎么见这三人？您的话确实是正理，但是为了我，还是让一步吧。——最终让那两人当上了刺史。

伶人中也有明白人。一次庄宗打猎，踩坏了百姓的庄稼。

中牟县令拦着马头劝谏。庄宗大怒，喝退县令，还要让人追杀。有个叫敬新磨的伶人见了，率领众伶人追上县令，绑到庄宗马前，斥责说：你身为县令，难道不知道天子喜好打猎吗？为什么还要纵容百姓种庄稼、交赋税？为什么不让百姓饿肚子，空出这块地来让天子痛痛快快地跑马？你真该死！——庄宗听了大笑，于是吩咐把县令放了。

又有一回，庄宗跟伶人们在宫中戏耍，庄宗向四边望望，高喊："李天下！李天下何在？"敬新磨上前打了他一个嘴巴，庄宗变了脸，众人也都大惊失色，上前捉住敬新磨质问他：你怎么敢打天子？敬新磨说："李（理）天下者，一人而已，复谁呼耶？"（治理天下的，只有皇上一个人，你又喊谁为"李天下"呢？）左右都笑起来，庄宗大喜，赏赐敬新磨许多财物。

庄宗宫殿上养了许多恶犬，一次敬新磨被一只恶犬追赶，靠着柱子喊：陛下，不要纵容你的儿女咬人啊！——庄宗出身夷狄，忌讳说狗，敬新磨这是故意讥讽他呢。庄宗大怒，弯弓搭箭要射新磨，新磨忙喊：陛下不要杀我，我跟陛下同为一体，杀我不祥啊！

庄宗惊问缘故，新磨说：陛下开国，改元"同光"，天下都称陛下是"同光帝"。而"同"与"铜"同音，您杀了我敬（镜）新磨，"同"可就没"光"了（古时的镜子用铜铸成，要常常研磨，使之光亮）！——庄宗听了大笑，于是饶过了他。

不过伶人中也有仗势胡行的，如景进、史彦琼、郭门高等人，借着庄宗的宠信，侮弄百官，交结藩镇，收受贿赂，无所不为。

伶人郭门高颇得庄宗信任，因军功升任从马直指挥使——

“从马直”即亲军。郭门高又拜大臣郭崇韬为叔父。郭崇韬被杀后，郭门高受到怀疑，于是煽动亲军造反，纵火焚烧宫门。庄宗中箭受伤，死于绛霄殿廊下。最终还是伶人善友收拢乐器，点起一堆火，将庄宗的遗体焚化！

以上内容，并非出自庄宗李存勖的本纪，而是来自《伶官传》，那是欧阳修为庄宗朝的伶人们所写的合传。地位微贱的伶人又哪有资格进入正史？这是欧阳修借此批判庄宗玩物丧志呢。欧阳修在传末感叹，《左传》说过：“君以此始，必以此终。”庄宗宠幸伶人，结果被伶人所杀，竟然还是用乐器焚化的；“可不信哉！可不戒哉！”

欧阳修还特意写了一篇序，置于《伶官传》的开头，序中“忧劳可以兴国，逸豫可以亡身”两句，道出千古不磨的真理，值得后人反思、警醒。（文摘一二）

【文摘一二】

伶官传序（《新五代史》）

呜呼，盛衰之理，虽曰天命，岂非人事哉！原庄宗之所以得天下，与其所以失之者，可以知之矣。世言晋王之将终也，以三矢赐庄宗而告之曰：“梁，吾仇也，燕王吾所立，契丹与吾约为兄弟，而皆背晋以归梁。此三者，吾遗恨也。与尔三矢，尔其无忘乃父之志！”庄宗受而藏之于庙。其后用兵，则遣从事以一少牢告庙，请其矢，

盛以锦囊，负而前驱，及凯旋而纳之。方其系燕父子以组，函梁君臣之首，入于太庙，还矢先王而告以成功，其意气之盛，可谓壮哉！

◎原：追寻原因。◎晋王：指庄宗之父李克用。将终：将死。梁：朱全忠，唐末封梁王。燕王：幽州军官刘仁恭曾投靠李克用，后叛晋投梁。其子刘守光称燕王。◎其（尔其）：语助词，表命令、祈使。乃父：你的父亲。◎庙：太庙。◎少牢：古代祭祀用牛、羊、豕为祭品称太牢，只用羊、豕称少牢。告庙：帝王、诸侯外出或遇大事向祖庙祭祷、报告。◎系……以组：用绳子拴。组，绳索。函：用匣子装。

及仇雠已灭，天下已定，一夫夜呼，乱者四应，仓皇东出，未及见贼而士卒离散，君臣相顾，不知所归，至于誓天断发，泣下沾襟，何其衰也！岂得之难而失之易欤？抑本其成败之迹而皆自于人欤？《书》曰：“满招损，谦得益。”忧劳可以兴国，逸豫可以亡身，自然之理也。故方其盛也，举天下之豪杰莫能与之争；及其衰也，数十伶人困之，而身死国灭，为天下笑。夫祸患常积于忽微，而智勇多困于所溺，岂独伶人也哉！作《伶官传》。（节自《伶官传》）

◎仇雠（chóu）：仇敌。一夫夜呼：后唐同光四年（926年），贝州军士皇甫晖因赌博不胜而作乱，邢州、沧州等地驻军也相继叛变。相顾：相看。誓天断发，泣下沾襟：庄宗在李嗣源叛变后，带着残兵回到洛阳，在野外饮酒悲泣，随从的百余将士都以刀割发，发誓效忠，一同悲号。◎逸豫：安乐。

逸，安闲。◎忽微：细微。忽，一寸的十万分之一。微，一寸的百万分之一。

【译文】

唉，国家兴盛衰亡的道理，虽说出于上天安排，难道跟人的作为没有关系吗？推究唐庄宗得天下和失天下的原因，就可以明白了。世人传说晋王临终时，拿出三支箭赐给庄宗并告诉他："梁是我的仇敌，燕王是我所立，契丹跟我相约为兄弟，结果都背叛晋而归附梁。这三桩，是我终生遗恨。给你三支箭，你别忘了你父亲的遗志！"庄宗接受了三支箭，把它们收藏在太庙中。后来用兵打仗时，就派从事官带着少牢祭品到太庙中祭告，请出箭来，用锦囊装起，让人背着走在队伍前头。等到战胜归来，再送回太庙收藏。及至用绳子捆绑燕王父子，用匣子装着梁朝君臣的人头，进入太庙奉还三箭并向先王报告成功，当时那得意扬扬之态，可谓豪壮！

可是等到仇敌已灭，天下太平无事。谁料一个人夜晚振臂一呼，反叛者四面响应，君臣仓皇东进，还没见到反贼，士兵已经逃散。君臣面面相觑，不知归处，以至于削断头发对天发誓，眼泪打湿衣襟，又是多么衰微！难道是来得艰难去得容易吗？或者推究这成败的轨迹，不是自己造成的吗？《尚书》说："骄傲自满招致损害，谦虚谨慎得到益处。"忧虑辛劳能使国家兴盛，安逸享乐导致自身灭亡。这都是自然之理。因而当他强盛时，遍天下的豪杰也没人能跟他争胜；当他衰败时，几十个伶人就能困住他，使他身死国灭，被天下人耻笑。祸患常常是从细小事物累积而来，智勇之士大多为自己沉溺的事情所困扰，哪里只是宠信伶人使然呢！我因而作《伶官传》以警示世人。

"人死留名"的王铁枪

五代乱世，战事频仍，武人当道。因而《新五代史》中的武将传记，写得最为生动传神。试读后梁大将王彦章的传记，开篇便是一幅人物“速写”：

> 王彦章，字子明，郓州寿张人也。少为军卒，事梁太祖。……彦章为人骁勇有力，能跣足履棘行百步。持一铁枪，骑而驰突，奋疾如飞，而他人莫能举也，军中号“王铁枪”。(《死节传·王彦章传》)
>
> ◎梁太祖：即朱全忠。◎跣足：光着脚。履棘：踏着荆棘。

寥寥几笔，一员猛将已立于纸上！王彦章勇力过人，能光着脚在满地荆棘上飞奔百步。他的一杆铁枪，别人甭说舞动，举都举不起！——只是末帝在位，亲近小人，王彦章难受重用。

梁军与晋军作战，频频失利。魏州被晋军拿下，梁、晋只隔着一条黄河。晋人占据黄河以北，用铁锁隔断德胜口，夹河筑起两座城堡，号称“夹寨”；接着又攻取郓州。

末帝闻讯惊恐，这才听从宰相敬翔的建议，启用王彦章为招讨使，与晋军决战。临行前，末帝问破敌之期，王彦章回答：“三日！”左右认为他说大话，全都笑出声来。

王彦章率部队急行军，两天就到了滑州。他在军中大摆宴席，暗中命人在杨村准备舟船，派甲士六百人携巨斧登舟，还载着铁匠及炉具煤炭等，顺流而下。

酒席上，王彦章喝到一半，借口起身如厕，出门率领精兵数千，沿河直奔德胜口。此刻舟兵已先期到达，用筏上烘炉烧断拦河铁锁，又拿巨斧砍断浮桥。王彦章率军赶到，急攻南岸城堡。由于浮桥已断，北岸城堡不能救应，南城很快被打破——刚好在第三天头儿上！

李存勖听说王彦章来攻夹寨，大惊，急忙率军驰援。军行二十里，接到王彦章进攻的报告。等赶到时，南城已被攻破。李存勖于是拆毁北城，以木料编成木筏，顺河而下，前往杨村。王彦章也驾船顺河而下，两军各行一岸，船队相撞时就拼打一阵，一天之内打了几十回。——后来晋军在博州东岸筑起堡垒，王彦章始终没能攻下来。

跟随王彦章做招讨副使的段凝，与朝中奸佞相互勾结。南城攻破时，王彦章与段凝分别向朝廷报捷。朝中奸佞扣下王彦章的捷报，只把段凝的呈上。段凝还诬告王彦章"使酒轻敌"。结果末帝派使者劳军颁赏，不但没有王彦章的份儿，反而罢免了他的招讨使职务！王彦章亲赴京城见末帝，拿着笏板在地上指画图形、陈说战况，又被奸人进谗，说他"大不敬"，勒令他回家。

后来晋军攻打兖州，梁军主力在外，京师只剩五百名新募的骑兵，交给王彦章指挥。由于兵少，王彦章一败再败，终于受伤被擒。李存勖一见就问他：你常拿我当小孩子（"孺子"）看待，今天服不服？——原来，王彦章一向看不起李存勖，曾对人说："亚次斗鸡小儿耳，何足惧哉！"（亚次：李存勖的小名，又称亚子。）李存勖就是冲着这话说的。

李存勖喜欢王彦章骁勇善战，给他涂药治伤，劝他投降。王彦章说：我跟陛下（李存勖此刻已是后唐皇帝）血战十余年，如今兵败力尽，不死还等什么？况且我受梁朝大恩，不死不能报答。哪里有早晨服事梁，晚上又服事晋的道理？那样活着，还有什么脸面见天下人呢?

李存勖又派李嗣源去劝降,王彦章伤重,已不能起床,抬头看看,叫着李嗣源的小名说:“汝非邈佶烈乎?我岂苟活者!”于是被杀。这年他六十一岁。

王彦章是个武人,没读过书,但他常对人说:“豹死留皮,人死留名!”欧阳修十分赞赏他的忠诚,把他的事迹收入《死节传》,并在文末评论说:“呜呼,天下恶梁久矣!然士之不幸而生其时者,不为之臣可也;其食人之禄者,必死人之事,如彦章者,可谓得其死哉!”(唉,天下人厌恶后梁已经很久了。然而士人不幸生在那个时候,不做梁臣也就罢了;既然做了梁臣,吃人家的俸禄,就一定要为人家的事业献身。如王彦章,可谓死得其所了!)

欧阳修生活在讲求儒学的宋代,自有其思想局限。然而无论哪个时代,忠义之士“临难毋苟免”的慷慨言行,总是能打动人,无论是文士还是武夫!

冯道:何止“三朝元老”

五代时的高官冯道是个“不倒翁”,无论哪位皇帝坐龙廷,朝堂上都少不了他的席位。说他是“三朝元老”,并不符合史实。——不是说多了,而是说少了,他在后唐侍奉过四位皇帝,在后晋侍奉过两位,在后汉、后周也都做过大臣。前后四朝,共事十帝,在中国历史上创了纪录!

欧阳修对他十分反感,把他的传记放在《杂传》里——这也是没办法的事，因为把他放到《唐臣传》《晋臣传》《汉臣传》《周臣传》中，都不妥帖。

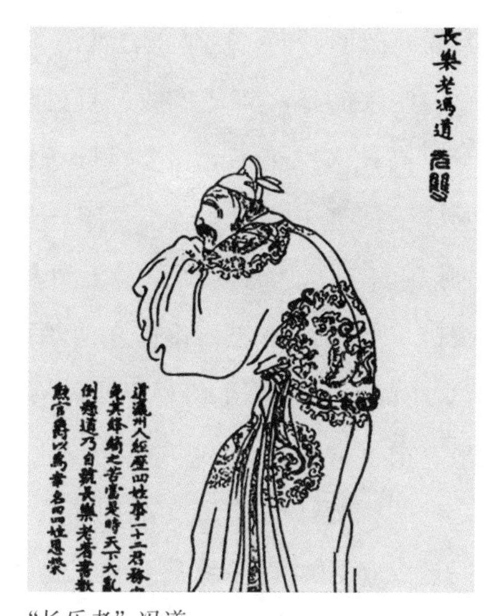

“长乐老”冯道

冯道（882—954）字可道——“道可道，非常道”，这是《老子》说过的话，想必冯道是崇奉道家学说的。他最初在幽州刘守光手下做参军。刘守光兵败，他又投靠宦官张承业，后因文学才能被推荐给晋王李存勖。李存勖即位，拜冯道为户部侍郎，翰林学士。

冯道倒不是“坏人”，他为人俭朴，生活上十分克己。晋、梁作战时，他随军出征，在军营中建一茅屋，不设床席，坐卧只有一张草垫子。每当领到薪俸，便跟仆人一块享用。武将跟他关系不错，掠得美女送给他，他推辞不过，就安排在另外的屋子里；待寻访到主人，便给人家送回去。

庄宗遇害，明宗李嗣源继位，冯道继续他的宦海生涯，一直做到宰相。有一段时间，连年丰收，国中无事。冯道告诫明宗：我做河东掌书记时，出使中山，经过井陉险要之地，生怕马失前蹄，一路小心拉着缰绳，不敢松懈，结果平安无事。到了平地上，觉得没事了，反而从马上跌下来受了伤。我想：身在危境者，常能深思熟虑，反能获得保全；身处太平之境，则容易疏忽而遭祸。这是人之常情，不能不深思啊。

明宗问他：年成丰收，百姓便能得益吧？冯道说：歉年谷子价高，农民买不起，要饿肚子；丰年谷子卖不出价钱，农民同样受损害（“谷贵饿农，谷贱伤农”）。他还给明宗读聂夷中的《咏田家》：“二月卖新丝，五月粜新谷。医得眼前疮，剜却心头肉。我愿君王心，化作光明烛。不照绮罗筵，只照逃亡屋。”[粜（tiào）：卖粮] 诗写得浅显易懂，明宗很喜欢，让左右抄下来，没事常常吟诵。

明宗死了，冯道又给闵帝做宰相。潞王造反，闵帝出逃，冯道又率领百官迎潞王登基，是为后唐废帝。废帝即位时，闵帝还没死呢。冯道可不管这些，谁登基，他就侍奉谁！

后晋灭掉后唐，冯道在新朝继续当官，官至同中书门下平章事（宰相），加司徒、兼侍中，还被封为鲁国公。晋高祖死后，冯道又辅佐出帝为相，加太尉，封燕国公。

契丹人灭掉后晋，冯道又到京师朝见耶律德光。耶律德光责备冯道在后晋做官不称职，冯道默然以对。耶律德光又问他：你为什么来见我？冯道说：我无城无兵，怎敢不来？德光讥讽他：你是个什么样的老汉（“尔是何等老子”）？冯道自嘲说：“无才无德痴顽老子。”德光转怒为喜，任命他做太傅。

德光回到北方，冯道也跟着到了常山。后汉政权建立，冯道又回到朝廷，以太师的身份参与朝会。后周灭掉后汉，冯道继续当官，做到太师兼中书令。这个冯道，年轻时善于伪装，获得好名声；当大臣时，能以持重的态度稳定局势。先后侍奉十位君主，自以为德高望重，自吹自擂。——当时人对他倒挺尊重。冯道七十三岁那年死去，人们说：这是孔夫子去世的年纪啊。

欧阳修十分讨厌冯道，说：有冯道这样不讲礼义、没有廉耻的大臣，天下不乱、国家不亡是不可能的！欧阳修还举五代“节妇”的例子，认为冯道“不自爱其身而忍耻以偷生者”，连妇人都不如！（文摘一三）

北宋中期，天下太平，儒学昌盛。欧阳修站在忠君爱国的伦理立场，去评价乱世中的人物，难免有些“站着说话不腰疼”。五代之时，烽烟连天，战乱频仍，百姓处于水深火热之中。在走马灯般的政权变换中，四朝为相的冯道成了那个时代的“秤砣”。无论哪个皇帝登基，冯道总能占据高位，这使得社会管理保持了一定的延续性。冯道又尽量发挥自己的影响，向武人政权及异族统治者灌输一些仁政理念，客观上起到保护百姓的作用。

冯道晚年时写过一篇《长乐老叙》，罗列自己在历朝所得的一大堆官衔，并自鸣得意地称自己是“长乐老”，欧阳修骂他“可谓无廉耻者”，也并没有骂错。

【文摘一三】

冯道传序（《新五代史》）

传曰：“礼义廉耻，国之四维；四维不张，国乃灭亡。”善乎，管生之能言也！礼义，治人之大法；廉耻，立人之大节。盖不廉，则无所不取；不耻，则无所不为。人而如此，则祸乱败亡，亦无所不至，况为大臣而无所不取，无所不为，则天下其有不乱，国家其有不亡者乎！予读冯道《长乐老叙》，见其自述以为荣，其可谓无廉耻者矣，则天下国家可从而知也。

◎传曰：书传记载。传，在这里是对典籍的泛称。维：绳索，准则。张：伸张。◎管生：管仲。“礼义廉耻，国之四维”的话出自《管子》。◎其（则天下其有不乱，国家其有不亡者乎）：岂。

予于五代，得全节之士三，死事之臣十有五，而怪士之被服儒者以学古自名，而享人之禄、任人之国者多矣，然使忠义之节，独出于武夫战卒，岂于儒者果无其人哉？岂非高节之士恶时之乱，薄其世而不肯出欤？抑君天下者不足顾，而莫能致之欤？孔子以谓：“十室之邑，必有忠信。”岂虚言也哉！

◎全节之士：保全节操的士人。死事之臣：为国事而死的臣子。被服：穿着（儒者的）袍服。享：享受。任：任职。◎薄其世：鄙薄世风。◎抑：或。君天下者：指帝王。致：招致。

予尝得五代时小说一篇，载王凝妻李氏事，以一妇人犹能如此，则知世固尝有其人而不得见也。凝家青、齐之间，为虢州司户参军，以疾卒于官。凝家素贫，一子尚幼，李氏携其子，负其遗骸以归。东过开封，止旅舍，旅舍主人见其妇人独携一子而疑之，不许其宿。李氏顾天已暮，不肯去，主人牵其臂而出之。李氏仰天长恸曰：“我为妇人，不能守节，而此手为人执邪？不可以一手并污吾身！”即引斧自断其臂。路人见者，环聚而嗟之，或为弹指，或为之泣下。开封尹闻之，白其事于朝，官为赐药封疮，厚恤李氏，而笞其主人者。呜呼，士不自爱其身而忍耻以偷生者，闻李氏之风，宜少知愧哉！（节自《杂传·冯道传》）

◎家（凝家青、齐之间）：住家，住在。◎恸：伤心痛哭。◎弹指：激愤貌。◎恤：抚恤。笞：鞭打。

【译文】

书传上记载："礼义廉耻是维系国家的四条纲领，这四条纲领得不到伸张，国家就会灭亡的。"管仲这话说得太好了！礼和义是治理国人的根本法则；廉和耻是人们立身的根本节操。大概没有廉，人们就会无所不取；没有耻，人们就会无所不为。人们如果这样，那么灾祸混乱失败灭亡就全要来了。何况做大臣的无所不取，无所不为，天下哪有不乱、国家又哪有不亡的呢？我读冯道的《长乐老叙》，见他自述勋位，引以为荣，这样做可以说毫无廉耻，天下国家会是什么样子，也就可想而知了。

我在五代历史中发现保全节操的贤士三位，为国事而死的十五位（多是武人）。我因此奇怪，士人中穿着儒服、自称学古，享受着君主俸禄、担任着国家责任的不少，却让忠义节操只出于武夫士卒，难道儒者中真的没有这样的人吗？莫不是节操高尚的士人厌恶时事的混乱、鄙薄这样的世道，不肯出来吗？还是统治者们不值一顾，因而不能吸引贤才呢？孔子说过："十户人家的城镇里，也一定有忠信之人。"哪里会是空话呢。

我曾读到一篇五代时的小说，记述王凝之妻李氏的事迹，一位妇人尚且能这样做，就能推知世上确实有这样的人，只是没发现而已。王凝住在青、齐之间，任虢州司户参军，因病死于任上。王凝家里素来清贫，一个儿子还小，李氏带着儿子，背着王凝的遗骨回乡去。往东路经开封，停在旅舍前。旅舍主人见妇人独自带着个孩子，起了疑心，不准她留宿。李氏看看天色已晚，不肯离去。旅舍主人强拉她的手臂把她赶了出去。李氏向天痛哭说："我是妇人，不能保守节操，这只手竟被男人拉扯，我不能让这只手玷污了我的身体！"当即拿斧子砍断了自己的手臂。过路人见了都围拢感叹，有的弹指激愤，有的悲悯落泪。开封府尹得知这事，向朝廷报告。官府为她赐药疗伤，厚加抚恤，并鞭打旅舍主人。唉，士人不能自爱名誉而忍辱偷生的，听到李氏的高风，应该略感愧怍吧？

脱脱领修三朝史

宋人重视修史，除了《新唐书》和新旧《五代史》，还有大名鼎鼎的编年体通史《资治通鉴》。私撰史书就更多，像李焘（1115—1184）的《续资治通鉴长编》、徐梦莘（1126—1207）的《三朝北盟会编》、李心传（1167—1244）的《建炎以来系年要录》，都是记录本朝历史的大部头。

紧随宋金之后的元代，是由蒙古贵族统治的大一统王朝，只是历史短暂，不足百年。蒙古这个马背上的民族入主中原之后，吸收汉文化，在文史领域也有建树，二十四史中的《宋史》《辽史》《金史》，便都是元人所修。

修史的计划，早在元世祖忽必烈时就提出了，可是直到六十年后才开始动笔。大概因为连年征战无暇顾及吧。可一旦动手，却进展神速。宋、金、辽三书同时编纂，齐头并进，只用两年就相继完成了。

"三史"的"都（dū）总裁官"是顺帝朝的宰相脱脱（1314—1356，字大用）。他身为蒙古人，对汉文化十分推崇。此前伯颜当政时，科举考试曾被中止，也是脱脱执政时恢复的。

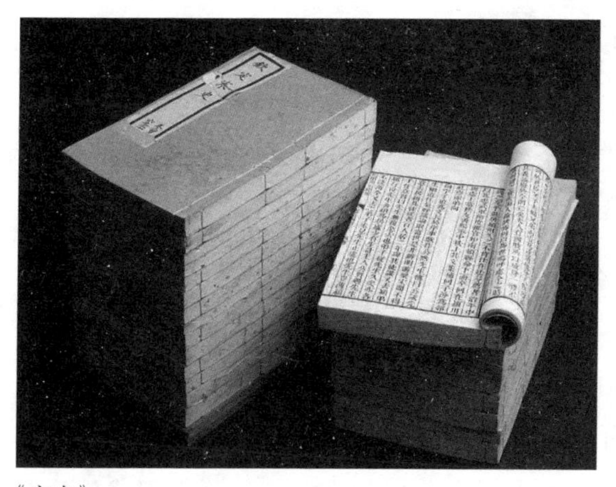

《宋史》

作为都总裁官，脱脱做了不少大事，如筹集经费、组织写作班子，还制订了修史体例。以前修史工作迟迟没能展开，体例不定也是个重要原因。有的学者主张只修一部《宋史》，辽史、金史可以“载记”的形式附于宋史之后。最终脱脱拍板，决定三史分修，于是便有了今天我们见到的《宋史》及两部少数民族偏方政权的史书《辽史》和《金史》。

脱脱所组织的修史班子，不但人数众多，还包括一些少数民族学者。负责统稿的，则是总裁官欧阳玄。众史官水平各异，文笔不一，所撰篇章由欧阳玄统一删定。三史能在短时间内先后修成，少不了欧阳玄的协调之力、笔削之功。

三史中的《宋史》将近五百卷，是二十四史中规模最庞大的一部。书中记录两宋三百多年的历史。单是列传，就记述了两千八百多人的事迹。

由于成书仓促，自然也留下不少遗憾。修史最怕史料匮乏，然而《宋史》作者面临的问题却是史料过多，剪裁不精。一些人物的传记重复出现，一些杰出人物的传记反而没被收入。对人物的评价也时有矛盾，这里说他是奸佞，那里又说他是忠臣。人们对这部大书的常用评语是——“繁芜”。

《辽史》《金史》篇幅要小得多。《辽史》一百一十六卷，记述辽代史事的同时，也兼叙辽建国前契丹族的发展史，以及辽代末期由耶律大石建立的西辽王朝历史。辽及西辽相加，前后也有三百多年。

契丹族本来也有简单的文字，但用作著述，显然不够。有关辽代的汉文著作又不多，因而《辽史》的简略，也就不可避免。

金代的汉化程度要比辽代高得多。如金代学者元好问就有着很高的汉文化修养，即使在汉文学圈子里，也称得上佼佼者。他晚年以保存金代文化为己任，在家中建起一座亭子，每日在亭中挥毫著述，凡能找到的金代君臣“遗言往行”，都搜集起来，经他编撰的金朝史料素材有一百多万字，号称“野史”，成为元人纂修《金史》的宝贵资料。

《金史》一百三十五卷，所记内容始于金太祖完颜阿骨打，止于金亡，共约一百二十年的史事。其中包括本纪、志、表、列传等体裁名目。由于前期准备充分，《金史》的修撰比较从容，能做到首尾整齐、体例完备，“行文雅洁，叙事简括”（清赵翼《廿二史札记》），是元修“三史”中水平最高的一部。

与宋、辽、金同时的，还有西夏、大理、吐蕃、高丽等政权，相关史述都附于《宋史》，见于“外国列传”。

《元史》：皇帝净说“大白话”

元朝的国史，则是由明朝人修撰的。元朝若从元太祖铁木真建立蒙古帝国算起，至元亡明兴，前后共一百六十三年（1206—1368）。若从元世祖忽必烈统一中国算起，则刚好九十年（1279—1368）。虽说时间不长，《元史》的篇幅却不短，有二百一十卷；记录了从太祖到顺帝十四朝的史事。

《元史》的总裁官是明初的宋濂和王祎（yī）。宋濂（1310—1381）字景濂，是元末明初著名学者，洪武朝官至翰林学士承旨，兼修国史。国初的许多典章制度，便是他参与制定的。

明太祖朱元璋很重视《元史》的编纂，登基当年就下诏修史。第二年由宋濂领衔在南京天界寺开局编撰，不到一年就编纂完毕。——编得快就难免草率，譬如书中出现许多纰漏，甚至出现一人两传的情形。

不过也有很有趣的内容，如有几篇皇帝诏书，是由蒙古文翻译过来的，未经汉族文人润色，全是大白话。——就来看看泰定皇帝的即位诏书吧。泰定帝名叫也孙铁木儿，是元朝第六位皇帝。他本是世祖忽必烈的曾孙，袭父位为晋王。英宗遇刺后，他被迎立为帝，于是口述诏书：

> 薛禅皇帝可怜见嫡孙、裕宗皇帝长子、我仁慈甘麻剌爷爷根底，封授晋王，统领成吉思皇帝四个大斡耳朵，及军马、达达国土都付来。依着薛禅皇帝圣旨，小心谨慎，但凡军马人民的不拣甚么勾当里，遵守正道行来的

上头，数年之间，百姓得安业。……

今我的侄皇帝生天了也么道，迤南诸王大臣、军上的诸王驸马臣僚、达达百姓每，众人商量著：大位次不宜久虚，惟我是薛禅皇帝嫡派，裕宗皇帝长孙，大位次里合坐地的体例有，其余争立的哥哥兄弟也无有……（《元史·泰定帝纪》）

◎薛禅皇帝：忽必烈。可怜见：可爱的，让人心疼的。裕宗皇帝：忽必烈的长子真金，他活着时未践帝位，裕宗是追尊的帝号。甘麻剌：真金之子，泰定帝之父。爷爷：这里只是尊称。根底：跟前，那里。成吉思皇帝：元太祖成吉思汗。四个大斡耳朵：指成吉思汗的四处宫殿大帐。达达：鞑靼，指蒙古，也泛指北方各族。◎勾当：行业。◎侄皇帝：元英宗，辈分低于泰定帝，故称。生天：去世。也么道：语尾助词。迤南：南方。每：们。大位次：指帝位。合坐地：应该坐。

北京法源寺元仁宗白话圣旨碑（局部）

诏书中说：薛禅皇帝忽必烈可爱的嫡孙、裕宗皇帝的长子、我那仁慈的甘麻剌父亲，曾受封晋王，统领着成吉思汗的四个大帐，连同北方的军马及鞑靼国土，都交他管辖。他依照薛禅皇帝的圣旨，用心统治，所有军民不管做什么行当的，也都奉公守法。几年以来，百姓安居乐业。诏书接着叙述自己在父亲甘麻剌死后如何承袭晋王爵位、统治北方的经历。

原来，元朝自世祖忽必烈死后，帝位为太子真金的儿子完泽笃（成宗）及两个孙子（武宗、仁宗）、一个重孙（英宗）相继承袭，而真金的长子甘麻剌仅被封为晋王；甘麻剌的儿子叫也孙铁木儿，自然也跟帝位无缘。

眼看武宗、仁宗两位堂兄相继陨落，侄儿英宗也遇刺身亡，皇帝的冠冕终于落到也孙铁木儿头上。——诏书简单陈述了帝位的承袭过程，陈说自己登基的正当性。语言虽然粗鄙可笑，但内容充实，逻辑清晰，也有一定说服力。对于研究语言的学者，这又是不可多得的鲜活语言材料。

《明史》与《清史稿》

《元史》是明人所修，《明史》则由清人修撰。清廷在顺治二年便下诏修《明史》，但由于史料缺失、人才难觅，加上政局不稳，所以迁延日久，进展不大。

康熙皇帝为了笼络不肯合作的汉族遗民，特开博学鸿词科，诏令三品以上的高官可以举荐民间贤士，绕过科举阶梯，直接参加博学鸿词考试。考中者即可授翰林院编修、检讨等职。

第一回选拔了五十名，其中不乏饱学之士，如陈维崧、朱彝尊、汤斌、汪琬、施闰章、尤侗、毛奇龄等，这些学者全都参与了《明史》修撰。

史局以徐元文为监修，叶方蔼、张廷玉、徐乾学、王鸿绪等先后任总裁。徐元文是明末清初大学者顾炎武的外甥，他聘请史学家万斯同作为总审稿人。万斯同（1638—1702，字季野）是明末清初另一位大学者黄宗羲的学生，以布衣身份参与《明史》审订，既无官职，也无俸禄。他先在徐元文家坐馆，后又受聘于总裁王鸿绪，对《明史》贡献最大。

《明史》于雍正十三年（1735 年）成书，乾隆四年（1739 年）刊刻。书前有张廷玉的《进明史表》，说此前有关明代的官私史著很多，但只有王鸿绪的史稿“经名人三十载之用心……首尾略具，事实颇详”，因此用作《明史》的底本——他所说的这位“名人”，便是万斯同。

《明史》有本纪二十四卷，志七十五卷，表十三卷，传二百二十卷。——在本纪部分，对景泰帝的处理，颇得史家好评。

原来，明正统十四年（1449 年），蒙古瓦剌部落进犯大同，明英宗朱祁镇“御驾亲征”，结果在土木堡兵败被俘。消息传到京师，皇太后命英宗之弟朱祁钰监国。兵部侍郎于谦临危受命，组织军民打退进犯京师的瓦剌武装。朱祁钰即位，是为景泰帝。

第二年，英宗被瓦剌部落送回，闲居南宫，当起“太上皇”。景泰八年（1457 年），景泰帝患重病，武清侯石亨、御史徐有贞和太监曹吉祥勾结，迎英宗复辟，改元天顺，史称“夺门之变”。于谦等被妄加罪名，遭到杀害，景泰帝随后病故。明代诸帝《实录》中，没有景泰朝《实录》，景泰帝被加上“郕戾（Chénglì）王”的恶谥，相关事迹附于《英宗实录》中。

对此，《明史》的处理颇具创意，是把英宗的本纪分成前后两篇，中间插入了《景帝朱祁钰纪》。——明代先后有十五位皇帝在位，除太祖朱元璋葬在南京明孝陵，另有十三位的陵墓集中在北京北郊的昌平，称“明十三陵”。剩下一位孤零零葬在北京玉泉山北麓，便是景泰帝朱祁钰。

《明史》的列传部分，包括多种类传，如“后妃”“诸王”“公主”“循吏”“儒林”“文苑”“外戚”“宦官”“土司”“外国”“西域”等。另有反面人物的类传，如“阉党”“佞幸”“奸臣”“流贼”等。——“阉党”是指阿附大太监的士大夫们，“流贼”则是对李自成、张献忠等起义领袖的诬称。尽管如此，这些传记侧面记录了人民反抗暴政的历史，仍有一定的参考价值。

清代学者对《明史》评价很高，认为“近代诸史，自欧阳公《五代史》外，《辽史》简略，《宋史》繁芜，《元史》草率，惟《金史》行文雅洁，叙事简括，稍为可观；然未有如《明史》之完善者”（赵翼《廿二史札记》）。

《明史》是清代皇帝下诏编写的官修史书，清代学者大概不敢随意批评吧？怎么能没有缺点呢？例如明末建州满族人发家的历史，《明史》就语焉不详；而明亡后几个南明小朝廷继续抗清的历史，也未见《明史》记载。不过相比较而言，《明史》体例完备，内容翔实，比起前面几部正史，确实高出不少。

至此，我们将“二十四史”极粗略地点数了一番。有的说得多些，有的则一带而过。目的是为朋友们勾画一张路线图，有兴趣的朋友自可按图索骥，深入研读。

其实还有个“二十五史”的说法，即加上《清史稿》。那是清亡后的十几年间，由学者赵尔巽（xùn）、柯劭忞（mín）先后领衔编写的清代历史，参与修史的，大多是前清的“遗老遗少”。

《清史稿》全书五百二十九卷，论规模，超过以往任何一部正史。内中包括本纪、志、表、列传等。其中列传三百一十六卷，记录了三千多人的事迹。

20 世纪修史，当然要有新气象，例如志中多了《时宪志》《交通志》《邦交志》等。《交通志》中还记述了铁路、轮船、电报、邮政等现代交通、通信的发展状况，这又是前代撰史者做梦也想不到的。

然而这部清史未获官方承认，因此只能称《清史稿》，不能算作正史。而“二十五史”的说法，也是慎用为好。

辑六 《通鉴》编年体，“本末”纪事篇

司马光不光会“砸缸”

前面所说，史书的体裁主要有三类：编年体、纪传体和纪事本末体。其中编年体出现最早，“五经”中的《春秋》便采用编年体，《左传》更是编年体史书的高峰。

自从司马迁《史记》独创纪传体，后来的官修正史全都沿袭此体，编年体似乎不再“吃香”。但仍不断有人采用编年体撰写史

书。如班固《汉书》之后，有个叫荀悦的，编了一本《汉纪》，用的便是编年体。只是《史记》《汉书》如日中天，遮蔽了编年体的光芒。直至北宋司马光撰写《资治通鉴》，编年体才再创辉煌！

司马光的名字很响亮，有个司马光砸缸的故事，可谓妇孺皆知。相传司马光幼时与孩子们在花园玩耍，有个小伙伴掉进大水缸里。同伴们惊恐呼救，司马光却不声不响地搬起一块大石头，砸破了水缸。水流尽了，伙伴的性命保住了。人们都称赞司马光临危不乱、智高一筹，更惊叹他小小年纪，便能辨别人与物的轻重，体现出仁者情怀。

司马光（1019—1086）字君实，陕州夏县（今山西夏县）涑水（Sùshuǐ）乡人，人称“涑水先生”。他是有名的政治家，又是大学者，在史学及文学上都有很深的造诣。

司马光为什么要写这部史书呢？原来，在他生活的年代，纪传体正史已有十七部之多，这些史书加起来，足有两千多卷，能通读下来的人，却是少之又少。况且纪传体史书人各为传，要想从中理清历史脉络，着实不易。

司马光

司马光决心编写一部脉络清晰、内容详明的通史，为帝王将相治国理政提供借鉴。他之所以选中编年体，一来因为以时间为序，容易看清历史大趋势；二来也与他自幼酷爱《左传》有关。

司马光七岁时听人讲《左传》，便对历史着了迷。可惜《左传》止于三家分晋。而这部《资治通鉴》恰恰便是从三家分晋讲起——司马光显然是要续写《左传》。

《资治通鉴》始于公元前403年三家分晋，止于公元959年宋太祖赵匡胤称帝，前后记录了一千三百六十二年的历史。全书近三百万字——但比起十七史，还是要精练得多。

撰写工作始于仁宗朝，当时取名《通志》。英宗即位后，司马光把编好的八卷呈给英宗，英宗读得津津有味，鼓励他继续写下去，还设立了专门机构——史局。神宗即位，同样支持司马光修史，并让人代笔写了一篇“御制”序文，赐书名为《资治通鉴》，意思是为皇上提供治国镜鉴的通史。

为皇家著书，自然有很多便利条件，司马光可以充分利用皇家的丰富藏书，又挑选了几位能干的助手，如刘恕、刘攽、范祖禹等，都是当时的知名学者。

写书的程序，一般先由助手搜集资料，编成“长编”，再由司马光对材料甄别去取，执笔成文。司马光有很高的文学素养，《资治通鉴》的文字成为优秀的古文典范。

后来他因反对新政而被发落到洛阳去做闲官。远离了朝政是非，反而让他能集中精力写作。神宗还准许他把史局班子带到洛阳。司马光全力以赴，终于在元丰七年（1084年）年完成了这部史书大作，前后用时十四年。

不过直到司马光去世后，书稿才由国子监奉诏刊刻。以后反对派得势，要把书版毁掉，因为有神宗的御制序言“罩着”，才没能得逞。

《通鉴》开篇：三家分晋

按编年顺序，《资治通鉴》又分为《周纪》《秦纪》《汉纪》《魏纪》《晋纪》《宋纪》《齐纪》《梁纪》《陈纪》《隋纪》《唐纪》《后梁纪》《后唐纪》《后晋纪》《后汉纪》《后周纪》，共二百九十四卷。

西周、东周将近八百年，而《周纪》只有五卷，这是因为《资治通鉴》从战国写起，西周及春秋的内容已见《左传》，并未包括在内。

周威烈王二十三年（前403年），晋国被韩、赵、魏三家瓜分。周威烈王无力干涉，只好承认三家的诸侯地位。司马光为此发了一通议论——《资治通鉴》中常出现“臣光曰”的字样，那是司马光借题发挥，写给皇帝看的。

司马光感叹说，周代自幽王、厉王之后，“周道日衰，纲纪散坏，下陵上替，诸侯专征，大夫擅政，礼之大体十丧七八矣”（陵：欺凌。替：衰败。专征：擅自征伐。擅政：专政）。

即便如此，那时也还没出现以下犯上、瓜分土地的乱象。可是如今怎样？晋国的大夫竟欺凌国君，瓜分了晋国，天子不能讨伐，反而讨好似的送上名分，让他们跟诸侯平起平坐，仅剩的这点名分不但不能持守，也完全丢掉了。这是天子自坏礼法，太可悲啦！

司马光的这篇议论，犹如《资治通鉴》的一篇总序，宣示了他的写史动机——劝谏君王以史为鉴、修德复礼，当个好皇帝；同时也不乏“令乱臣贼子惧”的用意。

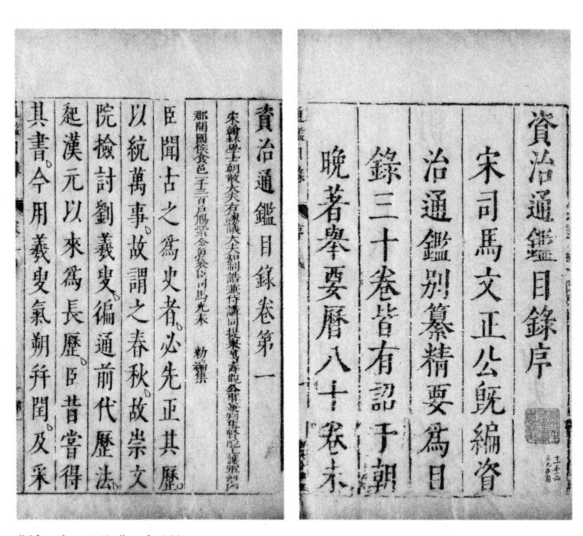
資治通鑑目錄序
宋司馬文正公既編資
治通鑑别纂精要爲目
錄三十卷皆有詔于朝
晚著舉要曆八十卷未

資治通鑑目錄卷第一
宋翰林學士朝散大夫右諫議大夫知制誥兼侍講同提舉萬壽觀公事兼判集賢院護軍河内
郡開國侯食邑一千三百戶賜紫金魚袋臣司馬光奉 敕編集
臣聞古之爲史者必先正其曆
以統萬事故謂之春秋故崇文
院檢討劉羲叟徧通前代曆法
起漢元以來爲長曆臣昔嘗得
其書今用羲叟氣朔并閏及采

《资治通鉴》书影

从历史上看，晋国至春秋末年，已被赵、魏、韩、智、范、中行这六家大夫瓜分。后来范氏、中行氏相继被灭，到公元前453年，智氏又被韩、赵、魏所灭。又过了五十年，威烈王才承认这三家为诸侯。

《资治通鉴》开篇所写，正是三家灭智氏的经过。当时晋国的政务由智伯（智襄子，名瑶）主持。智伯身材高大，相貌俊美，射箭驾车，技艺娴熟。而且能言善辩、多才多艺、刚毅果敢；唯独不修仁义，成了他的致命缺陷。

一次智伯同韩康子、魏桓子在蓝台宴会，智伯当筵戏弄韩康子，并侮辱韩康子的辅相段规。事后家臣智果劝智伯说：祸难常在人们不防备时降临。智伯说：我不主动发难，谁敢发难？智果说：您在宴会上羞辱人家君、相两人，又不做防备，这怎么能行！就是蚊子、蚂蚁、野蜂、蝎子还能伤人呢，何况人家君相！——智伯只当耳旁风。

以后智伯又无故向韩康子索要土地，韩康子不想给。段规说：智伯贪心又强悍，不如给他；他拿得轻松，一定又向别人索要，人家不给，他便会刀枪相向。我们暂且躲过眼前之祸，静观其变就是了。

韩康子听他说得有理，便把一座万户大邑送给智伯。智伯很是得意，又向魏桓子索要土地。魏相任章的建议跟段规相似，也主张把地给他，以助长他的傲慢，坐待时机。

智伯连连得手，又转而向赵襄子索要，这回却碰了硬钉子。智伯大怒，拉着韩、魏两家一起攻打赵氏。一场战争不可避免。

司马光因啥贬智伯

三家大兵压境，赵襄子只好出逃。他问随从：我们往哪儿逃呢？随从说：长子离这儿近，而且城墙厚实坚固。襄子说：那儿的百姓费尽气力修城，如今又让他们拼死守城，谁会帮咱？随从又建议去邯郸，说那里府库最充实。襄子说：刮尽民脂民膏充实府库，又让百姓死于战争，谁会帮咱？还是去晋阳吧。先主嘱托过：晋阳是尹铎宽仁相待的地方，那里的百姓一定会跟咱一条心。——于是主仆投奔晋阳。

原来，襄子的父亲赵简子曾派尹铎到晋阳做官。尹铎请示说：您是要多收财税呢，还是想让晋阳成为最后的保障？简子说：当然希望成为保障。尹铎到任后，便减免税收，宽待百姓。赵简子嘱咐儿子说：将来晋国有难，别嫌晋阳路远，一定要投

奔那里找尹铎去。（文摘一四）

智、韩、魏三家军队追踪而至，包围了晋阳，并掘水灌城，城墙只差六尺就要淹没了。百姓家的灶台都泡在水里，蛤蟆在上面跳来蹦去；可城里的百姓谁也没动过背叛的心思。

智伯出巡，察看水势，由魏桓子驾车，韩康子陪同。智伯说：我今天才知道水可以灭人都城啊。听了这话，魏桓子用手肘碰了一下韩康子，康子也踩了桓子一脚——大概他们联想到，汾水可以淹没魏都安邑，绛水可以淹没韩都平阳吧。

臣僚絺疵（Chīcī）悄悄对智伯说：我看韩、魏要反叛，他们跟着咱们攻赵，赵亡，下一个就轮到他们了。咱们事前约好，打下赵来三家平分，可城马上攻下来，我看魏桓子、韩康子面无喜色，反而一脸愁苦，这不是要反又是什么？

智伯把絺疵的话告诉韩、魏两人，两人说：这是谗佞者替赵氏游说呢，好让您怀疑我们两家，放松攻城。否则的话，我们两家难道放着赵氏马上到手的土地不要，反要跟您作对，自找危险吗？

两人离开后，絺疵进来问智伯：您怎么把我的话泄露出去了？智伯问：你怎么知道的？絺疵说：我见韩、魏两人狠狠盯了我一眼，就很快地走掉了，显然知道我看穿了他们的心思。智伯听了，仍不醒悟。絺疵知道败局难免，于是请求出使齐国，远远避开了。

智伯还满不在乎，哪知韩、魏与赵襄子已经暗中接上了头。赵襄子趁夜派人出城，杀了智氏的守堤吏卒，掘开堤坝反灌智家军。智家军忙于自救，秩序大乱。韩、魏趁机从两翼发起攻击，赵襄子率军从正面冲来，三家大败智家军，趁势杀死智伯，灭掉智氏全族。——只有家臣智果，因智伯不听劝谏，他改姓为“辅”，得以保全！

叙述至此，司马光又有一番议论，说智伯灭亡的原因，是“才胜德”。他说：“才”和“德”是两样东西，可世俗之见总不能分辨，把“才”和“德”都称作“贤”，因而错过了真正的人才。其实，聪敏强毅叫“才”，正直公允叫“德”。才是德的助手，德是才的统帅。云梦泽产的竹子，是天下最坚韧的，但不经过整治加工，就不能成为无坚不入的利箭。棠溪产的铜是天下最坚硬的，但不经熔铸磨砺，就不能变成无坚不摧的兵刃！——司马光这是拿竹子和铜的本性比作才，把对它们的加工磨炼比作道德修养吧。

司马光又说：君子如何选择人才？才德兼备的人是“圣人”，才德皆无的人是“愚人”；德胜过才的叫“君子”，才胜过德的叫“小人”。在选拔人才时，如果一时遇不到圣人君子，那么与其用有才无德的小人，还不如用无才无德的愚人！为什么呢？愚人即使想干坏事，可智商不高、能力有限，如同还在吃奶的狗崽儿，想咬人，人能制止它。换了小人，他的智力足以干坏事，勇力足以施暴虐，这就如同老虎长了翅膀，危害可就大了！

然而在生活中，有德者受人敬重，有才者招人喜爱；喜爱就容易亲近，敬重则导致疏远。所以负责考察的人总容易为才所惑，错过了有德者。自古以来，那些误国的乱臣、毁家的败子，大多都是才有余而德不足的，又何止智伯一人呢？所以说，国家如能明察才与德的分别，并决定谁先谁后，又何惧错失人才！——你不觉得这篇“臣光曰”，就是一篇语重心长、说理透辟的“才德论”吗？

【文摘一四】

赵简子立后（《资治通鉴》）

赵简子之子，长曰伯鲁，幼曰无恤。将置后，不知所立。乃书训戒之辞于二简，以授二子曰：“谨识之。”三年而问之，伯鲁不能举其辞，求其简，已失之矣。问无恤，诵其辞甚习，求其简，出诸袖中而奏之。于是简子以无恤为贤，立以为后。简子使尹铎为晋阳。请曰：“以为茧丝乎？抑为保障乎？”简子曰：“保障哉！”尹铎损其户数。简子谓无恤曰：“晋国有难，而无以尹铎为少，无以晋阳为远，必以为归。”（节自《周纪》）

◎赵简子：（？—476）春秋时晋大夫赵鞅，为赵襄子无恤之父。◎置后：确立继承人。◎简：竹简。◎举其辞：说出竹简上的内容。◎甚习：非常熟习。奏：献上。◎尹铎：赵简子的家臣。为：治理。◎请曰：请示说。茧丝：这里泛指赋税，因为收税如茧上抽丝。◎保障：屏障。◎损其户数：少算户数以减轻赋税。◎无以尹铎为少：不要嫌尹铎官小。

【译文】

赵简子的儿子，大的叫伯鲁，小的叫无恤。赵简子打算立继承人，却不知立哪个好。于是拿两枚竹简写上训诫格言，交给两个儿子说：“认真记住。”过了三年再问，伯鲁说不出竹简上的话，再问竹简，已不知丢到哪儿去了。又问无恤，无恤背得很熟练，问起竹简，无恤从袖筒里取出献上。赵简子因而认为无恤贤德，立他为继承人。赵简子派尹铎治理晋阳，行前尹铎请示说：“您是让我多收赋税呢，还是要把晋阳变成屏障？”简子说：“要变成屏障。”尹铎于是少算百姓户口，以减轻赋税。简子对无恤说：“一旦晋国有危难，别嫌尹铎官儿小，别怕晋阳路远，一定要把晋阳当作根据地。”

淝水之战

《资治通鉴》中有不少战争场景描写：垓下之战、昆阳之战、官渡之战、赤壁之战、淝水之战……都写得十分精彩。

淝水之战发生在383年，决战双方是前秦和东晋。357年，氐族人苻坚当上前秦皇帝。他征战多年，先后灭掉前燕、前凉，统一了北方。他野心膨胀，仍不满足，想要乘势南下，灭掉东晋，统一华夏。

苻坚的野心来自他的实力。382年，他在太极殿召集群臣，当众宣称：自从我继承帝位，已近三十年。四方都已平定，唯有东南一角“未沾王化”。我大略计算一下，我的军队有九十七万，我准备亲率大军征讨东晋，各位以为如何？

尽管反对的声音响成一片，刚愎自用的苻坚还是决定发动战争。383年，苻坚下诏做战争动员。百姓十丁抽一，良家子弟强健勇敢者，统统任命为羽林郎。这年八月，苻坚命弟弟苻融率二十五万大军打前锋，几天后，他亲统步兵六十万、骑兵二十七万，从长安出发。一路旌旗相望，绵延千里，气势如虹！

眼看大兵压境，东晋孝武帝命尚书仆射谢石为征讨大都督，以徐、兖二州刺史谢玄为前锋都督，连同谢琰、桓伊等，率八万晋军迎敌。胡彬率水师五千前往寿阳助战。——谢石、谢玄、谢琰分别是宰相谢安的弟弟、侄子和儿子。东晋的生死存亡，此刻全仰仗“谢家军”了。

东晋都城建康已是人心惶惶。谢玄去见伯父谢安，想讨个主意。没想到谢安倒很从容，只说了一句“已别有旨”（已另有安排），就不再说话。谢玄不好再问，又让别人去请示，谢安索性驾了车去城外别墅休闲，还召集亲朋，看他跟谢玄下围棋，赌注就是这座别墅。——谢安平时下不过谢玄，可谢玄心事重重，竟不能取胜。谢安又游山玩水，到夜间才回来。

荆州刺史桓冲担心建康的安全，要派三千精兵入卫京师，谢安推辞说：朝廷已有部署，不缺兵力，你留着加强西边防线吧。桓冲听了，对左右叹息说：谢丞相有庙堂的度量，却不熟悉军事。如今大敌压境，他还悠游自在，派了些没经验的年轻人去迎敌，兵少将弱，大局如何不问可知，恐怕我们就要做胡人的俘虏了！

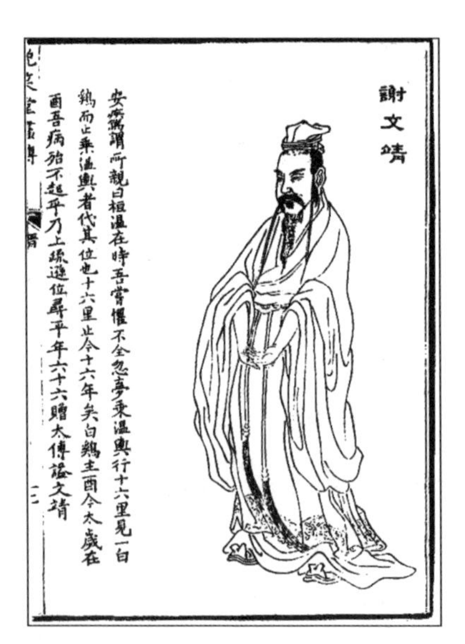

谢安

前秦军队八月出兵，

十月，前锋已攻下寿阳和郧城。晋水师胡彬退保硖石。前秦将军梁成率五万军队屯扎在洛涧，在淮河边上竖立栅栏，阻拦晋军。谢石、谢玄离洛涧二十五里扎营，不敢贸然向前。

水师胡彬的粮食吃光了，派使者向谢石求援，使者被秦人截捕。苻融派人报告苻坚说：贼少易擒，快来，晚了就跑掉了！苻坚于是亲率八千轻骑，日夜兼程赶来寿阳跟苻融会合，又派尚书朱序去劝降谢石。

朱序本是晋将，几年前战败被俘。他见到谢石，私下说：如果百万秦军全部到来，确实难敌。如今趁各路兵马还没集结，应快速出击。打败了秦人前锋，挫了他们的锐气，就破敌有望了。

谢石听说苻坚已到寿阳，心里打鼓，想要固守。谢琰则劝叔叔听从朱序的建议。十一月，谢玄派部将刘牢之率五千精兵开赴洛涧前线，离洛涧还有十里，已被秦军发现，秦将梁成在对岸严阵以待。刘牢之一马当先渡过涧水，发起猛攻，秦军大败，秦将梁成、王咏被杀，刘牢之又派人绕到后面切断淮河渡口，溃逃的秦军争相逃命，一万五千人就那么淹死在淮河里！秦将王显等被俘，秦军的武器粮草也全部留给晋军。

谢石带领大部队乘胜向前，水陆并进。苻坚和苻融登上寿阳城头观看，只见晋军阵势严整；再远望八公山，只觉得满山草木都是晋人伏兵。苻坚回头埋怨苻融说：这也可以说是劲敌了，怎么说是弱兵呢？——面露恐惧之色。

秦军紧贴着淝水摆下阵势，晋军没法子渡河。谢玄派人对苻融说：你们孤军深入，却又贴着河排阵，这是打持久战的法子，看来是不想速战速决啊！你们如果把军阵向后撤一撤，让我们能过去，再一决胜负，岂不更好？秦军诸将都说：我们人多，敌军人少，不如就挡在这里，让他们不能打过来，才是万全之策。苻坚却说：只需把队伍稍微撤一点，等他们渡到一半时，我们用铁甲骑兵猛地压上去，没有不胜的。苻融也认为哥哥说得有理，于是指挥军队退却。

不料秦兵一退，竟不能制止。晋军乘机渡河，发起攻击。苻融飞马在阵前巡视，想要制止退却，结果连人带马跌倒，被晋军斩杀！秦兵全线溃败，将士自相践踏，死尸遍野，连小河都填塞了。逃跑的秦兵听到风吹鹤鸣，以为是晋兵追来，昼夜不敢停留。白天狂奔，夜晚露宿，又冷又饿，十个里死了七八个！

当秦兵开始后撤时，朱序在阵后高喊：秦兵败了！导致秦军溃败。朱序趁机与张天锡、徐元喜等回归晋军。这一战，还缴获了秦王苻坚乘坐的云母车，收复了寿阳，抓获秦人任命的太守。

朝廷这边呢，谢安接到捷报时，正跟客人下棋。得知秦军已败，谢安把信往床上一撂，丝毫没露出喜色来。直到客人问起，才慢慢答道："小儿辈遂已破贼。"（孩子们已把敌人打败了。）谢安下完棋回内室，抬脚过门槛时，木屐的齿碰断了都没觉出来——表面上不动声色，可他心里早已"开了锅"！

风流后主如此"办公"

《资治通鉴》为君主提供历史借鉴，有正面的也有反面的。

如卷一七六至一七七记录南朝陈后主的覆亡，便耐人寻味。

南朝陈是中国历史上唯一一个以国主姓氏命名的朝代，开国皇帝为陈霸先，历五帝而亡，陈叔宝（553—604）是最后一位君主，史称“后主”。

后主字元秀，小字黄奴，582—589年在位。即位之初，一改先帝的简朴作风，大兴土木，建起临春、结绮、望仙三座楼阁，高几十丈。门窗栏杆都采用沉香、檀木等名贵木材雕成，装点着金玉珠翠，外悬珠帘，内设宝帐，一切服饰珍玩都是古今未见的。微风一吹，香飘数里。后主住在临春阁，张贵妃和龚、孔二贵嫔分别住在结绮阁和望仙阁。三阁有复道相连，又有号称美人、淑媛、昭仪、修容的一大群妃嫔环绕左右。

陈后主附庸风雅，陪在身边的既有袁大舍等女学士，又有仆射江总、都官尚书孔范等十几个幸臣文士，号称“狎客”。后主饮酒，便叫妃子、女学士与狎客们赋诗，相互赠答。评出特别香艳的几首，谱上曲子，选了上千名能歌善舞的宫女，分成乐部，迭相歌唱。有名的曲子如《玉树后庭花》《临春乐》等，大多是靡靡之音。这一伙男女在宫中彻夜狂欢，醉生梦死，成为常态。

《资治通鉴》还特别提到贵妃张丽华，说她本是“兵家女”，受后主宠幸，生下太子陈深。贵妃“发长七尺，其光可鉴，性敏慧，有神彩”。她的一双眼睛最有神，“光采溢目，照映左右”。她又善于察言观色，人很大度，常常引荐宫女给后主，在后宫人缘极佳。

后主懒得处理朝政，百官有事启奏，都得通过蔡姓李姓两名太监上奏。后主呢，靠着“隐囊”（装着柔软物质的囊袋，人靠在上面，几乎埋进去，故称隐囊），张贵妃坐在后主膝头，一同讨论国事。有时两个太监说完就忘了，张贵妃总能一条条梳理起来，竟毫无遗漏！就这样，外间的一言一事，总要先告诉张贵妃，然后再报告给后主。妃嫔、太监相互勾结，卖官枉法，贿赂公行。

后主特别倚重中书舍人施文庆、都官尚书孔范，还有个姓沈的。姓沈的长于算计，最能敛财。以前军人和士人是不用交税的，到他管理财税时，不但人人都要交税，还大幅提高税额。国库收入一下子增加几十倍！后主笑得合不拢嘴，民间却早已怨声鼎沸！后主又听信孔都官的话，让文人领军；搞得“文武解体”，播下覆亡的种子。

此刻，隋兵进逼的消息频频传来，后主自欺欺人，说什么“王气在此”，北方军队来过两三回，哪次不是失败而归？孔范也跟着帮腔，说：长江天堑古来就是南北的界限，敌军哪里就能飞渡呢？这都是边将邀功，故意夸大事态。我孔范总嫌官小，这回敌人若敢渡江，我肯定能（杀敌立功）当上太尉公！

又有人传说北军死了不少马匹，孔范说：那都是我的马啊，怎能让它们死呢？意思是北军必败，他们的马就是我的马！后主听了这些浅薄无聊的笑话，竟没心没肺地笑起来。

水井里面把身藏

陈朝君主还在醉生梦死，隋军却已悄悄逼近。隋开皇九年（589年，陈后主祯明三年）正月初一，后主在朝堂大会群臣，庆贺新年。这天“大雾四塞”，雾气钻入鼻孔，一股酸酸的味道。庆贺完毕，后主回后宫昏睡，到晚上才醒。他哪里知道，贺若弼趁着大雾，已引兵渡过长江。而隋军另一支队伍在大将韩擒虎的率领下从横江渡江，打到采石。守江的陈军守岁迎新，喝得烂醉，全部束手就擒。

贺若弼与韩擒虎两路齐进，沿江的陈军望风而逃。六天后，贺若弼占据钟山，韩擒虎屯扎在离建康二十里的新林。另有隋军水师从九江发兵，在蕲口大破陈军。

建康城里此刻还有十万精锐，可后主素性怯懦，不谙军事，吓得日夜啼哭，一切军国大事都交给施文庆。施文庆又与诸将不和。不久，陈将萧摩诃兵败被擒，投降隋军。陈将任忠也投降隋军，引韩擒虎直入朱雀门。城中文武百官早都跑光了，只有尚书仆射袁宪还在殿中。后主对袁宪说：我平常对你不比别人好，今天实在是追悔莫及啊！形势至此，不仅因我失德，也是江东衣冠之族气数尽了！

后主还想找地方躲藏，袁宪劝他说：北兵到来，肯定不会伤害您。大局至此，还能往哪儿躲啊？您不如整理衣冠，登上正殿，仿效梁武帝见侯景的旧事。——这说的是前朝叛臣侯景打入建康时，梁武帝端坐殿内召见侯景不失帝王身份的往事。后主不听，下了坐榻飞跑，说：刀锋之下可不是闹着玩的，我自有主意！

隋兵入宫，找不到后主。景阳殿前有一口井，里面黑洞洞的似乎有人，但招呼却没人应。隋兵威胁要扔石头，才听到下面有喊声。等放下绳子往上拉，又奇怪分量太重。拉上来才发

陈后主与妃子曾入此井中躲避

现：原来后主跟张贵妃、孔贵嫔绑在了一起！

皇后沈氏此刻却十分镇静，一切如常。太子陈深才十五岁，关闭阁门正襟危坐，舍人孔伯鱼在旁侍奉。隋兵叩阁而入，陈深安然不动，慰问道：一路行军打仗，不太劳苦吧！隋兵不禁向他行礼致敬。

贺若弼打到皇宫时已是夜晚，他火烧北掖门，杀进宫中。听说后主已被韩擒虎抓到，命人把后主唤出。后主心中惶恐，汗流浃背，两股战战，向贺若弼行两拜大礼。贺若弼说：小国之君见了大国之臣，拜也是合乎礼仪的。别怕，入朝后不失当个“归命侯”。——那是专给归降君主预备的封号，意思是顺应天命、归顺上朝。

那个美人张贵妃的下场如何？隋文帝之子杨广（即日后的隋炀帝）是此次平陈的大元帅，早听说张丽华容华绝代。他让记室高德弘传令，叫留着张丽华。高德弘的父亲高颎（jiǒng）是隋朝重臣，此番身任元帅长史、三军参谋。他说：昔日姜太公蒙面斩妲己，今天岂可留着张丽华！下令把她斩了。

德弘回去向杨广报告，杨广大怒，说“无德不报”，我一定要“报答”高公！——后来杨广即位，高颎因他事被杀，千里伏脉，那祸根正是此刻种下的。

武昭仪是如何发迹的

《资治通鉴》记述的历史人物数以千计，绝大多数是男性，女性少得不成比例，仅有的几十位，也多是权力场中人物。例如刚刚说过的张丽华，还有西汉的吕雉、北魏的冯太后……其中以唐代武则天升得最高，后来当上了女皇。

武则天原是太宗李世民的后宫“才人”（女官名），太宗驾崩，儿子李治继位，是为唐高宗。

高宗立妃子王氏为后。王氏是西魏尚书左仆射王思政的玄孙女。不过王皇后没生儿子，高宗又宠幸萧淑妃。王皇后的舅舅柳奭（shì）替外甥女出主意说：皇子李忠出身微贱，若立他为太子，因没有母系势力可依，他就只能亲近你了。于是经皇后提议，立李忠为太子。但高宗对皇后冷淡依旧。为了对付萧淑妃，皇后又心生一计。

原来高宗做太子时，进宫服侍生病的父亲，见到才人武氏，十分迷恋。太宗驾崩，武氏随众宫女到感业寺出家为尼。太宗忌日，高宗到感业寺进香，又见到武氏。武氏哭泣，高宗也陪着掉泪。皇后得知此事，暗中令武氏蓄起长发，又劝高宗把武氏纳为妃嫔——目的是与萧淑妃分宠夺爱。

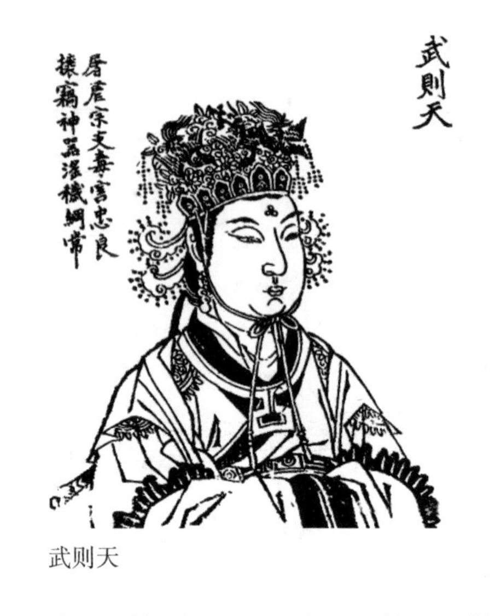

武则天

武氏很会“来事儿”，入宫后甜言蜜语、卑躬屈膝，哄得皇后一团高兴，常在高宗面前夸奖武氏。武氏也深得宠幸，拜为昭仪——那是妃嫔的名号，如同人臣中的宰相、诸侯，比才人不知要高出多少。

皇后的目的达到了，萧淑妃受到了冷落，可高宗对皇后更加疏远。于是王、萧二人结成联盟，又共同对付武昭仪。

武昭仪施展手腕，在宫中挥洒钱财，广结人缘。皇后和淑妃的一举一动，都有人向她报告。皇后的母亲、舅舅入宫，再也没人搭理。不过直到此刻，高宗仍没有废掉皇后的意思。

正赶上武昭仪生了个女儿，皇后去探望，很是喜欢，摆弄了一阵。皇后走后，武昭仪心生一计，咬咬牙，竟亲手掐死了女儿，外面却依然用被子盖好。

高宗来看女儿，揭开被子见女婴已死，大惊。昭仪也假作惊啼，问左右，说皇后刚来过。高宗大怒，说：皇后杀了我女儿！昭仪乘机数落皇后的“罪恶”、火上泼油！——皇后百口莫辩，高宗自此起了废黜皇后的念头。

高宗怕大臣议论，先设法收买长孙无忌——他是勋臣国戚，又是顾命大臣，太宗临死时，亲自把高宗托付给他和褚遂良等人。

高宗与武昭仪亲临长孙无忌府中赴宴，宾主尽欢，高宗还在席上拜无忌宠姬所生三子为朝散大夫，又送上十车金宝绸缎。然而提起皇后无子的话头，无忌竟不接话茬儿，搞得高宗、武氏十分扫兴。

后来昭仪又让母亲杨氏到无忌府上反复游说，无忌只是不“吐口”。礼部尚书劝无忌答应，无忌厉声回绝！

无忌最讨厌中书舍人李义府，要把他贬到偏远的州郡去。李义府事先得知消息，向同僚王德俭讨主意。王德俭说：皇上想立武昭仪为后，又怕宰臣不同意。你只要上书主张立武昭仪，不难转祸为福。

李义府当天就顶替王德俭在中书省值班，并叩阁上表，请求废掉王皇后，立武昭仪为后，说这是万民的心愿！高宗十分高兴，立时召见李义府，和他拉话，还赐他珍珠一斗，让他仍留旧职；武昭仪也暗地派人慰劳他。李义府不但没被贬官，反而升任中书侍郎。

此刻武昭仪身边已聚拢了一批无耻小人，编织了一张无所不在的消息网。长安令裴行俭私下议论武昭仪，立刻有人告密，裴行俭因此贬官。武昭仪坐上皇后座位，只是时间问题。

武后为啥不养猫

一天退朝，高宗召长孙无忌、李勣（jì）、于志宁、褚遂良等人入殿议事。入殿之前，褚遂良对各位说：今天蒙召，多半是为了皇后的事。皇上决心已定，逆者必死无疑。太尉（指长孙无忌）是皇上的舅父，司空（指李勣）是功臣，不能让皇上蒙受杀害勋戚功臣的恶名。我褚遂良起身民间，未建汗马功劳，官儿做到这地步，又受先帝的重托，如不以死力谏，将来有何面目到地下见先帝？

李勣滑头，称说有病，先自溜了。众人进到内殿，高宗开门见山，对无忌说：皇后无子，昭仪有子，如今想立昭仪为后，如何？

褚遂良抢着回答：皇后出身名门，是先帝替陛下娶下的。先帝临崩时，拉着陛下的手对我说：我的好儿子好媳妇，今天就交给你了。这话陛下也听到了，至今犹在耳边。此后没听说皇后有大错，哪能说废就废？我不敢违心屈从陛下，更不敢违背先帝遗命！高宗听了很不高兴，大家不欢而散。

第二天又谈起这个话题，褚遂良又说：陛下一定要换皇后，也请选择天下的高门令族，何必非得武氏？武氏先前伺候过先帝，众所周知；天下人的耳、目，是遮得住的吗？得想想万代之后的人怎么看陛下！愿陛下三思。我今天忤逆陛下，罪该万死！于是把笏板放在殿阶旁，解下头巾磕头，磕到额头流血，口称：我把笏板还给陛下，请您放我归田吧！

高宗大怒，让人把褚遂良拉出去。武昭仪在帘子后面高喊："何不扑杀此獠！"［干吗不打死这蛮子！獠（lǎo）：古代北方人对南方人的蔑称。褚遂良是钱塘人，故称。］长孙无忌说：褚遂良是顾命大臣，有罪不得加刑！

宰臣韩瑗、来济也都劝谏高宗不要轻言废立，高宗只是不听。一天李勣进见，高宗问他：我想立武昭仪为后，褚遂良不允。他是顾命大臣，这事难道就这么完了吗？李勣顺情说好话：这是陛下的家事，何必问外人？一句话，让高宗吃了定心丸。

佞臣许敬宗还在朝堂上散布说：田舍翁多收了十斛麦子，还要换老婆呢，何况天子册立皇后，关你们众人啥事，在这里妄生异议！武昭仪有意让人把这话传到高宗耳朵里。褚遂良则被贬为潭州都督，离开了朝廷。

永徽六年（655 年）十月，高宗下诏，将王皇后、萧淑妃废为庶人，连同两人的母亲兄弟，一概免去封诰官职，流放岭南；同时立武氏为皇后。

王皇后、萧淑妃被废后，囚禁在冷宫别院。一天高宗想起两人，偷偷跑去探视，只见房屋闭锁严密，只在墙上掏了个洞，递送吃喝。高宗看了难过，招呼说：皇后、淑妃，你们在哪里？

王氏隔墙哭着回答：我等都是有罪的奴婢，怎能还用尊称？又说：至尊若还顾念旧情，能让我们重见日月，把这院落取名“回心院”也好。高宗说：我马上去办。

武后得到消息，大怒，立即派人把王氏、萧氏各打一百棒，又断掉手脚，塞进酒瓮里，说：让你两个婆子骨头都醉了！就这么过了好几天，两人才断气。武氏恶气不出，又命令把两人的头砍下来！

这一切，当然都是假借高宗的名义。命令传来时，王氏拜了两拜，说：愿皇上万岁，昭仪得宠，我本该死！淑妃则大骂：阿武这妖精，如此狠毒！愿我来生变猫，让阿武变鼠，我要活活掐住她的喉咙！

相传洛阳龙门石窟的卢舍那佛，是照武则天的面貌雕成的

据说此后宫中不再养猫。又传说武后几次在宫中见到王氏、萧氏的身影，披发流血，形象可怖！武后挪到蓬莱宫住，王、萧“鬼魂”依旧时时作祟。以后武氏移居洛阳，终身不肯再回长安。

历史普及读本《纲鉴易知录》

《资治通鉴》始于三家分晋，止于赵匡胤称帝，以后的宋代历史不曾涉及——大概因为本朝历史不好落墨吧。不过司马光离世不足百年，已有多部记载宋代史事的编年史问世。其中李焘的《续资治通鉴长编》、徐梦莘的《三朝北盟会编》和李心传的《建炎以来系年要录》，都很有名。

另外，编年体史书还有个“变种”，叫“纲目体”。——编年体好比流水账，事无巨细，统统按时间顺序编排记述，读起来难免有轻重不分之憾。纲目体仍以时间为序，却从详细的叙述中提炼出简要的提纲，“纲为提要，目为叙事”，这还是受先秦经传的启发吧？例如《左传》的写法，即以《春秋》原文为“经”（相当于“纲”），辅以详解的“传”文（相当于“目”）。

纲目体由南宋大学者朱熹首创，他对司马光《资治通鉴》进行删削，按纲目体例重新编写。这样做，除了方便阅读，还另有目的，即模仿《春秋》的一字褒贬、微言大义，把儒家观念融入历史讲评中。朱熹的设想挺好，可书未编成人就去世了。今天见到的五十九卷本《资治通鉴纲目》，是朱子门人赵师渊续编完成的。

纲目体的创立，让读史（尤其是编年体史书）变得更轻松，推动了历史知识的普及。一个想要了解历史的人，既可浏览“纲”，把握历史脉络，让史书变“薄”；又可细读“目”，对感兴趣的内容细读详览。

朱子《资治通鉴纲目》之后，起而效仿的大有人在。如南宋人陈均的《皇朝编年纲目备要》，宋元间人金履祥的《通鉴纲目前编》和《举要》，明代商辂（lù）等奉旨撰写《续资治通鉴纲目》，以及袁黄的《历史纲鉴补》、王世贞的《纲鉴会纂》等。

内容最全的纲目体史书，应数清人吴乘权编撰的《纲鉴易知录》。吴乘权（1655—1719）字子舆，号楚材。他腿有残疾，不良于行，科举无望。但性喜读书，尤爱史传，却苦于没有一部简明通俗的读本。于是他产生了自己写一部纲目体通史的想法。他找来二三知己，分工合作，参考了此前的多种纲目体史书，用时六载，终于编成这部《纲鉴易知录》。

全书一百零七卷，上起盘古，下至明末，在所有古代史籍中，这一部要算最全的。此书刊出后大受欢迎，成了一般人读史的入门书。

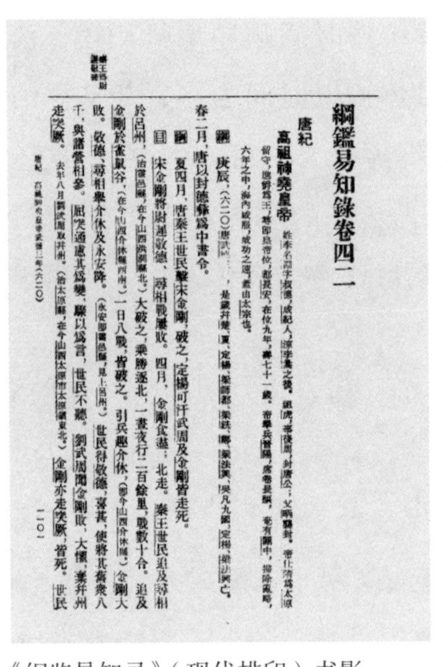
綱鑑易知錄卷四二

唐紀

高祖神堯皇帝

綱 庚辰，(六二〇)

綱 春二月，唐以封德彝爲中書令。

綱 夏四月，唐秦王世民擊宋金剛，破之，定楊可汗武周及金剛皆走死。

目 宋金剛將尉遲敬德、尋相戰屢敗。四月，金剛食盡，北走。秦王世民追及尋相於呂州，(治霍邑縣，在今山西洪洞縣北。)大破之，乘勝逐北，一晝夜行二百餘里，戰數十合。追及金剛於雀鼠谷，(在今山西介休縣西南。)一日八戰，皆破之。引兵趣介休，(即今山西介休縣。)金剛大敗。敬德、尋相舉介休及永安降。(永安即霍邑縣，見上呂州。)世民得敬德，喜甚，使將其舊衆八千，與諸營相參。屈突通慮其爲變，驟以爲言，世民不聽。劉武周聞金剛敗，大懼，棄并州走突厥。(治太原縣，在今山西太原市太原鎮東北。)金剛亦走突厥，皆死。世民

《纲鉴易知录》（现代排印）书影

且看《纲鉴易知录》是如何记述秦二世胡亥之死的：

［纲］八月，沛公入武关。赵高弑帝于望夷宫，立子婴为王。九月，子婴讨杀高，夷三族。

［目］初，中丞相赵高欲专秦权，恐群臣不听，乃持鹿献于二世曰："马也。"二世笑曰："丞相误邪，谓鹿为马？"问左右，或默，或言鹿。高因阴中诸言鹿者以法。后群臣皆莫敢言其过。

八月，沛公攻入武关。高前数言"关东盗无能为"，至是二世使责让高。高惧，乃与其壻咸阳令阎乐谋，诈为有大贼，召吏发卒，使乐将之入望夷宫。乐前数二世曰："足下骄恣，诛杀无道，天下皆畔。其自为计！"二世曰："吾愿得一郡为王。"弗许。"愿为万户侯。"又弗

许。“愿与妻子为黔首。”乐曰：“臣受命丞相，为天下诛足下；足下虽多言，臣不敢报！”麾其兵进。二世自杀。赵高乃立子婴为秦王。

九月，高令子婴朝见受玺，子婴称疾不行。高自往请，子婴遂刺杀高，三族其家以徇。

◎八月：秦二世三年（前207年）八月。沛公：刘邦。武关：在今陕西商洛市境内。◎弑：杀。臣子杀君父，称弑。帝：指秦二世胡亥。望夷宫：秦宫殿名。子婴：秦二世胡亥哥哥的儿子。◎夷：灭。三族：指父亲、兄弟、妻子。◎中丞相赵高：嬴姓，秦二世时为丞相。中丞相，一说即丞相。◎阴中……以法：暗中将……法办。◎数言：屡次说。关东盗：指刘邦等在关东一带活动的抗秦义军。◎壻：婿，女婿。◎数：数落，责备。骄恣：骄奢恣肆。畔：通“叛”。◎黔首：百姓。◎徇（xùn）：示众。

这一段记述刘邦攻入武关后，秦朝政局的变动。此前秦相赵高哄骗二世胡亥，扬言“关东盗无能为”。及至刘邦入武关，赵高因谎言被揭穿，索性杀掉胡亥，篡夺大权，立子婴为秦王。赵高本以为子婴是个容易操纵的傀儡，不料自己“阴沟翻船”，反死于子婴之手，被夷灭三族。——此处因交代秦廷政变，顺带回顾了赵高此前对胡亥的控制，追述了“指鹿为马”的故事。

跟司马光《资治通鉴》相参看，可知吴乘权在讲述中有不少省笔。如《资治通鉴》写沛公攻入武关时，还捎带讲到天下大势：项羽擒王离，章邯屡败，关东叛秦，诸侯率军西向……而二世被杀之前，曾梦白虎咬死左骖马，后经占卜，到泾水上祭祀，并将四匹白马沉入水中。此外，赵高受到责备后，曾与阎乐谋反，命阎乐率千名吏卒托言追贼，杀入宫中，并与宫中守卫、宦官混战。立子婴时，赵高又向群臣解释为什么称王不称帝：因为天下大乱、六国复立，秦的国土缩小，因而子婴只宜称秦王。两相比较，《纲鉴易知录》所删内容，确实都属枝节，你不能不佩服吴乘权对史料的驾驭、概括能力。

对了，吴乘权还跟他的侄子吴调侯（名大职）合编了一部文章选本《古文观止》，收录历代优秀散文二百多篇。这书的名气与影响，比《纲鉴易知录》还要大些，成为三四百年间最流行的古文选本。

“纪事本末体”是怎么回事

有些历史事件，延续几十年甚至上百年。如汉代对西域的开发，自张骞通西域开始，就几乎没停过。有外交往来，也有兵戎相见。相关内容分散在《资治通鉴·汉纪》的六十卷书中，翻阅查找确实不易。

能不能把汉朝与西域交往的史实从编年史中钩稽出来，写成专文，不但节省了人们翻查的工夫，也便于对某一历史事件做整体把握。

有个叫袁枢（1131—1205）的南宋学者，正是这样想、这样做的。袁枢一度在严州当学官，有大把的空闲时间。于是他

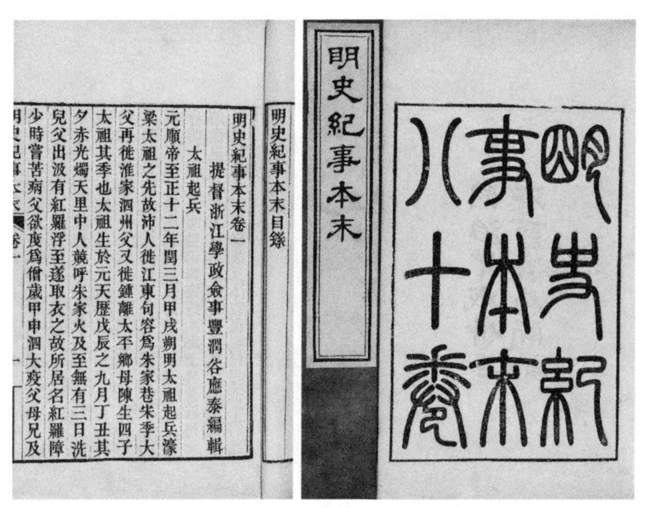
明史紀事本末

明史紀事本末八十卷

明史紀事本末目錄

明史紀事本末卷一

提督浙江學政僉事豐潤谷應泰編輯

太祖起兵

元順帝至正十二年閏三月甲戌朔明太祖起兵濠梁太祖之先故沛人徙江東句容爲朱家巷朱季大父再徙淮家泗州父又徙鍾離太平鄉母陳生四子太祖其季也太祖生於元天歷戊辰之九月丁丑其夕赤光燭天里中人競呼朱家火及至無有三日洗兒父出汲有紅羅浮至遂取衣之故所居名紅羅障少時嘗苦病父欲度爲僧歲甲申泗大疫父母兄及

明史紀事本末 卷一

《明史纪事本末》书影

试着把《资治通鉴》重新编纂，把原书一千三百年的历史组合为二百三十九个历史事件，取名《通鉴纪事本末》。——如前所言，纪事本末体是史书的三种重要体裁之一，是以事件为中心讲述历史，“本末”有头尾之意。

全书共四十二卷，卷一包括三则故事：“三家分晋”“秦并六国”“豪杰灭秦”。卷二的七则为“高帝灭楚”“诸将之叛”“匈奴和亲”“诸吕之变”“南越称藩”“七国之叛”“梁孝王骄纵”……查查武则天的事迹，见于卷三十的“武韦之祸”。全书最后一个事件是“世宗征淮南”，讲的是五代柴世宗打天下的史事。

至于汉与西域的交往，则有这样几个标题：卷二的“匈奴和亲”，卷三的“汉通西域”和“武帝伐匈奴”，卷四的“匈奴归汉”，卷六的“西域归附”及卷七的“两匈奴叛服”，记述了不同时期汉与西域的互动历程。

就拿卷三的“汉通西域”来说吧，前半幅记述张骞通西域的开创之功，接下来讲贰师将军李广利西征大宛、获取天马的经过。霍光当权，又派傅介子抚定楼兰，改国名为鄯善。嗣后又有汉使常惠、都护段会宗等以和亲形式羁縻乌孙。总之，西汉王朝与西域三十六国前后一百四五十年的交往史，全都集于一篇，一目了然。至于东汉班超经营西域的史事，则记录在卷六的“西域归附”中。

《通鉴纪事本末》的叙事原则，是有话则长、无话则短。例如“汉通西域”和“西域归附”两则，都在万字上下；还有更长的，卷三十的“武韦之祸”，竟长达七八万字！而下一卷中的“杨氏之宠”，连五千字都不到。体例之灵活，由此可见。

寻根问底说杨妃

就来读读卷三十一的“杨氏之宠”吧。

唐玄宗在位，后宫中本来最宠幸武惠妃。天宝三载，武惠妃病故，玄宗十分伤感，一时竟患了“抑郁症”。后宫佳丽三千，全都引不起他的兴趣来。

这时有人进言，说寿王的妃子杨氏美艳绝伦。玄宗一见，果然十分喜爱。于是经过一番“暗箱操作”，让杨氏主动要求进宫，同时又为寿王另娶别的女人。——寿王可是玄宗的儿子，玄宗则是杨氏的“公公”啊！

杨氏入宫后，赐号“太真”——那本是传说中仙女的名号。

杨太真“肌态丰艳，晓音律，性警颖，善承迎上意”。不上一年，她的待遇就赶上了已故的武惠妃，宫中都称她“娘子”，一切礼仪与皇后等同。第二年，她又被册封为贵妃。

杨贵妃在宫中备受宠幸，专门为她服务的织绣工匠就有七百人！杨贵妃喜欢吃鲜荔枝，每到荔枝收获时节，玄宗便命岭南派驿递快马送荔枝进京，千里传递，到长安时居然色味不变。当时流传的口碑是“生男勿喜，生女勿悲，君今看女作门楣”！——这里是说生女儿做妃子，照样可以光大门户。

一人得道，鸡犬飞升！杨贵妃的父亲沾女儿的光，当上了兵部尚书；叔叔做了光禄卿，两个堂兄也都升了官，其中一位还娶了公主，当上驸马。

另有一位旁支的堂兄叫杨钊，此人不学无术、道德败坏，在蜀郡时为族人所鄙视。剑南节度使得知杨钊跟贵妃有瓜葛之亲，求他到京中行贿打点。杨钊由此跟贵妃续上家谱，被杨家接纳，当上金吾兵曹参军。以后又改名杨国忠，渐受玄宗信任，最终居然当上了宰相！

贵妃的三个姐姐分别被册封为韩国夫人、虢国夫人和秦国夫人。玄宗见到她们，统统以“姨”相称。有她们在场，李家公主都不敢随便就座。杨氏家族门庭若市，请托行贿的往来不绝。

杨家兄妹还争建豪华宅第，建一座厅堂，动不动就花费上千万！建成后，看到别人的胜过自家，立刻毁掉重建，毫不心疼！其中虢国夫人最为“豪荡”，一次她带着工匠闯入韦嗣立家，拆毁韦家的旧屋，盖起自家的新宅。只给韦家留了十亩地一个小角落！虽说韦嗣立此时已死，但生前毕竟做过尚书、副相！

虢国夫人的新房盖好了，光装饰就花了二百万！工匠额外求赏，虢国夫人拿出五百段红罗来。工匠鼻子里“嗤”了一声，看都不看，说：您捉几只蚂蚁蜥蜴放到厅堂中，若能爬出去一只，我分文不取！——他这是自夸工艺精湛呢。

杨国忠的官位也越来越高，身兼御史、右相等四十多个职衔。他对百官颐指气使、呼来喝去，凡是不肯依附自己的，一概排斥！

当然也有“不买账”的。有个陕郡进士叫张彖（tuàn），别人劝他拜谒杨国忠，说只要见了，可以立致富贵。张彖说：“君辈倚杨右相如泰山，吾以为冰山耳！若皎日即出，君辈得无失所恃乎？”（你们依靠着杨右相，把他当成泰山，我看就是座冰山罢了。火红的太阳一出来，冰山即刻融化，你们还能靠啥？）

杨家三夫人随皇上游华清宫，先到杨国忠府上会齐。车马仆从，熙熙攘攘，填满了几个街坊。锦绣服饰，珠光宝气，阳光都变得黯淡了！出发时，五家各穿一种颜色的衣装，五队并进，灿如云锦。杨国忠带着剑南节度使的全副仪仗在前面引导。杨国忠曾对客人说：我家本是寒门，因贵妃得宠而发达至此，谁也不知将来能走到哪一步。反正也得不到好名声，还不如尽情享乐！

这支五彩缤纷又闹哄哄的队伍要走到哪里，连杨家自己心里也没底。——张彖的“冰山”之喻，看来是再形象不过！

安史之乱

《通鉴纪事本末》中紧随“杨氏之宠”的篇目是“安史之乱”。

安禄山本是营州“杂胡”，母亲是个巫婆，丈夫死后带着儿子再嫁突厥人安延偃，禄山因随安姓。长大后在张守珪麾下当兵，作战骁勇，加之“狡黠，善揣人情”，张守珪待他如儿子。

以后安禄山做到平卢兵马使，因善于笼络朝廷使者，多得使者美言，官位也一升再升，当上平卢节度使，不久又兼任范阳节度使。

据史书描述，安禄山是个大胖子，体重三百斤，“外若痴直，内实狡黠”。常年把部将安插在京师，探听朝廷消息。每年无休止地向朝廷贡奉家畜、奇禽、异兽、珍玩……郡县代他递送，搞得疲惫不堪，可玄宗从心里喜欢。

安禄山进京朝见，玄宗指着他的大肚子问：你这胡儿肚子里装的是啥？他应声答道：“更无余物，止有赤心耳！”玄宗听了，心里别提多熨帖。

玄宗让贵妃一家与安禄山以兄弟相称，禄山却偏偏要给贵妃当儿子。玄宗与贵妃同坐，安禄山进见，先拜贵妃。玄宗问起原因，回答说：我们胡人是先母后父。

安禄山过生日，贵妃召他入宫，用锦绣弄了个大“襁褓”，将安禄山裹住，让宫女们拿花轿抬着嬉闹，说是“三朝（zhāo）洗儿”。惊动了玄宗，不但不恼，反而跟着凑趣，赐给许多金钱。

不过“一物降一物”。安禄山最怕奸相李林甫。两人谈话，李林甫往往能猜透他的心思，一语道破，这让安禄山又是惊讶又是佩服。对待其他公卿朝臣，安禄山态度倨傲，唯独见了李林甫，哪怕是寒冬腊月，也常常紧张得汗流浃背。李林甫引他到中书厅，跟他拉家常，还解下自己的袍子给他披上。安禄山则对李林甫言无不尽，还亲切地称他“十郎”。

回范阳后，每逢有亲信从长安来，安禄山一定要问：“十郎何言？”听说李林甫夸赞自己，就十分高兴。如果李林甫捎话说：告诉安大夫，好好反省自己。他就两手向后支着床榻说：哎呀，这回我死定了！

对于杨国忠，安禄山却从未看在眼里。杨国忠则屡次预言安禄山要造反，玄宗只是不信，反而要任命安禄山做宰相，诏书都草拟好了，因杨国忠说安禄山“目不知书”，才作罢。——中国历朝历代，还没有不识字的宰相哩。

安禄山确实居心叵测。他此刻兼领三镇节度使，兵强马壮。还上书请求将属下的三十二名汉将统统换成番将。进而提出献马三千匹，每匹马派两名马夫跟随，由二十二名番将押解——那就是一支六千人的骑兵部队啊。直至此刻，玄宗才起了疑心。

天宝十四载（755 年）十二月，安禄山以讨伐杨国忠为名，起兵造反。杨国忠得知消息，不但不惊慌，反而十分得意，那意思是说：我杨国忠早有预言，说得不错吧！

不过他又给玄宗吃“定心丸”，说造反的只有安禄山一人，将士们都是被裹胁的，不出十天，定会把安禄山的人头送来京师！玄宗听了，信以为真。可朝臣们你看我、我看你，已是面无人色！

叛军所过之处，州县官吏有的望风而降，有的弃城逃走。大将封常清、高仙芝率军讨逆，打了败仗，被玄宗处死。

玄宗又召在家养病的老将哥舒翰把守潼关，并不断催逼哥舒翰出关迎敌。结果官军中了埋伏，四散溃逃，哥舒翰投降，潼关失守。杨国忠见势不妙，劝玄宗入蜀避难——蜀地原是杨家老窝。

“人算不如天算”。杨国忠此去，竟是踏上一条不归路！队伍出发不久，就发生了哗变。“六军不发无奈何，宛转蛾眉马前死！”（白居易《长恨歌》）护卫玄宗出逃的禁军士兵在马嵬杀死杨国忠，又逼死杨贵妃。——这一历史瞬间经文人描绘，成为妇孺皆知的爱情悲剧，在诗文戏剧中反复渲染。（文摘一五）

袁枢编纂《通鉴纪事本末》，弥补了编年体、纪传体的不足。清代历史学家章学诚称赞袁书“因事命篇，不为常格，……文省于纪传，事豁于编年，决断去取，体圆用神”（豁：显豁，明白。体圆用神：体例完美，效果神奇），收到“臭腐化为神奇”的效果（《文史通义·书教下》）。这番评价虽有溢美倾向，却也说得有理。

有袁枢的著作在前，明清两代出现了一批纪事本末体史作，如《绎史》《左传纪事本末》《宋史纪事本末》《元史纪事本末》《明史纪事本末》等。这类史书眉目清晰，可读性强，为读史者提供了不同的角度。

【文摘一五】

马嵬之变(《通鉴纪事本末》)

丙申，至马嵬驿，将士饥疲，皆愤怒。陈玄礼以祸由杨国忠，欲诛之，因东宫宦者李辅国以告太子，太子未决。会吐蕃使者二十余人遮国忠马，诉以无食，国忠未及对，军士呼曰："国忠与胡虏谋反！"或射之，中鞍。国忠走至西门内，军士追杀之，屠割支体，以枪揭其首于驿门外，并杀其子户部侍郎暄及韩国、秦国夫人。御史大夫魏方进曰："汝曹何敢害宰相？"众又杀之……

◎丙申：至德元载（756年）六月十四日。马嵬（wéi）驿：在今陕西兴平西。◎陈玄礼：龙武大将军，是禁军长官。因：通过。太子：玄宗子李亨，后即位为肃宗。◎吐蕃（bō）：唐代少数民族，生活在今青海、西藏一带。遮：拦住。◎支体：肢体。揭：举。

军士围驿，上闻喧哗，问外何事，左右以国忠反对。上杖屦出驿门，慰劳军士，令收队，军士不应。上使高力士问之，玄礼对曰："国忠谋反，贵妃不宜供奉，愿陛下割恩正法。"上曰："朕当自处之。"入门，倚杖颊首而立。久之，京兆司录韦谔前言曰："今众怒难犯，安危在晷刻，愿陛下速决。"因叩头流血。上曰："贵妃常居深宫，安知国忠反谋？"高力士曰："贵妃诚无罪，然将士已杀国忠，而贵妃在陛下左右，岂敢自安？愿陛下审思之，将士安则陛下安矣。”上乃命力士引贵妃于佛堂，缢杀之。舆尸置驿庭，召玄礼等入视之。玄礼等乃免胄释甲，顿首谢罪。上慰劳之，令晓谕军士。玄礼等皆呼万岁，再拜而出。……国忠妻裴柔与其幼子及虢国夫人、夫人子裴徽皆走，至陈仓，县令薛景仙帅吏士追捕，诛之。（节自《安史之乱》）

◎杖屦（jù）：拄杖穿鞋。屦，单底鞋，这里与“杖”都做动词用。◎高力士：是玄宗最为信任的宦官。供奉：侍奉。这里指留在玄宗身边。割恩：割舍恩爱。◎頫（fǔ）首：低头。頫，同“俯”。◎京兆司录：官名，是京兆府的办事人员。晷（guǐ）刻：短时间。晷，日影。◎缢：以绳索勒，吊。◎舆：抬。◎胄（zhòu）：头盔。◎陈仓：今陕西宝鸡东。

辑七 《国策》多谏语，《史通》重三才

《国语》：防民之口，甚于防川

讲过“正史”“编年”及“纪事本末”三种体裁，再看看别史类。这名目是南宋学者陈振孙首创，指正史以外的纪传体史书。

陈振孙（1179—1262）是南宋著名的藏书家及目录学家，撰有图书目录《直斋书录解题》。书中把《南史》《北史》《唐余录史》《古史》《东都事略》等都归入别史类中。那时的《南史》

《北史》尚未“转正”为正史，可见别史与正史的区别，只差“官家”点点头。

不过有些非纪传体的史书，像记言类的《逸周书》，编年体的《建康实录》，也被《四库全书·史部·别史类》收入。

“史部”中另有“杂史”一类，是指形式各异的史书，无以归类，便都归入杂史类。内容上大多记录一时见闻一事始末。又多半为私人著述，视角不广；但毕竟“事系庙堂，语关军国”，也不乏参考价值。

别瞧不起杂史，归入这一类的《国语》和《战国策》，资格比“二十四史”、《资治通鉴》还要老呢。魏晋以前，这两部书附于《春秋》之后，是儒家经典的附庸。

《国语》一个“语”字，透露了此书的性质，是以记言为主的。书中记录了周代各国贵族卿士在朝聘、宴飨活动中的应对之辞。上起周穆王伐犬戎（约前947年），下至智伯灭亡（前453年），包括西周及春秋五百多年间的人物言辞。

这书的另一特点，是开创了国别体的样式。全书二十一卷，分为《周语》三卷，《鲁语》二卷，《齐语》一卷，《晋语》九卷，《郑语》一卷，《楚语》二卷，《吴语》一卷及《越语》二卷——书名中的“国”字，即有各国之义。

你或许还发现，《晋语》在《国语》中占篇幅最多，将近全书一半；因而《国语》又称《晋史》，另外还有《春秋外传》《左氏外传》的别称。

左氏即左丘明，有人说他就是《国语》的作者。司马迁《报任安书》中便说：“左丘失明，厥有《国语》。”据说左丘明写作《左传》过于劳累，竟致双目失明。但仍有许多宝贵史料没用上，丢了可惜，于是又编了这部《国语》。不过经学者研究，这书很可能是战国时人根据周王室及各国史料整理汇编而成，并非一人一时之作。

《国语·周语上》有一篇《邵公谏厉王弭谤》，历来脍炙人口。厉王是西周末年的暴君，政令严苛，滥杀无辜，国中怨声载道。于是厉王找来卫国的巫师，要他监视百姓，谁若妄议时政，就把谁杀掉。一时之间，国人都闭紧嘴巴，在路上相遇，只是递眼色打招呼（“道路以目”）。厉王得意地告诉邵公：怎么样？我能制止人们说废话，让他们闭嘴！

邵公即邵穆公，是西周宗室邵康公之后，在厉王驾前做卿士。他这样回答：

> 是障之也。防民之口，甚于防川。川壅而溃，伤人必多，民亦如之。是故为川者决之使导，为民者宣之使言。……口之宣言也，善败于是乎兴，行善而备败，其所以阜财用衣食者也。夫民虑之于心而宣之于口，成而行之，胡可壅也？若壅其口，其与能几何？
>
> ◎障：阻挡。◎川：河川。◎壅：堵塞。溃：溃败。◎决：排除壅塞，疏通水道。宣：疏导，宣泄。◎善败：成功与失败。行善：推行善政。备败：防范失败。阜：增加。◎成而行之：形成正确的纲领并加以推行。◎与能几何：能坚持多久。与，语助词。

邵公说：你这是堵人嘴巴啊。堵百姓的嘴巴，比堵河川还危险呢！河川堵塞了就会溃堤决口，伤人一定很多；百姓也如是。你看那善于治水的，总是疏通河渠，引导水流；而善于治民的，也总是引导百姓，让他们畅所欲言。

邵公接着列举古代帝王主动纳谏的例子，并说：如何对待百姓说出的话，是成功与失败的起点。要推行善政，防范衰败，才是增益衣食财用的路数。百姓口中所言，乃是心中所想，把它们归纳成正确意见加以推行，是何等重要，又怎么能堵塞呢？即便一时堵住，又能坚持多久？

厉王不听劝告，都城之内再也听不到反对的声音。可是没出三年，人们便把厉王赶到彘地去了！——“防民之口，甚于防川！”不知此刻厉王是否想起邵公的警告？

《国语》中的名篇还有《管仲对桓公以霸术》、《宫之奇知虞将亡》、《叔向贺贫》、《勾践灭吴》、《季文子论妾马》（文摘一六）等，至今读来，仍有启迪意义。

【文摘一六】

季文子论妾马（《国语》）

季文子相宣、成，无衣帛之妾，无食粟之马。仲孙它谏曰：“子为鲁上卿，相二君矣，妾不衣帛，马不食粟，人其以子为爱，且不华国乎！”文子曰：“吾亦愿之。然吾观国人，其父兄之食粗而衣恶者犹多矣，吾是以不敢。

人之父兄食粗衣恶，而我美妾与马，无乃非相人者乎！且吾闻以德荣为国华，不闻以妾与马。”

◎季文子：季孙行父，鲁卿。相：做宰相。宣、成：鲁宣公、鲁成公，前608—前573年相继在位。◎仲孙它：子服它，是孟献子的儿子，鲁国大夫。孟献子即仲孙蔑，鲁卿。爱：小气，吝啬。华：光彩，荣华。这里用作动词。◎无乃：莫非，恐怕是。表委婉推测的语气。

文子以告孟献子，献子囚之七日。自是，子服之妾衣不过七升之布，马饩不过稂莠。文子闻之，曰：“过而能改者，民之上也。”使为上大夫。（节自《鲁语上》）

◎七升之布：指粗布。饩（xì）：马饲料。稂莠（lángyǒu）：稗草的籽粒。

【译文】

季文子做过鲁宣公、鲁成公两朝的宰相，家中没有穿丝绸的婢妾，槽下没有吃粟米的马。大夫仲孙它劝他说：“您身为鲁国上卿，给两位国君做过相，家中婢妾不穿绸缎衣服，马不吃粟米，人家会认为您小气，况且国家面子也不好看啊。”季文子回答说：“我也愿意那样做啊。可是我看看百姓，父兄衣食粗恶的还有那么多，我因而不敢奢靡。人家父兄衣食粗恶，我家妾、马都光鲜肥美，恐怕这就不是宰相应有的作为了。而且我听说要把高尚的道德当作国家的脸面，不是啥妾的衣裳、马的食料。”

季文子把这番话跟仲孙它的父亲孟献子讲了，孟献子很生气，把儿子关了七天。从此以后，仲孙它的妾也穿起粗布衣，马料也不过是草籽一类。文子听了说：“有错能改，是人中的尖子。”于是让仲孙它当了上大夫。

《战国策》：重民轻君的赵威后

《国语》所记的史事，多发生在春秋时期。另一部杂史《战国策》所记，则是战国史事，这从书名就能看出。《战国策》又称《国策》，内容以谋臣、策士的论辩游说之辞居多。所谓策士，又称“言谈者”；诸子百家中的“纵横家”，指的就是这些人。

《战国策》也属国别体，全书三十三卷，分为十二国，包括《东周策》一卷，《西周策》一卷，《秦策》五卷，《齐策》六卷，《楚策》四卷，《赵策》四卷，《魏策》四卷，《韩策》三卷，《燕策》三卷，《宋卫策》一卷及《中山策》一卷，将近五百则故事。

《战国策》的原作者，应是战国时各国的史官。不过把这些史料聚拢起来、编辑成册的，则是西汉学者刘向。刘向为皇

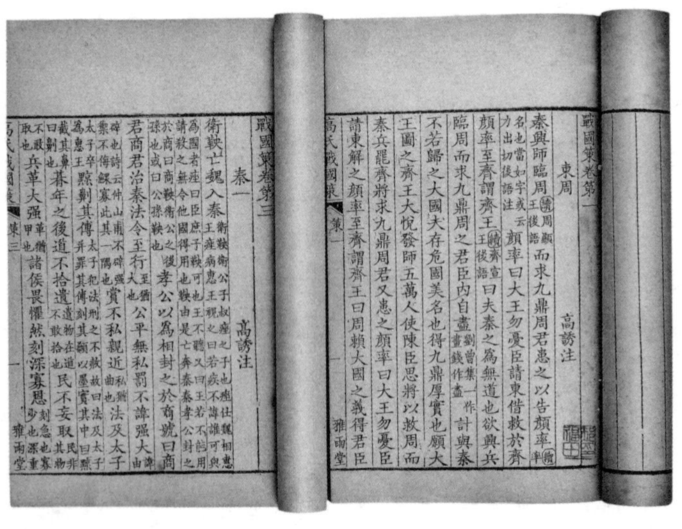
戰國策卷第三
秦一　高誘注
衛鞅亡魏入秦衛鞅衛公子叔痤之子也痤仕魏相惠王痤病惠王親之曰若疾不諱誰可與爲國者痤曰臣庶子鞅可也王不聽又曰王若不能用請殺之無令他國得用也鞅由是亡奔秦秦孝公封之於商曰商鞅衛公之後孫也或曰公孫鞅也孝公以爲相封之於商號曰商
君商君治秦法令至行至猶大也公平無私罰不諱強大
賞不私親近私猶曲也法及太子太子卒爲惠王黥劓其傅
朞年之後道不拾遺民不妄取
兵革大強革猶甲也諸侯畏懼然刻深寡恩
高氏戰國策　策三　一　雅雨堂

戰國策卷第一
東周　高誘注
秦興師臨周而求九鼎周君患之以告顏率
顏率曰大王勿憂臣請東借救於齊
顏率至齊謂齊王曰夫秦之爲無道也欲興兵
臨周而求九鼎周之君臣內自盡計與秦
不若歸之大國夫存危國美名也得九鼎厚實也願大
王圖之齊王大悅發師五萬人使陳臣思將以救周而
秦兵罷齊將求九鼎周君又患之顏率曰大王勿憂臣
請東解之顏率至齊謂齊王曰周賴大國之義得君臣
高氏戰國策　策一　一　雅雨堂

《战国策》书影

家整理图书，发现一批散乱的战国档案，各有名称，如“国策”“国事”“事语”“短长”等。他于是把这些材料整理编辑，剔除重复，按国别排列，便有了这部《战国策》。据说“战国”这个词儿，也是刘向首次提出的呢。

《战国策》中名篇不少，如《邹忌讽齐王纳谏》、《冯谖（xuān）客孟尝君》、《赵威后问齐使》、《鲁仲连义不帝秦》、《触龙说赵太后》、《唐雎（jū）不辱使命》、《燕昭王求贤》（文摘一七）等。有些还被选入中学语文课本。

看看那篇《赵威后问齐使》吧。赵威后是赵惠文王的妻子，赵惠文王死后，儿子孝王年幼，赵国于是由威后摄政。

刚好齐国派使者来聘问，国书还没拆开，威后先问使者：你们齐国年景不错吧？百姓安乐吗？大王身体可好？齐使听了不高兴，说我奉王命来赵国拜会，您不问齐王，倒先问起年景和百姓，这不是先贱后贵、本末倒置吗？

威后说：话不是这样讲。如果没有好年景，百姓靠什么活？如果没有百姓，又哪里会有君王？你说，哪有撇开根本先问枝节的呢？

威后接着又问起齐国的两位处士和一位孝女，说两位处士都是帮助国君安养百姓的贤人，怎么还没出山呢？孝女奉养父母，给百姓做榜样，怎么还没获赏呢？最后又提到一个叫子仲的齐国人，说此人上不能辅佐国君，下不能治家谋生，又不能游说诸侯，这人只能给百姓当坏榜样，为什么还不杀掉呢？

赵威后这么理直气壮地问了一通，文章也就结束了。至于齐使当场如何回答，回国后如何汇报，文章都没提。这样的写法，主题突出，倒也干脆！

这位赵威后历史上实有其人，她是否跟使者讲过这番话，却值得怀疑。学者认为，《战国策》并非信史，策士们为了表达自己的主张，难免夸大或虚构。这篇文章更像是借赵威后之口来表达“民贵君轻”的思想。大家还记得，那是孟子的著名论断，这篇文章的作者或是孟子的信徒，也未可知呢。

杂史类还包括《贞观政要》《北狩见闻录》《燕翼诒谋录》《大金吊伐录》《钱塘遗事》等，这里就不一一细说了。

【文摘一七】

燕昭王求贤（《战国策》）

燕昭王收破燕后即位，卑身厚币，以招贤者，欲将以报仇。故往见郭隗先生曰：“齐因孤国之乱，而袭破燕。孤极知燕小力少，不足以报。然得贤士与共国，以雪先王之耻，孤之愿也。敢问以国报仇者奈何？”

◎燕昭王：名职，燕哙王之子，前311—前278年在位。收破燕：收复残破的燕国。此前燕国发生内乱外患，赵武灵王迎公子职于韩，并护送他回燕即位。卑身厚币：放低身姿，拿出厚礼以招揽人才。◎郭隗（wěi）：燕国贤士。孤：燕昭王自称之词，我。◎先王：指燕哙王，此前死于齐国入侵。◎以（以国报仇）：为。

郭隗先生对曰：“帝者与师处，王者与友处，霸者与臣处，亡国与役处。诎指而事之，北面而受学，则百己者至。先趋而后息，先问而后嘿，则什己者至。人趋己趋，则若己者至。冯几据杖，眄视指使，则厮役之人至。若恣睢奋击，呴籍叱咄，则徒隶之人至矣。——此古服道致士之法也。王诚博选国中之贤者，而朝其门下，天下闻王朝其贤臣，天下之士必趋于燕矣。"

◎与师处：这里指把贤士当作老师来对待。下文的"与友处""与臣处""与役处"用法相同。役：仆役，下等人。◎诎（qū）指：屈愔（zhǐ），指虚心下意以待。北面：面朝北，这里指甘当学生。百己者：才能超过自己百倍的人。下文中"什己者"用法同。◎先趋而后息：干事抢前，休息在后。嘿：同"默"。◎冯几据杖：靠着几案，拄着拐杖。冯，"凭"的古字。眄（miǎn）视：斜眼看。厮役：仆役。◎恣睢奋击：放肆骄横，野蛮粗暴。呴：同"跔（jū）"，跳跃轻狂。籍：同"藉"，践踏。叱咄（duō）：大声呵斥。徒隶：罪犯、奴隶。◎服道致士：服侍有道者，招致人才。◎朝：朝拜，拜访。

昭王曰："寡人将谁朝而可？"郭隗先生曰："臣闻古之君人，有以千金求千里马者，三年不能得。涓人言于君曰：'请求之。'君遣之。三月得千里马，马已死，买其首五百金，反以报君。君大怒曰：'所求者生马，安事死马而捐五百金？'涓人对曰：'死马且买之五百金，况生马乎？天下必以王为能市马，马今至矣。'于是不能期年，千里之马至者三。今王诚欲致士，先从隗始；隗且见事，况贤于隗者乎？岂远千里哉？"（节自《燕策》）

◎涓人：国君的侍从。◎安事：何用。捐：弃，损失。◎市：买。◎见事：被任用。

【译文】

燕昭王收复残破的燕国，继位为君，态度谦恭，捧出厚礼来招致贤人，打算为国报仇。并因此前去拜见郭隗先生，说："齐国趁着我国内乱，袭击并攻破我国。我深知燕国力量弱，不足以报仇，然而若能得到贤士一同治理国家，以洗雪先王被杀的耻辱，这是我的愿望。请问为国报仇应当怎样做呢？"

郭隗先生回答说："成就帝业的君主，把贤士当老师对待；成就王业的君主，把贤士当良友对待；成就霸业的君主，把贤士当臣下待；亡国之君，则把贤士当仆役对待！国君面对贤者若能屈己从人，像弟子面对老师一样接受教导，那么才干超过自己百倍的人就会前来；国君若干事在前、休息在后，不懂就问，明白后就闭嘴，那么才干超自己十倍的人就会前来；国君若能看人家做，自己能跟着做，那么才干跟自己相仿的，就会前来；国君若靠着几案、拄着手杖，瞧也不瞧人家，只是指挥着干这干那，那么顶多能招来跑腿听差的；国君若放肆骄横，野蛮粗暴，踢打践踏，斥骂不住口，那就只能跟奴隶打交道了！——这就是古来侍奉贤者、招致人才的法则。大王若真能广泛选拔国内的贤者，主动上门去求教，各国人听说了，天下贤士肯定会往燕国跑！"

燕昭王又问："我去拜望谁好呢？"郭隗先生说："我听说古代有位国君，要用千金购求千里马，结果三年都没买到。有个侍臣对他说：'请让我去试试。'国君派他前往，三个月后找到一匹千里马，马却已经死掉了，他花了五百金买了个马头，回来向国君交差。国君大怒说：'让你买活马，怎么花了五百金买个死马？'侍臣回答说：'死马尚且花五百金购买，何况活马呢？天下人一定认为大王肯出重价买马，千里马就要来了。'果然不出一年，有三匹千里马被送上门来。如今大王真要招致贤士，就先从我郭隗开始吧。我郭隗尚且受重用，何况比我贤能的人呢，他们会嫌燕国太远吗？”

《孔子编年》与《古列女传》

《四库全书·史部》另有传记类，专收历史人物的传记。朋友会问：纪传体史书不就是人物传记的集合吗？不错，那是一朝一代的人物传记集合，配以志、表，共同构成一朝史书。这里说的传记，是指个人传记或分类汇编的多人传记。前者如《孔子编年》《杜工部年谱》，后者如《古列女传》《高士传》《唐才子传》等。

《孔子编年》的作者为宋人胡仔（1110—1170，字元任，号苕溪渔隐）。他从《论语》、《春秋》三传、《礼记》、《孔子家语》、《史记》等书中辑录了孔子的相关信息，按年月编排，叙说孔子一生。这种体裁又称“年谱”，因孔子是圣人，为了表示尊重，故称“编年”。

举个例子看。《论语·子张》记录公孙朝与子贡的对话，公孙朝问子贡：孔子的学问是从哪里来？子贡回答：我老师哪里不能学，又何必有固定的老师呢？（“夫子焉不学？而亦何常师之有？”）——查查《孔子编年》，这番对话发生在鲁定公十四年，那年孔子五十六岁。

《古列女传》是专题传记的汇编，编撰者为刘向。“列女”即众女，书中列举的女性，既有古代圣君的母亲、妻子，也有德行出众的民间女性。像“有舜二妃”“姜嫄生弃”“简狄生契”“孟母择邻”等篇，都是我们所熟悉的。专为女性立传，这

《古列女传》插图

还是开天辟地第一回。

至于那部《唐才子传》，是唐五代诗人的评传汇编。原书十卷，已经散佚，今天见到的本子是后人辑录的。书中保存了将近四百位唐代诗人的事迹，既有生平资料、科举情况，也有对诗歌作品的品评；对晚唐诗人记述尤详。

有意思的是，《唐才子传》的编撰者辛文房为西域人，是一位少数民族学者。他对汉文化抱有浓厚兴趣，经他搜集整理，保存了唐代诗歌的珍贵史料，在这方面，汉族学者也自愧不如呢！

两部吴越史，同为“载记”篇

《四库全书·史部》还有载记类，一些记载割据一方、非正统政权的史书，被赋予“载记”之名。《四库总目》中此类的头一部，便是《吴越春秋》，以下为《越绝书》《华阳国志》《江表志》《十国春秋》，以及《安南志略》《朝鲜史略》，等等。

《吴越春秋》的作者是东汉学者赵晔（生卒年不详），书中记述春秋时期吴越两国的纠葛。书存十卷，前五卷从吴太伯写到吴王夫差，后五卷重点写越王勾践卧薪尝胆终于灭吴的经历。

有句俗语叫“大丈夫能屈能伸”，越王勾践就堪称典型。越国战败，勾践夫妇及大臣范蠡被俘至吴国。勾践跪拜吴王夫差，自称“东海贱臣”，但求活命。夫差耳软心活，赦免了勾践君臣的死罪，让他们“驾车养马”，实为羞辱。可勾践并不在乎，他穿着奴隶的衣服铡草喂马，夫人则系着不缝边的裙子，洒扫庭院；范蠡在一旁伺候着。这三位身傍粪堆，不废君臣之礼、夫妇之仪。如此三年，面无愠色。

有一回吴王生了大病，三个月未愈。勾践入内探视，刚好见太宰嚭端着吴王的便溺走出来。勾践上前用手挖了一点粪便放在嘴里尝了尝，然后进去向吴王道贺，说大王的病就快好了，我曾学过医术，知道人的粪便“逆时气者死，顺时气者生”；今天我尝过大王的粪便，味道苦中带酸，应和春夏之气，这是痊愈的征兆！——勾践说得是那么诚恳，吴王深受感动，连称“仁人”。他不听伍子胥的劝谏，竟然放勾践回国，最终导致身死国灭的下场。

学者如何评判这部《吴越春秋》呢？认为它虽为历史，但更像小说，某些情节显然出自虚构。

《越绝书》的内容与《吴越春秋》大致吻合，内容也是记述吴越战争的。作者应是汉代人袁康。为啥叫“越绝书”呢？有人解释说，孔子著《春秋》，绝笔于“获麟”；袁康此书意在续补《春秋》，结束于吴越战争，故称“越绝”。

此书的小说意味更浓。如内中有《越绝外传记宝剑》篇，说越王勾践有五把宝剑，请了著名的相剑师薛烛来相看。先取出“毫曹”剑来，薛烛看了摇头。再取出“巨阙”剑，薛烛仍然摇头。当要取“纯钧”剑时，“薛烛闻之，忽如败，有顷惧如悟，下阶深惟，简衣而坐望之”（薛烛刚听说“纯钧”的名字，忽然像崩溃了一样；愣了好一会儿才猛然醒悟，面带恐惧走下台阶，努力定了定神，才整理衣服坐下，细看宝剑）。

越王夸耀说：有人为此剑估价，可值两个带集市的乡、一千匹骏马和两座千户百姓的城邑！薛烛说：您说少啦！用整城的金子、满河的珠玉也换不来啊！他又细述此剑的来历，如何在裂开的赤堇河采锡，在干涸的若耶溪采铜；铸剑时有雨师扫洒、雷公鼓风、蛟龙捧炉、天帝装炭、天神太一也来观礼，名剑师欧冶子禀承天地之精气，施展绝世之工巧，才铸成大剑三口、小剑两口。大剑即湛卢、纯钧、胜邪，小剑为鱼肠、巨阙……

这些叙述，带着铺排夸张的文学意味，显然不同于严谨的历史记录。不过春秋时期吴越确实以铸剑闻名。考古发掘的越王宝剑，至今毫无锈蚀、锋利无比！

书中还记录了吴越地区的政治、经济、军事、天文、地理、历法、语言等，因而又被研究者誉为“地方志鼻祖”。

郦元霞客，水秀山明

《越绝书》因讲述特定地域的历史，也确实被学者当成地方志看待。地方志简称“方志”，是专记某一地域现状及历史的典籍，内容包括该地域的政区沿革、户口、田亩、物产、赋税、风俗、文物古迹以及名人、著作等，如同这一地域的百科全书。

方志范围有大有小。全国范围的叫“总志”，省级的又叫“通志”，下面有“府志”“州志”“县志”等。京师的方志有个专称，叫“都邑志”。此外还有“专志”“杂志”等。方志在《四库总目·史部》中归入“地理类”。

最早的全国性方志，当推唐代李吉甫（758—814）的《元和郡县图志》，元和（806—820）是唐代的年号。此后又有北宋的《太平寰宇记》《舆地广记》，南宋的《方舆胜览》以及明代的《明一统志》和清代的《大清一统志》等。此外还有《舆地纪胜》《大元大一统志》等，未被《四库全书》收录。

明清两代特别重视方志的纂修，今存历代方志八九千种，十多万卷，绝大多数为明清两代所修。我国至今仍有续写方志的传统，一些县设有专门的“县志办（公室）”。

方志的内容，偏重于人文政治。而地理类典籍中，还有偏重描述自然地理的，《水经注》就最具代表性。它的作者郦道元（约470—527，字善长，省称“郦元”）是北魏学者，读过不少

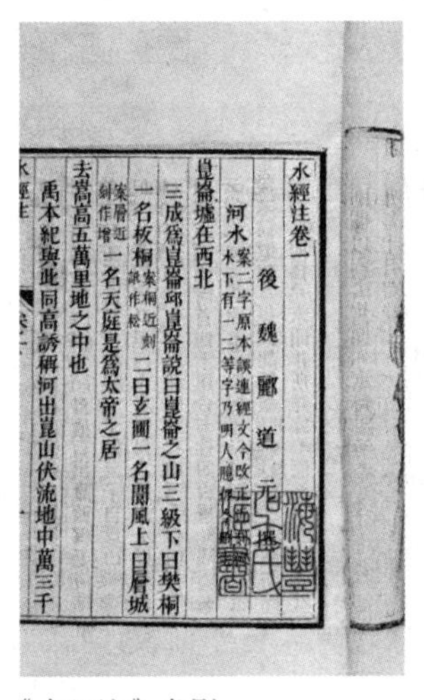
水經注卷一
後魏酈道元撰
河水
崑崙墟在西北
三成爲崑崙邱崑崙說曰崑崙之山三級下曰樊桐
一名板桐二曰玄圃一名閬風上曰層城
一名天庭是爲太帝之居
去嵩高五萬里地之中也
禹本紀與此同高誘稱河出崑山伏流地中萬三千

《水经注》书影

书，跑过不少路。

开始时，郦道元对一本题为《水经》的书很感兴趣，那是介绍“天下之水”的专著，魏晋无名氏所作。书中记录了一百三十七条河流的状况。不足之处是文字过于简略，总共才一万多字。郦道元于是决心为它作注，结果写来写去，竟写成一部三十万字的独立大作来！

郦道元特别重视实地考察。每到一地，都悉心勘察河流的源流走向，连同河道的迁移、地名的变易，都有详细记录和缜密考证。他前后参阅四百多种典籍，倾半生之力，终于完成了这部大作。所记河流多达一千二百五十二条，几乎是《水经》的十倍！

郦道元的文笔简练而优美，有些文字节录下来，便是出色的写景散文。像《江水注·巫峡》一段，写三峡山高流急的独特风景，收在中学语文课本，成为保留篇目。哪怕后世山河地貌发生改变，作者笔下那急如奔马的江水，以及高峡秋涧中凄异的猿啸，仍能久存典籍，激荡人心。

郦道元感兴趣的，还有与河流相关的人文历史。例如《江水》一节说到秭归县，作者便引经据典，从古代的归子国讲起，说到分封于此的楚王嫡子熊挚，以及与此地相关的屈原传说。而县城的城墙，又是三国时刘备所筑。一段段人文故事由作者娓娓道来，引人入胜。（文摘一八）

能跟《水经注》媲美的地理书，还有明人徐弘祖所撰《徐霞客游记》。徐弘祖（1587—1641）号霞客。少年时即喜读地理方志、《山海图经》等。成年后，他周游天下，在五十多年的人生岁月中，花在旅行上的时间长达三十四年！

徐霞客足迹遍及十六省，名山大川，无所不至；人迹罕到的地方，他也要一探究竟。一路上遇盗、断粮是常有的事。所到之处，他不光猎奇观光，还要对地质、地貌、水文、气候乃至村镇、民俗进行详细勘察。哪怕日行百里，也必作日记。常在“破壁枯树”下，点着松明，走笔书写。他对西南熔岩地貌的记述，早于西方一二百年。

英国科学家李约瑟对徐霞客推崇备至，说“他的游记读起来并不像是17世纪的学者所写的东西，倒像是一位20世纪的野外勘测家所写的考察记录”(《中国科学技术史》)。

今存徐霞客所作名山游记十七篇，以及《浙游日记》《江右游日记》《楚游日记》《粤西游日记》《黔游日记》《滇游日记》等，共计六十万字，由后人整理成《徐霞客游记》，今存多种版本。

【文摘一八】

秭归与屈原(《水经注》)

又东过秭归县之南，县，故归乡。《地理志》曰：归子国也。《乐纬》曰：昔归典叶声律。宋忠曰：归即夔。归乡盖夔乡矣。古楚之嫡嗣有熊挚者，以废疾不立，而居于夔，为楚附庸，后王命为夔子。《春秋》僖公二十六年，楚以其不祀，灭之者也。袁山松曰：屈原有贤姊，闻原放逐，亦来归，喻令自宽全。乡人冀其见从，因名曰秭归。即《离骚》所谓"女媭蝉媛以詈余"也。县城东北，依山即坂，周回二里，高一丈五尺，南临大江，古老相传，谓之刘备城，盖备征吴所筑也。县东北数十里，有屈原旧田宅。虽畦堰縻漫，犹保屈田之称也。县北一百六十里，有屈原故宅，累石为室基，名其地曰乐平里。宅之东北六十里，有女媭庙，捣衣石犹存。故《宜都记》曰：秭归盖楚子熊绎之始国，而屈原之乡里也。原田宅于今具存，指谓此也。（节自《江水》）

◎秭归：位于今湖北省宜昌市。◎典叶声律：掌管协调声律。典，掌管。叶（xié），调和，和恰。◎嫡嗣：嫡传后代。◎僖公二十六年：公元前634年。不祀：不祭祀祖先。◎袁山松：晋代学者。喻令自宽全：劝谕屈原，要他自我宽解。◎冀：希望。◎女媭（xū）：相传是屈原的姐姐，《离骚》有诗句提到她。蝉媛（yuán）：情意牵萦貌。詈（lì）：责骂。◎坂：山坡。◎畦堰：田间蓄水的堤岸。縻漫：损坏而失去原状。

【译文】

江水继续向东，流经秭归县的南边。秭归县就是旧时的归乡。《地理志》说：是归子国。《乐纬》说：古时候，归是掌管音乐的。宋忠说：归就是夔，归乡应该就是夔乡了。古代楚王的嫡子有个叫熊挚的，因身有残疾而不能继位，于是居住在夔，夔成为楚的附庸国，他后来被楚王封为夔子。《春秋》说：僖公二十六年（前634年），楚国因夔子不行祭祀，灭掉了夔。袁山松说：屈原有个好姐姐，听说屈原被流放，也归来同他在一起，劝他自己想开些。老乡们都希望屈原能听从姐姐的劝告，因此称这里"秭归"。也就是《离骚》所说的"女媭情意殷殷地责备我"。县城东北靠着山坡，城墙周长二里，高一丈五尺，南临大江。老人们相传，这就是刘备城，大概是刘备征吴时所筑。县城东北几十里，有屈原旧日的田地住宅。虽然田埂边界已经模糊，渠水漫灌，但仍然保持着“屈田”的称呼。县城以北一百六十里也有屈原故居，用石头砌成房基，那地方叫作乐平里。故居东北六十里有女媭庙，女媭用的捣衣石也还在。所以《宜都记》说：秭归是楚子熊绎最早的封国，又是屈原的故乡。屈原田园住宅至今犹存，指的就是这个地方。

《洛阳伽蓝记》，国运系浮屠

同为北魏人，杨衒之所写的《洛阳伽（qié）蓝记》，专门追记洛阳的佛寺建筑，属于地理类中的“专志”。“伽蓝”原为梵语，本指僧团，也指僧众居住的园林，也就是佛寺。

南北朝是我国佛教盛行的时代，唐人杜牧有诗云：“南朝四百八十寺，多少楼台烟雨中。”此说绝非夸张。在北方，佛教信仰的热度还要高得多。北魏时，全国建有佛寺三万所，单是都城洛阳，就有佛寺一千三百六十七所！后经战乱，城郭残破，仍存有佛寺四百二十一所。

杨衒之（生卒不详）曾生活在北魏京城，对洛阳城的佛寺了然于胸。北魏灭亡十多年后，他再度路经洛阳，只见“城郭崩毁，宫室倾覆。寺观灰烬，庙塔丘墟”。他抚今追昔，感慨万分。觉得有义务把自己的见闻记下来，好让后人当作“镜子”。

书又分为《城内》《城东》《城南》《城西》《城北》五卷。每记一寺，连同该寺的相关史实，也一并记载。内容丰富，令人开卷有目不暇接之感。

永宁寺是洛阳第一大寺，是熙平元年北魏灵太后胡氏所建。寺中那座高耸的佛塔（“浮图”），成为北魏都城洛阳的“地标”建筑：

（永宁寺）中有九层浮图一所，架木为之，举高九十丈。有刹复高十丈，合去地一千尺。去京师百里，已遥见之。……刹上有金宝瓶，容二十五石。宝瓶下有承露金盘三十重，周匝皆垂金铎，复有铁锁四道，引刹向浮图。四角锁上亦有金铎，铎大小如一石瓮子。（《城内·永宁寺》）

◎举高：总高。◎刹（chà）：塔尖上的宝顶。去地：离地，距地。◎石（dàn）：容积单位，南北朝时一石容积约能装四五十斤粮食。◎周匝（zā）：周围。铎（duó）：铃铛。“复有”二句：指塔顶有四条铁链，连接宝刹和塔身，起加固作用。◎瓮子：瓮，瓶罐状形容器。

以下又对佛塔的檐铎门窗做了细致描述：“绣柱金铺，骇人心目。至于高风永夜，宝铎和鸣，铿锵之声闻及十余里。”（绣柱：画着图案的柱子。金铺：金质的门环。铺，铺首，即门环。永夜：长夜。宝铎：即檐铃。）

作者还记下自己登临的观感，以及外国僧人对寺塔的赞美：

衒之尝与河南尹胡孝世共登之，下临云雨，信哉不虚。时有西域沙门菩提达摩者，波斯国胡人也。起自荒裔，来游中土。见金盘炫日，光照云表；宝铎含风，响出天外。歌咏赞叹，实是神功。自云：“年一百五十岁，历涉诸国，靡不周遍。而此寺精丽，阎浮所无也。极佛境界，亦未有此。”口唱南无，合掌连日。……（《城内·永宁寺》）

◎下临云雨：形容佛塔高耸入云。◎沙门：这里指僧侣。波斯国：今伊朗的古称。◎荒裔：遥远边地。◎云表：云外。◎靡不周遍：无不走遍。◎阎浮：世界，人间。◎极佛境界：指极尽佛教所能影响的区域。◎南无（nāmó）：这里为所诵佛号。

永宁寺还见证了重大的历史事件。废立北魏皇帝的胡族首领尔朱荣，曾在寺中厉兵秣马。他死后，其弟尔朱兆替兄报仇，将杀死哥哥的北魏庄宗生擒，也一度关押在永宁寺中。

永熙三年（534年），永宁寺浮图失火，“当时雷雨晦冥，杂下霰雪。百姓道俗咸来观火，悲哀之声振动京邑。时有三比丘赴火而死。火经三月不灭，有火入地寻柱，周年犹有烟气”［晦冥：昏暗，阴沉。霰（xiàn）：冰粒子。道俗：指僧徒及世俗人。咸：都。比丘：僧人，和尚。“有火”句：指火沿着木柱烧入地下］。

杨衒之是出色的散文家，几行文字烘托出火场的悲怆气氛，也道出作者的深沉感慨。寺塔被毁不上半年，北魏就灭亡了。一座佛塔的兴废联系着国运的兴衰，作者的心情又怎能平静！

此外，有几部专门追记旧京风物的笔记，也被收到“史部·地理类”中。南宋孟元老的《东京梦华录》、耐得翁的《都城纪胜》、周密的《武林旧事》，分别追忆北宋都城开封及南宋都城临安的昔日繁华。翻开书页，你仿佛被作者引领着，在旧日的都城中穿街走巷，登酒楼、入茶肆，品尝琳琅满目的小吃，耳听悠扬的丝竹与嘈杂的叫卖声……你不难透过这生动的场景追记，体察到国破家亡、盛筵难再的悲凉！

政书有"十通"，书目尊《七略》

除了地理类典籍，《四库总目·史部》中还单列时令类，收集历代有关节令的专书，如《岁时广记》《御定月令辑要》，但数量极少，正式收录的只有这两部。

至于职官类，则收录探讨历代官制的典籍。其中有一本宋人吕本中的《官箴》，收集居官格言几十则，如"吏不畏吾严而畏吾廉，民不服吾能而服吾公""公则民不敢欺，廉则吏不敢慢""公生明，廉生威"等，便都出于此书。

《四库总目·史部》中另有一类政书，专记历朝典章制度的沿革及政治、经济、文化的发展状况。其中有十部分量最重，俗称"十通"。所谓"通"，其实就是把历代正史中的志（或书）打通，便于对历朝典制进行纵向比较，寻找其中的演变规律。而"十通"的前三部又堪称样板，即唐代杜佑的《通典》、宋代郑樵的《通志》和元代马端临的《文献通考》，合称"三通"。

"三通"再加上清代的《续通典》《续通志》《续文献通考》《清通典》《清通志》《清文献通考》，以及清末民初的《清续文献通考》，共十部，因称"十通"。

至于目录类，是指图书目录。现存最早的图书目录，是班固的《汉书·艺文志》。我们知道，那又是照录刘向、刘歆的

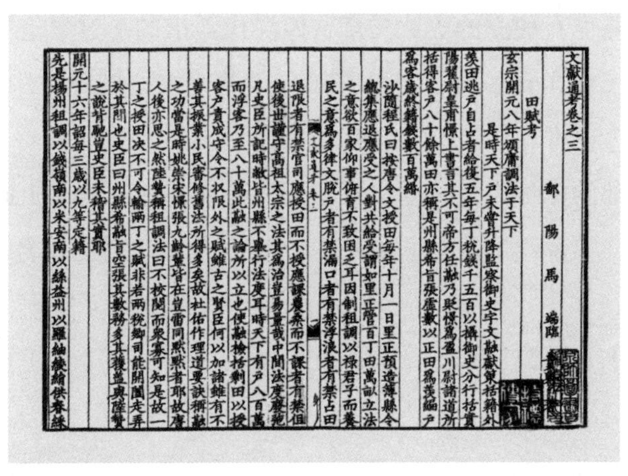
文獻通考卷之三

鄱陽馬端臨

田賦考

玄宗開元八年頒庸調法于天下

是時天下戶未嘗升降監察御史宇文融獻策括籍外羡田逃戶自占者給復五年每丁稅錢千五百以攝御史分行括實陽翟尉皇甫憬上書言其不可帝方任融乃貶憬爲盈川尉諸道所括得客戶八十餘萬田亦稱是州縣希旨張虛數以正田爲羡編戶爲客歲終籍錢數百萬緡

沙隨程氏曰按唐令文授田每年十月一日里正預造簿縣令總集應退應受之人對共給受謂如里正管百丁田萬畝立法之意欲百家仰事俯育不致困乏耳因制租調以祿君子而養民之意爲多律文脫戶者有禁漏口者有禁浮浪者有禁占田過限者有禁官司應授田而不授應課農桑而不課者有禁但使後世謹守高祖太宗之法其爲治豈易量哉中間法度廢弛凡史臣所記時政皆州縣不舉行法度耳時天下有戶八百萬而浮客乃至八十萬此融之論所以立也使融檢括剩田以授客戶責成守令不收限外之賦雖古之賢臣何以加諸雖有不善其振業小民審修舊法所得多矣故杜佑作理道要訣稱融之功當是時姚崇宋璟張九齡輩皆在豈雷同黜者耶故唐人後亦思之然陸贄稱租調法曰不校閱而衆寡可知是故一丁之授田決不可令輸兩丁之賦非若兩稅鄉司能開闔走弄於其間也史臣曰州縣希融旨空張其數務多其獲豈與陸贄之說背馳豈史臣未稽其實耶

開元十六年詔每三歲以九等定籍

先是揚州租調以錢嶺南以米安南以絲益州以羅紬綾絹供春綵

元马端临《文献通考》书影

《别录》《七略》。其后的目录类图书，还有宋王尧臣《崇文总目》、晁公武《郡斋读书志》、尤袤《遂初堂书目》、陈振孙《直斋书录解题》等。

而《四库全书总目提要》本身也是图书目录。此外，《四库总目》纂成后，仍有一些目录问世，最有名的当数张之洞的《书目答问》。张之洞（1837—1909）是清末洋务派的领袖人物之一，封疆大吏，军机重臣。他在四川任学政时，见学子不知读书门径，便编写了这部目录，内收图书二千二百多种，分为经、史、子、集、丛书五部分。每书注明作者、版本、卷数，并择要加上按语。——这部书为年轻人指点读书门径，流传很广。

《四库总目·史部》紧随目录类之后的是史评类。最早的史书《左传》中，已有评论性文字。至司马迁写《史记》，以“太史公曰”的形式表达自己对史事人物的看法，多能一针见血，发人深省。

此外也有独立的史评文章，像汉代贾谊的《过秦论》，宋代苏洵的《六国论》等。另外，梁代刘勰《文心雕龙》中的《史传》篇，也可算作史评的单篇之作。

成部的史评专著，则出现于唐代，即刘知几的《史通》；此外，清代学者章学诚的《文史通义》，也是公认的史评名著。

知几讲“三才”，学诚通经史

刘知几（661—721）字子玄，生活在高宗至玄宗时代。他出身于书香门第，幼时读《古文尚书》，苦于文字艰涩，难以成诵，虽屡受责罚，仍然不能入门。

他见爹爹给哥哥讲《左传》，自己在一旁听得入神，听罢居然还能给哥哥做辅导，并感慨地说：如果书都像《左传》这么有意思，我还会偷懒吗？

爹爹听了感到意外，便为他开起“小灶”，专讲《左传》；一部《左传》，只用一年时间就讲完了，那年他才十二岁。以后爹爹又引导他读《史记》《汉书》《三国志》，十七岁时，能找到的史书差不多都被他读遍了。

以后他中了进士，并如愿以偿当上史官，参与国史编修，一干就是三十年，却很少升迁。因为他对读史、撰史有一套自己的见解，可是跟同僚和上司聊起来，总是谈不拢。于是他闭门不出，发愤著书，花三年时间把自己的见解写下来，《史通》便这样诞生了。全书二十卷，共五十多篇。

刘知几主张写史要“直书”，反对“曲笔”。有人问他，为

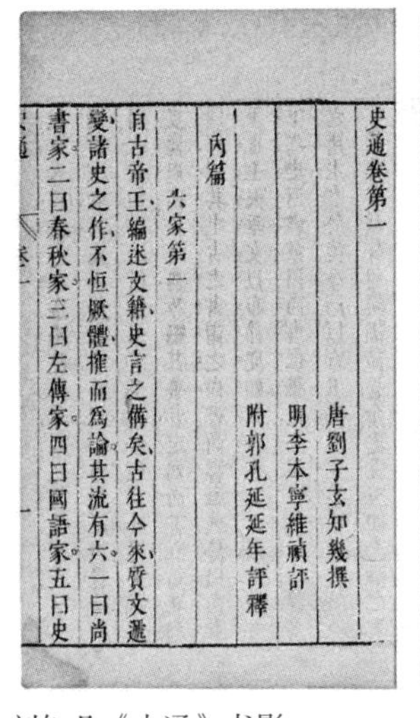
史通卷第一
唐劉子玄知幾撰
明李本寧維禎評
附郭孔延延年評釋
內篇
六家第一
自古帝王編述文籍史言之備矣古往今來質文遞
變諸史之作不恒厥體榷而爲論其流有六一曰尚
書家二曰春秋家三曰左傳家四曰國語家五曰史

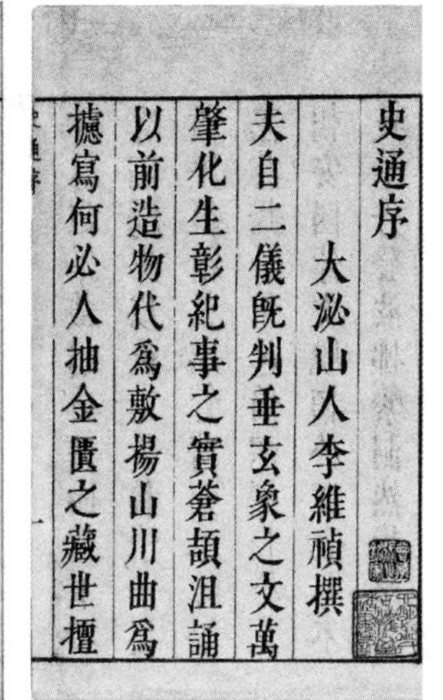
史通序
大泌山人李維禎撰
夫自二儀既判垂玄象之文萬
肇化生彰紀事之實蒼頡沮誦
以前造物代爲敷揚山川曲爲
攄寫何必人抽金匱之藏世擅

刘知几《史通》书影

什么读书人不少，史才却很难得？他回答：一个好的史学家，应兼具才、学、识三点优长。然而这三者兼具又谈何容易？有人有“学”无“才”，就像愚蠢的商人空有金钱，却不会运营；有的有“才”无“学”，又像能工巧匠缺乏好木料、快斧子，盖不起厅堂来。此外还要有正直无畏、秉笔直书的品质和勇气，让“骄君贼臣”心存恐惧，这才是真正的史才呢！

至于另一部史评大作《文史通义》，问世要比《史通》晚一千多年。作者是清代学者章学诚（1738—1801，字实斋）。

章学诚幼年体弱多病，读书反应迟钝。以后入国子监攻读，成绩依然不佳，常被同窗笑话。不过自从师从翰林院编修朱筠学习古文，他仿佛突然开了窍，落笔为文，深得老师赞赏。朱筠出任安徽学政，也带他前往。章学诚四十一岁中进士，因不喜做官，只在各处书院主讲，并为州县修撰地方志，以养家糊口。

在各种学问里，章学诚对史学最感兴趣。他受河南巡抚毕沅的器重，参与《续资治通鉴》的编写。并著有《校雠（chóu）通义》《方志略例》《史稽考》等书。但最有名的，还是这部《文史通义》。

章学诚有个著名观点——“六经皆史”。他说，六经全都是先王的典章法度，是治理天下、关注民生的切实记录。即如《尚书》《春秋》，本来就是记言、记事的史书。《礼》《乐》二经也都有关教化；《诗》则反映了百姓的心声，常在外交场合吟诵，事关政教，也属于历史。而《易》所讲的道理，则是政教典章的前提，自然也是史。

章学诚强调“六经皆史”，是为了说明“道”不能脱离社会实践，六经本身即“经世致用”之学，跟现实政治密切相关，不应看作空洞的说教。

章学诚

章学诚还在“史学三才”之外，提出“史德”来，认为著史者要心术纯正；否则写出的只能是“秽史”“谤书”，不但毫无价值，反而有害。他还提出，一些人有君子之心，修养却没达到纯粹的境界，他们的著作同样容易误导人。

章学诚一生穷困，但不废著述。晚年双目失明，仍以口述的方式继续写作。至于这部

《文史通义》，至死也没能完稿。今天见到的本子，是由他的儿子和友人编定刊刻的。

胡三省含恨注《通鉴》

其实还有考证辨伪及订正注释类的作品，《四库全书·史部》没有单列类别。这类作品相当于史考类，又可分为注释、考证两目。

注释类的，像《史记》的“三家注”，分别是刘宋裴骃的《史记集解》、唐司马贞的《史记索隐》和唐张守节的《史记正义》。《汉书》则有唐颜师古注本及清王先谦注本。而最著名的注释类杰作，当推《三国志》的裴松之注及《资治通鉴》的胡三省注。

胡三省（1230—1302）是南宋末年进士，跟文天祥、陆秀夫、谢枋得同年。他喜欢读《资治通鉴》，又觉得书中涉及天文、历法、地理、财赋、职官、刑法的专门术语不易理解；一些生僻字词也应注音注义才好。于是他在公务之余为《资治通鉴》作注，一干就是几十年，孜孜不倦。

后值宋亡，近百卷手稿在战乱中散失。他悲愤之余，卖田购书，从头再来，终于在元世祖至元二十二年（1285年），完成了这项艰巨的工作。

翻开胡注《资治通鉴》，第一卷第一条是有关本卷起止时间的提示：“周纪一，起著雍摄提格，尽玄黓困敦，凡三十五年。”

就为这句话，胡三省撰写了长篇注文，先引《尔雅》，阐述“太岁在甲曰阏（yān）逢，在乙曰旃（zhān）蒙……在戊曰著雍……在壬曰玄黓（yì）……在寅曰摄提格……在子曰困敦……”从而解释“起著雍摄提格，尽于玄黓困敦”两句，是起于戊寅，止于壬子。接着又把引文中的生字、多音字用反切法注音，如“著，陈如翻。雍，于容翻。黓，逸职翻。单阏，上音丹，又特连翻；下乌葛翻，又于连翻……”

之后又引杜预的《世族谱》，把周代的帝系介绍一番。并引《地理志》《括地志》，对周的发祥地做了描述。这一条注文，共有四五百字，涉及天文、地理、历史、文字，如同一位知识渊博的老师陪伴着你，你心中无论有啥疑问，胡老师都有答案预备着呢。

注释中，也有校勘及考证方面的内容。例如晋孝武帝太元十年，慕容垂说过“秦晋瓦合，相待为强”的话。——人们只听过“瓦解”一词，“瓦合”又是啥意思？胡三省注释说：“瓦合”是指结合得不牢固，稍有触动，一瓦击碎，众瓦分崩离散。而下一句中的“待”字，应为“恃”。这八个字是说，秦、晋的联合松散脆弱，两国只是相互倚仗来保持强势罢了。

胡三省在宋亡后埋头著述，目的很明确，就是要借此保存汉文化。书中每逢遇到改朝换代的内容，胡三省总是格外感慨。如五代晋出帝开运三年，契丹军入汴，晋帝与皇后相聚而泣，晋帝在降表中自称“孙男臣重贵”，太后则称“新妇李氏妾”（孙男：孙儿。重贵：后晋出帝之名。新妇：儿媳）。胡三省在注释中写道：“臣妾之辱，惟晋、宋为然。呜呼，痛哉！”后面又说：“亡国之耻，言之者为之痛心，矧见之者乎！此程正叔所谓真知者也。天乎，人乎！”［矧（shěn）：况且。程正叔：宋代理学家程颐。]

读着晋亡的历史，胡三省不禁联想起宋亡的惨状，那可是他亲身经历过的！哀痛至极，他也只有连连呼天了！——胡三省为《资治通鉴》作注，就是要让更多的人读懂故国文献，守住自己的根。文士虽然手无寸铁，却还有一支笔。他要用自己独有的方式，传达满腔的爱国情愫！

集腋成裘的《廿二史札记》

注释文字要依附于史书原文，考证类的作品则可以独立成篇，或撰为专著。清代盛行考据之学，史考类专著也最多，如王鸣盛的《十七史商榷》、钱大昕的《廿（二十）二史考异》、赵翼的《廿二史札记》。这几部因成书较晚，大都没被收入《四库全书》。

王鸣盛、钱大昕和赵翼是乾嘉时期史学界“三巨头”，拿出的三部史考专著，也都分量十足。这里所说的“十七史”，是指《宋史》以前的十七部正史。南宋民族英雄文天祥面对蒙古人的审讯，曾感叹说：“一部十七史，从何说起！”而“廿二史”是清早期的说法，那时《旧五代史》和《旧唐书》尚未进入正史序列。

《廿二史札记》的作者赵翼（1727—1814）字云崧，号瓯北，他是乾隆年间进士，先后在朝廷及地方为官。不过他四十出头就离开官场，主讲于安定书院，并埋头著述。

《廿二史札记》所记，是赵翼的读史心得。他披读史籍，每有会心处，便把心得记在纸条上。汇集多了，对纸条分门别类进行整理，编为《札记》一书，共三十六卷，包括《史记》《汉书》

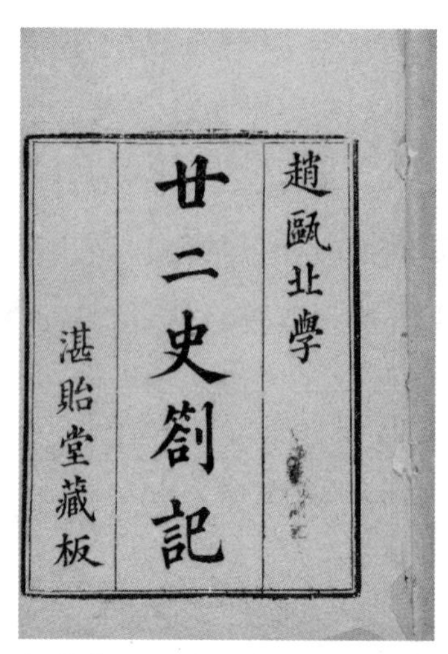

赵翼《廿二史札记》书影

《后汉书》《三国志》《晋书》《宋齐梁陈书》……每题或一卷，或数卷（如《明史》就占了六卷），另有《补遗》一卷。

试读几则。《廿二史札记·明史》中有“袁崇焕之死”一则，对抗清将领袁崇焕被杀之谜，给出了答案。——袁崇焕是明末抗清名将，后以“通敌”罪被朝廷凌迟处死。

赵翼说：袁崇焕之死，今天都知道是冤案。可是在当时，不但崇祯皇帝恨他，举朝大臣及京城内外的百姓无不骂他“卖国”。当时人杨士聪在《玉堂荟记》中记述说：己巳之变（指1629年清军攻到北京城下），袁崇焕驰援京城，一战而胜，安定了人心。然而袁崇焕不肯巴结“大珰”（大太监），因此才遭到诬陷，竟致遭受极刑。京师小民甚至要生吃他的肉！赵翼问：只知道“通敌”的流言出自太监，可是根据何在呢？

直至清代修《明史》，参考了《太宗（皇太极）实录》，谜底才被揭开。原来，这是清人设下的反间计。他们先编造谎言，说清军跟袁崇焕有秘密约定，又故意让一个被俘的小太监“偷听”到，再把他放走。小太监逃回京城，把刺探来的“绝密情报”报告给崇祯皇帝，这才为袁崇焕惹来杀身之祸。

《明史·袁崇焕传》据实直书，使袁氏的冤情大白于天下。

赵翼说："使修史时不加详考，则卖国之说久已并为一谈，谁复能辩其诬者？于此可见《明史》立传之详慎，是非功罪，铢黍不淆，真可传信千古也！"（铢黍：形容很小。铢，重量单位中最小者。黍，黍米粒。）

《廿二史札记》还提到明初的文字之祸，并举了一些例子。像下面这两条：

> 杭州教授徐一夔贺表，有"光天之下，天生圣人，为世作则"等语，帝览之大怒曰："'生'者'僧'也，以我尝为僧也；'光'则薙发也；'则'字音近'贼'也。"遂斩之。
>
> 又僧来复谢恩诗，有"殊域及自惭，无德颂陶唐"之句，帝曰："汝用'殊'字，是谓我'歹朱'也，又言'无德颂陶唐'，是谓我'无德'，虽欲以陶唐颂我，而不能也。"遂斩之。
>
> ◎薙（tì）：剃。◎殊域：异域。陶唐：古代圣君尧。

朱元璋年轻时当过和尚，做皇帝后，忌闻"僧""光"等字眼儿；又因参加过被称为"贼"的红巾军起义，连字音相近的"则"字也不许人家提。——文字之祸有着深刻的政治原因，哪里会这么简单？赵翼也只是当作逸闻记录下来，不一定真信。

书中还有一段，介绍明代文字狱的起因，说朱元璋开国后，本打算偃武习文，重用文士。这一来引起勋臣武将的不满，说文人只会讥讽人，并给朱元璋讲了个“段子”：元末起义领袖张士诚本来没有大号，于是厚礼请文士来取名，文士为他取名“士诚”。——朱元璋说：这名字挺好啊。讲段子的人说：《孟子》一书有“士诚小人也”之句，张士诚哪里知道呢？

据说自此以后，朱元璋看文臣的奏章，总是疑神疑鬼，处处觉得这些舞文弄墨的文士在讥讽自己，于是便有了随后的文字之祸。

赵翼的文学造诣很深，曾写过一组《论诗绝句》，最有名的一首是：“李杜诗篇万口传，至今已觉不新鲜。江山代有才人出，各领风骚数百年。”短短四句，总结了文学发展的规律，至今还常常被人引用。

史考类的著作中，还有辑佚、增补类的作品。前面说过，《旧五代史》便是辑佚之作。而增补类作品，可以近代王钟麒主编的《二十五史补编》为例。此书补充“二十五史”所缺的志、表共计二百四十五种。王钟麒（1890—1975）字伯祥，是20世纪人，这部《补编》，当视为当代学者对史学的贡献。